Winfried Hassemer
Warum Strafe sein muss

Winfried Hassemer

Warum Strafe sein muss

Ein Plädoyer

Ullstein

2. Auflage 2009

ISBN: 978-3-550-08764-6

© Ullstein Buchverlage GmbH, Berlin 2009
Alle Rechte vorbehalten
Lektorat: Uta Rüenauver
Gesetzt aus der Trump Mediaeval
Satz: hanseatenSatz-bremen, Bremen
Druck und Bindearbeiten: CPI – Clausen & Bosse, Leck
Printed in Germany

INHALT

VERZEICHNIS JURISTISCHER ABKÜRZUNGEN

a. F. – alte Fassung
Art. – Artikel
Az. – Aktenzeichen
Beschl. – Beschluss
BGBl – Bundesgesetzblatt
BGH – Bundesgerichtshof
BGHSt – Entscheidung des Bundesgerichtshofs in Strafsachen
BtMG – Gesetz über den Verkehr mit Betäubungsmitteln (Betäubungsmittelgesetz)
BVerfGE – Entscheidung des Bundesverfassungsgerichts
EMRK – Europäische Menschenrechtskonvention
GG – Grundgesetz
GVG – Gerichtsverfassungsgesetz
JGG – Jugendgerichtsgesetz
Nrn. – Nummern
OEG – Opferentschädigungsgesetz
SGB – Sozialgesetzbuch
StGB – Strafgesetzbuch
StPO – Strafprozessordnung
StR – Strafrecht
StVollzG – Strafvollzugsgesetz
Urt. – Urteil

VORWORT

Seit vielen, vielen Jahren geht mir der Wunsch im Kopf herum, das Strafrecht Lesern näherzubringen, die ihre Welt aufmerksam betrachten, aber nicht durch die Brille des Rechts, Lesern, die gelegentlich ins Nachdenken geraten oder gar empört sind, wenn sie von »Ehrenmorden«, Terrorismus, Korruption, Kinderschändung, wenn sie von lebenslanger Freiheitsstrafe, »Wegsperren für immer«, Begnadigung oder Strafaussetzung zur Bewährung hören. Und es hat mich immer verwundert, warum es eine solche Darstellung von Strafen und Strafrecht noch nicht gibt. Ist doch das Strafrecht – ganz anders als viele andere Rechtsgebiete – kein trocken Brot, sondern eine Einrichtung, in der es hoch hergeht.

Das Strafrecht ist unserer Alltagserfahrung ganz nah. Strafen sind uns allen von Kindesbeinen an gut bekannt. Wir erleiden, verhängen und vollstrecken sie, wir regen uns auf über Ungerechtigkeiten und sind tief zufrieden, wenn es endlich mal die Richtigen getroffen hat. Die Zeitungen, das Fernsehen, die schöne Literatur sind voll von Verbrechen und Strafen. Die Erstsemester an der Universität strömen in die Strafrechtsvorlesungen, weil sie glauben, sie wüssten, worum es dort geht. Nur wenn man es von außen betrachtet, ist das Strafrecht eine Ansammlung von Normen; sieht man genauer hin, so zeigt es sich als Teil der Kultur, in der wir leben.

Das Strafrecht ist mit der Politik eng verbunden. Die Kriminalpolitiker schauen den Leuten aufs Maul; sie wissen, dass über eine populäre und auch eine populistische Strafrechtspolitik Wählerstimmen zu gewinnen sind. Denn unsere eigenen Urteile über die richtige Kriminalpolitik sind normalerweise klar, entschieden und gefühlsbetont wie selten sonst. Unsere Hoffnungen auf staatlichen Schutz und alltägliche Sicherheit richten sich vor allem auf das Strafrecht. Und die Änderungen, die das Strafrecht erfährt, folgen fast immer den sich wandelnden Einschätzungen der Gesellschaft über gerechtes und wirksames Strafen; nach jedem spektakulären Verbrechen geraten, jedenfalls in der öffentlichen Meinung, die Grundfesten des Strafrechts in Gefahr.

Das Strafrecht ist tief gegründet – nicht nur in unseren Gefühlen, sondern auch in unseren Überlegungen. Es ist nicht nur ein politisches, sondern auch ein philosophisches Feld, und nicht zufällig ist es an unseren Universitäten Tradition, dass das Fach Rechtsphilosophie zumeist von den Strafrechtsprofessoren mit gelehrt wird. Es geht um Willensfreiheit und Schuld, um gesetzlich erlaubte Freiheitsberaubung, um die berechtigten Interessen des Verbrechensopfers, um Angemessenheit der Strafe, um das Recht des Staates, einen Menschen zur Abschreckung der anderen zu bestrafen, es geht um Terrorismus, um das Folterverbot oder um Tötung in Notwehr.

Sie werden, wenn Sie zu blättern beginnen, schnell merken, dass ich das Gespräch mit Ihnen suche, so gut das in einem Buch eben geht. Dazu gibt es ein paar kleine Hilfen.

Die Einführungen zu Beginn der vier großen Kapitel informieren knapp darüber, was Sie erwartet, und wenn es in einigen Passagen etwas komplizierter wird, wende ich mich an Ihre Langmut. Die Zusammenfassungen können Sie, als Quintessenz der Texte, auch nacheinander im Zusammenhang lesen und dabei einen Eindruck vom Ganzen gewinnen. Normen, die im Text zitiert und besprochen werden, sind im Anhang abgedruckt. Sie sind ermuntert nachzulesen. Vielleicht – ich habe ein paar Anregungen eingestreut – haben Sie sogar Lust, der praktischen Auslegungsarbeit der Juristen ein wenig nachzuspüren und sich an den Texten selber einmal zu versuchen. Die Gliederung ist streng an den Problemen orientiert und sieht auch so aus; sie soll das System der Darstellung abbilden und Ihnen vermitteln, wo Sie sich gerade befinden. Dazwischen aber sind einige Überschriften aufgenommen, die nicht dem System, sondern der Farbigkeit der Darstellung verpflichtet sind und die keine »Hausnummer«, keinen systematischen Ort haben; sie sind Blitzlichter.

A. STRAFEN IM ALLTAG

Im Strafen kennen wir uns aus. Strafen gehören zu unserem Alltag, zu unserer Erinnerung bis in die Kindheit zurück, aber auch zu unserem Leben heute – auf beiden Seiten der Rute. Wir entrinnen den Strafen und dem Strafen nicht. Wir erziehen unsere Kinder nicht nur mit guten Worten, sondern auch mit Strafen. Wir senden und empfangen strafende Blicke und empfinden eine Abmahnung oder eine Kündigung als Strafe. Das Strafrecht hingegen ist ein zugleich sperriger und glitzernder, ein bedrohlicher und faszinierender Gegenstand. Die meisten von uns haben klare Urteile darüber, was bestraft gehört und wie. Von den strafgesetzlichen Normen und der praktischen Strafjustiz haben sie aber eher wenig Ahnung – oder besser: die falsche. Dass beides nebeneinander bestehen kann, beruht vor allem darauf, dass Vorstellungen über die Strafe in unserer Alltagskultur tief verwurzelt sind. Die Praxis dieses Strafens nennen wir soziale Kontrolle.

I. Distanz und Nähe

Das Strafrecht ist uns zugleich fern und nah. Seine Zugriffe im konkreten Fall fliehen wir, sie machen uns Angst. Aber wir lassen uns auch vom Strafrecht faszinieren und leben selbstverständlich in seiner Ordnung.

1. Experten

Mit dem Strafrecht verhält es sich ein bisschen wie mit dem Fußball: Für viele von uns gehört beides, ohne dass wir groß darüber nachdenken, zum Alltag; fast alle haben wir eine gewisse Ahnung, worum es sich handelt, nach welchen Regeln es sich abspielt und worauf es dabei ankommt. Die Quellen, aus denen sich unsere Ahnung speist, sprudeln auf beiden Gebieten reichlich und haben sich ebenso rasant wie gleichsinnig entwickelt: Musste man früher noch auf den Platz, um sich ein Bild vom Spiel zu machen, so reicht heute die Einschalttaste am Fernseher; musste man früher noch in den Gerichtssaal, um den Gang der Verhandlung zu verfolgen und das Urteil zu hören, so helfen einem heute die Presse oder die Gerichtsshows auf. Was man dabei wirklich mitbekommt, steht zwar auf einem anderen Blatt; man wird annehmen dürfen, dass das übertragene Fußballspiel genauso wenig wie die berichtete Hauptverhandlung das »wirkliche« Geschehen darstellt. Jedenfalls haben beide Karriere gemacht; aus dem Fußballspiel ist eine Fernsehmacht geworden und aus der Gerichtsöffentlichkeit eine Medienöffentlichkeit.

Beim Fußball wie beim Strafen haben die meisten von uns eine feste Meinung, was bestraft gehört und wie – sei es vom Schiedsrichter, sei es vom Strafrichter. So ist der Schiedsrichter wie der Strafrichter nicht selten von Experten umstellt, die es mindestens genauso gut wissen wie er – und ihm das auch sagen, wenn sie finden, er habe etwas falsch gemacht. Fast immer haben sie einen genauen Eindruck davon, was gerecht ist und was ungerecht: Im Fußball wie im Strafrecht neigen wir zu schnellen und entschiedenen Urteilen, und oft sind unsere Gefühle stark und klar. Eine Mannschaft, die sich

nicht aufopfert, sondern den Sieg vertändelt, ein vom
Schiedsrichter übersehenes Foul im Strafraum – das stecken wir ebenso wenig weg wie den Eindruck aus einer
bestimmten Strafsache, die Starken und die Reichen, die
Leute mit »Beschwerdemacht«, schafften es am Ende
doch immer, sich vor dem Strafgericht freizukaufen: mit
gewieften Strafverteidigern und saftigen Geldbußen, für
die sie dann nicht selber aufkommen müssen, weil ihr
Betrieb zahlt. »Die Kleinen hängt man, die Großen lässt
man laufen« klingt wie eine resignierte Lebensweisheit
der einfachen Leute. Aber das täuscht: Wer eine Ahnung
vom Strafrecht und dessen Verankerung in der Bevölkerung hat, vergisst diesen Satz nie. Er enthält nämlich
eine Zeitbombe; die einfachen Leute sind wachsam.

Diese weitverbreitete Mischung von Expertentum
und Emotionalität kann für den Richter – auf dem Fuß-
ballplatz wie im Gericht – lästig sein, bisweilen sogar
bedrängend; aber sie ist doch leicht verständlich, und
sie beruht auf einem starken Grund. Versteht man diesen Grund, dann hat man einen ersten Zugang zum
Strafen und auch zum Strafrecht gefunden. Der Grund
lautet in knappen Worten: Das Strafrecht ist mit unserer Alltagskultur – dem Gesamt der sozialen Normen –
eng und vielfältig verbunden, es verändert sich, es lebt
mit dieser Kultur, und es vermittelt sich den Menschen
über diese Kultur.

Das aber ist nicht die ganze Wahrheit. Das Strafrecht
hat auch eine dunkle, eine fremde Seite. Erst beides zusammen – Nähe und Ferne – fügt sich am Ende zu einem vollständigen Bild dessen, was Strafrecht und Strafen ist. Beides zusammen erklärt die Ambivalenz, mit
der wir das Strafrecht betrachten und erleben.

2. Fremdheit

Dass kaum jemand, wenn er nicht gerade Kriminalpolizist, Strafrichter, Strafvollzugsbeamter, Strafverteidiger, Strafrechtsprofessor, Staatsanwalt oder Krimi-Autor ist, es gerne mit dem Strafrecht zu tun bekommt, dürfte sich auf stabile Erfahrungen stützen.

Die gesamte Welt des Rechts ist den meisten Menschen fremd und vielen eher unheimlich. In der Schule lernt man alles Mögliche, das einem später hilfreich sein kann – von der Mathematik über Fremdsprachen bis zu Geschichte und Geographie. Rechtskunde hingegen hat es nie geschafft, sich auf den Lehrplänen festzusetzen; wer die Schule verlässt, weiß vom Recht so gut wie nichts, und was er weiß, wird er nicht verlässlich einordnen können. Denn juristisches Denken lässt sich nicht leicht vermitteln, und man braucht viel Zeit, bis man seine Regeln und seine Praxis versteht. Nur das wenigste und am wenigsten Wichtige lässt sich merken und abhaken. Juristisches Denken kann nicht gelernt, es kann nur eingeübt werden: wie man einem »Fall« gegenübertritt, ja welche Informationen überhaupt zu einem »Fall« gehören und welche nicht, wo in einem Wust von Daten »das Problem« liegt, was für eine Entscheidung bedeutungslos ist und welchen Sachverhalten man genauer nachgehen muss.

Das Recht ist vermutlich derjenige Lebensbereich, über den die Menschen am schlechtesten informiert sind. So verlässt man sich auf Rechtsschutzversicherungen oder, wenn es schlimm kommt, auf einen Rechtsanwalt und hofft ansonsten, man werde dieses verminte Gelände sein Leben lang weiträumig umfahren können. Dass, wie Umfragen zeigen, Juristen den anderen Menschen nicht gerade ans Herz gewachsen sind, hat, so hoffe ich wenigstens, auch mit dieser Fremdheit des Rechts zu tun. Und gar noch das Strafrecht! Hier geht es um scharfe Instrumente: staatsanwaltliche Ermittlungen, Vorladungen, Untersuchungshaft, öffentliche Hauptverhandlung, Fahrverbote, Freizeitarrest, Geld- und Freiheitsstrafen, ein »sozialethisches Unwerturteil« über den Verurteilten, das ihm vorwirft, er habe Unrecht und Schuld auf sich geladen, und vielleicht noch ein Bericht mit einem Foto in der Heimatzeitung über die polizeiliche Festnahme und den Gang zur Vernehmung.

Das aber ist nur die eine Seite der Medaille. Die andere Seite: Strafrecht ist und war immer auch eine faszinierende Veranstaltung, eine dunkle Verführung. Schulderlebnis, kriminelle Verstrickung, polizeiliche Verfolgung, professionelle Verbrechensaufklärung, Rettung des Unschuldigen, Furcht vor Entdeckung, Rechtfertigung der Tat und Abscheu vor ihr, Reue – aus diesen Erfahrungen, Alpträumen und Gefühlen sind nicht nur Kriminalromane und Fernsehfilme gemacht, sondern immer schon große Literatur. Seit die Menschen erzählen, erzählen sie auch von Verbrechen und Strafe.

Die modernen Massenmedien bis hin zu den seriösen Tageszeitungen, die ihr Publikum kennen, weil sie es ja halten und deshalb auch unterhalten müssen, nutzen diese Faszinationskraft des Strafrechts und unterliegen ihr zugleich. Sie berichten über den Alltag der Justiz in grotesker Verzerrung: 80 Prozent ihrer Gegenstände sind Strafsachen, davon 70 Prozent Blutsachen, der Rest etwas Familien-, etwas Verfassungs- und etwas Arbeitsrecht. Das hat mit dem, was die Justiz wirklich beschäftigt, nicht viel zu tun. Mit diesen falschen Bildern leben wir, und es gibt keine Chance, das zu ändern. Die Medien sind nicht der Notar der Justiz; sie singen ihre eigenen Lieder, und das geht grundsätzlich in Ordnung in einem Land, dem die Freiheit der Presse am Herzen liegt (Art. 5 GG). Man darf nur nicht meinen, Zeitungen und Fernsehen lieferten eine getreue Abbildung des juristischen Alltags. Man findet dort nichts anderes als ein Bild der Vorstellung, welche die Medien von den Interessen ihrer Zuschauer und Leser haben. Dort steht das Strafrecht im Mittelpunkt – oder das, was man sich unter »Strafrecht« vorstellt.

Was man sich unter »Strafrecht« vorstellt, erscheint uns keineswegs als fremd – im Gegenteil. Soweit dieses Strafrecht in den Büchern oder den Filmen verpackt bleibt, es uns nicht handfest erreicht, und soweit es nicht darauf ankommt, genauer zu wissen, was das Strafrecht ist und wie es funktioniert, haben die meisten von uns keine Probleme, sich diesem Lebensbereich zu nähern, sich faszinieren zu lassen, ja sich als Experten zu sehen und auch so zu handeln.

II. Alltagskultur

Es ist leicht zu sehen, wie eng strafrechtliche Vorschriften mit unserer Alltagskultur verbunden sind, mit unserer Verständigung über Normen, mit unserer Überzeugung von gerecht und ungerecht. Strafrechtliche Vorschriften sind zwar keine schlichten Blaupausen alltagsweltlicher Vorstellungen von Gerechtigkeit; sie sind Ergebnisse von Gesetzgebung, die auch anders hätten ausfallen können und die tatsächlich auch oft anders ausfallen als unsere Bilder von einer gerechten Welt. Sie sind aber immer Antworten auf unsere Gerechtigkeitsgefühle. Das wird deutlich, wenn man in den beiden zentralen Gesetzbüchern des Strafrechts blättert: im Strafgesetzbuch und in der Strafprozessordnung.

Im StGB findet man die allgemeinen Lehren wie etwa Bestimmungen zur Schuldfähigkeit eines Menschen oder zur Rechtfertigung eines Handelns in Notwehr, und man findet die Beschreibungen der strafwürdigen Delikte sowie die jeweiligen Strafandrohungen. Die StPO enthält die Regelungen zum Strafverfahren wie etwa zur Untersuchungshaft, zum Gang der Hauptverhandlung oder zu den Rechtsmitteln. Das StGB ist konzentriert auf Inhalte, man nennt seine Gegenstände deshalb materielles Strafrecht. Die StPO ordnet das Verfahren, sie enthält das formelle Strafrecht. Beide Gesetzbücher, nicht nur das StGB, haben es mit Gerechtigkeit zu tun: Materielles Strafrecht kann ungerecht sein wegen unerklärlicher Strafbarkeitslücken oder überhöhter Strafandrohungen. Formelles Strafrecht kann ungerecht sein, wenn es Verfahren anordnet, die übermäßig belastend sind, unfair oder unverständlich in ihrem Ablauf.

1. Gerechtigkeitsgefühle

Schauen wir uns Beispiele an mit zwei gesetzlichen Anordnungen aus dem materiellen und zwei Vorschriften aus dem formellen Strafrecht und fragen uns dabei, wie diese Regelungen mit unseren Gerechtigkeitserwartungen, mit unseren Vorstellungen einer gerechten Welt verbunden sind.

Rechtfertigung aus Notstand

§ 34 StGB hält – in einer äußerst differenzierten und
sorgsam formulierten Abwägung – einen eigentlich verbotenen Übergriff in fremde Rechte dann für gerechtfertigt, wenn ein hohes Gut auf Kosten eines geringe-
ren Interesses mit angemessenen Mitteln geschützt
oder gerettet wird. Er erfasst etwa die Übertretung von
Geschwindigkeitsvorschriften im Straßenverkehr zur
schnellen Verbringung eines lebensgefährlich Verletzten ins Krankenhaus. Die Botschaft des Paragraphen
ist: Du hast zwar die Verbote übertreten, hast »tatbe-
standsmäßig« gehandelt, hast den Verbotstatbestand
»erfüllt« (wie die Juristen das so schräg formulieren); du
hast nämlich die Interessen der anderen Verkehrsteil-
nehmer gefährdet, zu deren Schutz die Verbote erlassen
sind. Das aber ist, ausnahmsweise, kein strafrechtliches
Unrecht; du hast nämlich eine erlaubte und vernünftige
Abwägung zwischen den beteiligten Interessen getroffen, hast bedrohtes Leben gerettet und dich ansonsten
im Rahmen geringstmöglicher Schädigung bewegt.

Diese Rechtfertigung aus Notstand passt nahtlos, so
empfinde ich das, auf die Gerechtigkeitsgefühle des modernen Menschen. Gewiss, der Gesetzgeber hätte andere Schwerpunkte setzen können – die Hürde der Gefährdung senken, nicht alle Rechtsgüter einbeziehen,
sondern sich auf bestimmte Interessen beschränken –;
das ändert aber nichts daran, dass § 34 StGB den einzig
vernünftigen Ausweg aus der Not öffnet und eine Verletzung rechtfertigt, die dem fundamentalen Prinzip des
überwiegenden Interesses gerecht wird. Das anders zu
lösen wäre nicht einfach zu begründen; es liefe auf ein
Lob der passiven Hinnahme eines größeren Schadens
hinaus, auf die Empfehlung, Schlimmeres auch dann
nicht zu verhüten, wenn man es verhüten könnte. Und

überdies: Die Vorschrift befiehlt ja nicht, dass in einer Notlage so gehandelt werde; sie erlaubt nur, sie öffnet einen Ausweg, nimmt das Urteil »kriminelles Unrecht« ausnahmsweise zurück.

Tötung auf Verlangen

§ 216 StGB ordnet an, dass, wer durch das ausdrückliche und ernsthafte Verlangen des später Getöteten zur Tötung bestimmt worden ist, milder behandelt werden muss als ein Mörder (§ 211 StGB) oder als ein Totschläger (§ 212 StGB). Auch das ist eine Regelung, deren Vernünftigkeit, Folgerichtigkeit und Gerechtigkeit schon auf den ersten Blick als zwingend erscheinen. Gemeint sind vor allem Konstellationen von Sterbehilfe, wenn der lebensmüde Todgeweihte fremder Hilfe bedarf, um seinen Todeswunsch zu verwirklichen. Darin liegt nicht, wie bei § 34 StGB, eine Rechtfertigung der Tat; § 216 StGB ordnet bloß eine Strafmilderung an, hält die Strafwürdigkeit einer Tötung auf Verlangen für reduziert gegenüber Mord und Totschlag, hält aber an ihr fest. Das zentrale Argument ist: Wer sein persönliches Rechtsgut in autonomer Entscheidung sehenden Auges weggibt – aus welchen Gründen immer –, wird in seinen vitalen Interessen nicht so tief verletzt wie jemand, den der Mörder heimtückisch oder grausam umbringt; und wer den fremden Todeswunsch vollstreckt, ist jedenfalls kein Totschläger.

Das Argument tritt stark auf und dürfte auf den ersten Blick sowohl mit dem strafrechtlichen Gerechtigkeitsdiskurs als auch mit den alltagsweltlichen Gerechtigkeitserwartungen im Kern übereinstimmen; das Interesse des Opfers gehört heute zum Zentrum dieses Gerechtigkeitsdiskurses, und dieses Interesse schlägt in den Konstellationen des § 216 unmittelbar auf die Mo-

tivation des Täters durch: Er »verletzt« das »Opfer«
eigentlich nicht, ja es gibt gar kein Opfer im strengen
Sinn. Trotzdem trifft das Argument, heute jedenfalls,
auf Untiefen, auf offene Fragen, auch auf Widerstand,
was seine Kraft schwächt.

Die Untiefen, in die § 216 StGB führt, sind zahlreich.
Einige ungeordnete Überlegungen zeigen die Bandbreite
auf: Warum sollte die Tötung auf Verlangen überhaupt
bestraft werden, wo es hier doch gar kein Opfer gibt?
Man kann doch auch sein Eigentum oder – in bestimmten Grenzen – seine Gesundheit (vgl. § 228 StGB) ver-
schenken – warum nicht sein Leben? Oder ist, andererseits, eine Einwilligung in die eigene Tötung gar schon
deshalb von vornherein ausgeschlossen, weil der Einwil-
ligende keine Ahnung hat, in was er da einwilligt, denn
der Tod ist uns verhüllt, ist uns absolut fremd und verborgen? Könnte es sein, dass, obwohl die verantwortliche Selbsttötung bei uns straflos ist, allzu viele von uns
in den Tiefen ihrer normativen Welt nicht zustimmen
können, dass sich jemand umbringt, könnte es sein,
dass der »aufgeklärte« Strafgesetzgeber sein liberales
Herz allzu entschlossen über die dunklen Hürden unserer normativen gesellschaftlichen Verständigung geworfen hat? Könnte es also sein, dass die Zulassung einer
Tötung auf Verlangen des späteren »Opfers« zwar unseren »rationalen« Überzeugungen entspricht, die dem
Menschen die Kraft autonomer Entscheidung zuschreiben, die angesichts des Todes aber wanken und tiefen
Ängsten Platz machen, Ängsten angesichts des großen
Unbekannten, des Todes?

Oder: Wir müssen (auch nach den Erfahrungen aus der
NS-Zeit mit der Vernichtung »lebensunwerten Lebens«)
aufpassen, dass keine Tür geöffnet wird in eine unkon-
trollierbare Praxis der Tötung beschwerlichen Lebens

anstelle von pflegerischen Hilfsangeboten für die Kranken. Schon werben professionelle Anbieter für einen
schnellen, schmerzfreien Tod. Zerstört das nicht unsere
Kultur des solidarischen Beistands gegenüber Kranken
und Sterbenden, oder ist eine solche Kultur längst ein
Hirngespinst? Stimmt denn das normative Argument,
die Tötung auf Verlangen sei weniger strafwürdig als
der Totschlag, wenn man an die Fälle von Kannibalis-
mus denkt, wo Leute sich im Internet finden und ihre
eigene Schlachtung verabreden und dann ins Werk setzen? Dürfen »irrationale« Ängste, darf Abscheu im »rationalen« Strafrecht überhaupt einen Platz haben?

Wahrheitssuche im Strafprozess

§ 136 StPO verlangt für die erste richterliche Vernehmung in einem strafrechtlichen Ermittlungsverfahren,
dass der Beschuldigte beizeiten darüber informiert wird,
wessen man ihn verdächtigt und welche Rechte er hat.
§ 244 StPO sieht komplexe und komplizierte Verfahren vor, um den Beschuldigten aktiv an der Beweisaufnahme zu beteiligen. Beide Vorschriften kann man zusammen lesen, sie verfolgen dasselbe Ziel. Sie wollen
den Beschuldigten zu einem Subjekt des Strafverfahrens machen, sie räumen ihm Beteiligungsrechte bei der
Wahrheitssuche ein und sichern ihre Beachtung.

Es gibt eine ganze Palette von Rechtsgrundsätzen und
praktischen Erfahrungen, auf welche diese Vorschriften
sich berufen können und von denen sie deshalb normativ getragen und abgesichert sind.

Die zentrale Erfahrung richtet sich auf die dominante
Rolle der Wahrheitssuche im Strafprozess. Man kann,
etwas pathetisch, sagen, dass Gerechtigkeit das Ziel des
materiellen und Wahrheit das Ziel des formellen Strafrechts ist, dass Gerechtigkeit nicht erhofft werden kann,

wenn zuvor nicht Wahrheit hergestellt worden ist. Also ist für den Ausgang des Strafverfahrens entscheidend, welche Tatsachen als festgestellt gelten dürfen. Und für die Feststellung dieser Tatsachen ist entscheidend, wer in welcher Weise am Verfahren der Feststellung beteiligt ist. § 136 und § 244 StPO ordnen an: jedenfalls auch der Beschuldigte.

Menschenwürde

Der zentrale Rechtsgrundsatz ist kein geringerer als der Schutz der Menschenwürde (Art. 1 GG), bezogen auf den Strafprozess. Unter den vielen und oft missglückten Versuchen, dem Grundsatz der Menschenwürde einen belastbaren Inhalt zu geben, ragt ein Ergebnis als einleuchtend heraus, die sogenannte Objekt-Formel: Jedenfalls dann, wenn der Mensch staatlichen Eingriffen ausgesetzt ist, darf er nicht Objekt fremden Beliebens sein, muss er wirksame Rechte haben, sich zu verteidigen und den Kopf oben zu behalten, muss er sich als Person und als Subjekt gegen diese Eingriffe wehren können. Voraussetzungen einer Subjekt-Stellung sind das Wissen, worum es geht und nach welchen Regeln das Spiel gespielt wird (§ 136 StPO), und die Ausstattung mit wirksamen Instrumenten der Intervention und Abwehr (§ 244 StPO). Fügt man das Recht des Beschuldigten hinzu, sich jederzeit des Beistands eines Verteidigers zu bedienen (§ 137 StPO), dann hat man eine Vorstellung davon, wie das formelle Strafrecht eine Auseinandersetzung auf Augenhöhe organisiert, wie es ein faires Strafverfahren entwirft, das dem Grundsatz der Menschenwürde gerecht wird.

Gerechtigkeitserwartungen

Das sind starke Fundamente und einleuchtende Herleitungen. Aber sind es auch zweifelsfrei Gerechtigkeitserwartungen unserer Alltagskultur? Ich habe den Eindruck, dass man sich der Übereinstimmung von juristischer Regelung und Gerechtigkeitsempfinden hier nicht so sicher sein kann wie bei den beiden Beispielen aus dem materiellen Strafrecht. Die zitierten und analysierten Vorschriften des Strafprozessrechts sind Leuchttürme einer an den Rechten des Beschuldigten orientierten Kultur des Strafverfahrens; sie haben vor allem sein Wohl im Auge und sind gerade deshalb in den letzten Jahren aus zwei Richtungen unter Beschuss geraten: Sie achteten zu wenig auf die Beteiligungs- und Interventionsinteressen des Opfers, und sie machten das Strafverfahren zu langwierig und deshalb zu teuer, lautet die Kritik.

Die beiden Kanonen stehen, wenn ich richtig sehe, im Lager der alltagsweltlichen Gerechtigkeitserwartungen und derjenigen Teile der Justizpolitik, die sich auf sie berufen. Ihr Beschuss hat zu einer nachdrücklichen Steigerung der Rechte des Opfers im Strafverfahren geführt und zu einer Praxis, die das komplizierte Beweisantragsrecht (§ 244 StPO) – bösartig formuliert – als Erpressungsinstrument in den Händen gewiefter Strafverteidiger abqualifiziert und es, wo nur möglich, durch verfahrensverkürzende »Absprachen« zwischen den Beteiligten aushebeln will. Derzeit ist nicht absehbar, wohin dieser Auseinandersetzungen führen werden; deshalb werden wir uns unter S. 193 ff. die »Absprachen« noch einmal genauer ansehen.

Eines aber ist sicher: Die Menschen werden die Strafrechtspolitik genau beobachten und an ihren Gerechtigkeitsgefühlen messen. Diese Politik reicht tief hinein in unsere alltäglichen Diskurse über gerecht und ungerecht, in unsere normative Verständigung. Alltagsweltliche Überzeugungen von einer gerechten Welt (wir haben in unseren drei Beispielen nur einen ganz kleinen Ausschnitt zu sehen bekommen) muss das Strafrecht nicht schlicht eins zu eins übernehmen – der Strafgesetzgeber hat für die Einzelheiten seiner Gesetze einen Entscheidungsspielraum –, aber mit ihnen rechnen muss er sicher, und er kann nicht alles anordnen, was ihm einfällt. Machen wir die Gegenprobe und stellen uns vor, der Gesetzgeber entferne einen der Pfeiler einer gerechten Welt, nämlich die Rechtfertigung eines Handelns in Notwehr (§ 32 StGB), aus dem Strafgesetzbuch mit der Konsequenz, dass, wer rechtswidrig und ohne eigenes Zutun angegriffen wird, sich dagegen nicht verteidigen darf – ein Aufstand, ein massenhafter Rechtsbruch müsste die Folge sein; kein Mensch würde das verstehen oder sich gar danach richten.

Alles in allem: Unsere Gerechtigkeitserwartungen sind auf dem Feld des Strafrechts tief verwurzelt und ziemlich stabil.

2. Normativer Wandel

Aber auch diese Medaille hat eine andere Seite. Unsere Vorstellungen von einer gerechten Ordnung gelten trotz ihrer Festigkeit nicht für die Ewigkeit und nicht für den ganzen Globus. Sie unterliegen einem langfristigen Wandel unserer normativen Verständigung und finden in anderen Alltagskulturen andere Inhalte als bei uns. Man denke nur an die normative Beurteilung von »Gotteslästerung« in Pakistan und Dänemark am Beispiel beleidigender Karikaturen religiöser Figuren, an den Tierschutz in Spanien und bei uns am Beispiel des Stierkampfs, man denke an die Grenzen erlaubter Sexualität, an die Ächtung des Konsums von Drogen oder an den Besitz von Schusswaffen. Das sehen unterschiedliche Alltagskulturen unterschiedlich, und unterschiedliche Strafgesetzbücher auch. Die normative gesellschaftliche Verständigung ist ein lebendiger, differenzierter und komplexer Prozess, Überzeugungen gelten nicht für alle Zeiten, scheinbare Selbstverständlichkeiten können ins Wanken gebracht werden oder ins Wanken geraten. Gerade die Unterschiedlichkeit von Alltagskulturen und deren enge Verbindung mit strafrechtlichen Regelungen sind übrigens ein Grund dafür, dass es im Strafrecht besondere Widerstände gegen globale oder auch nur internationale Vereinheitlichungen der Gesetzbücher gibt – wie wir sie etwa derzeit in Europa beobachten können.

Brennpunkte: »Rettungsfolter«, Todesstrafe, Abtreibung, Stammzellen, Strafwürdigkeit

Der normative Wandel zeigt sich in unseren Tagen etwa in der Debatte über die Zulässigkeit von sogenannter Rettungsfolter (die sich im Strafprozess auf § 136a StPO konzentriert, aber natürlich Weiterungen hat vom Verfassungsrecht – Art. 1 GG, Schutz der Menschenwürde – über das Völkerrecht bis zur Rechtsphilosophie, zur Rechtsvergleichung, Rechtsgeschichte und Rechtssoziologie). Dort wollen einige, Praktiker und Wissenschaftler, in Situationen extremer Bedrohung eine ansonsten streng verpönte Folter zulassen, um unschuldiges Leben zu retten: Wenn ein Verdächtiger nicht sagen will, wo das vermutlich von ihm entführte Kind ist und ob es überhaupt noch lebt (Fall Gäfgen), oder wenn ein Festgenommener glaubhaft berichtet, seine Komplizen seien dabei, das Trinkwasser einer ganzen Großstadt zu vergiften (ticking bomb scenarium), dann halten es viele für vernünftig und gerechtfertigt, bei der Vernehmung dieser Personen notfalls auch einmal gewaltsam vorzugehen, um sie zum Reden zu bringen und das kostbare bedrohte Rechtsgut zu retten. So wird nach Jahrzehnten normativer Ruhe das Folterverbot bei uns ins Wanken gebracht und eine allgemeine Diskussion darüber begonnen, ob es in extremen Fällen nicht zulässig oder gar geboten sein könnte, »robuste« Methoden anzuwenden.

Ähnliche Diskussionen haben wir geführt und führen sie noch um die Todesstrafe (obwohl die in Art. 102 GG abgeschafft worden ist), über rechtfertigende Gründe und zeitliche Grenzen der Abtreibung oder um den Zugriff der medizinischen Forschung auf Stammzellen. Und wir haben beispielsweise die interessante Beobachtung gemacht, dass die Bürgerinnen und Bürger über die Jahrzehnte hinweg ihre Einschätzung der Strafwürdigkeit von Verbrechen unmerklich geändert haben: dass sie etwa Straftaten gegen die Gesundheit (§ 223 StGB, Körperverletzung) heute, anders als noch vor Zeiten, für schwerwiegender halten als kriminelle Zugriffe auf Eigentum (§ 242 StGB, Diebstahl) oder Vermögen (§ 263 StGB, Betrug). Auf allen diesen Feldern zeigt sich: Normative Überzeugungen wie etwa die Sensibilität gegenüber Verletzungen des Eigentums oder der Gesundheit oder die generelle Ablehnung von Hinrichtungen unterliegen einem Wandel, der sich langfristig vollzieht. Dieser Wandel verdankt sich nicht nur neuen faktischen Problemlagen, die uns zu neuen Bewertungen herausfordern; er kann auch auf einer Änderung der normativen Einschätzungen beruhen, von denen aus wir die Welt sehen.

Streit um die Grundlagen

Es wäre freilich ein Fehlschluss zu glauben, ein ausbrechender Streit um bislang stabile Grundüberzeugungen in einer Alltagskultur belege die kulturelle Schwäche dieser streitenden Gesellschaft, ihre normative Desorientierung, die Erosion ihrer fundamentalen Normen. Das Gegenteil dürfte richtig sein:

Wenn es stimmt, dass es nicht nur einen technischen, sondern auch einen sozialen und einen normativen Wandel gibt und dass dieser Wandel auch die zuvor selbstverständlichen und unbestrittenen Grundlagen unserer Welt und unserer Kultur erfassen kann, dann ist dieser Streit um diese Grundlagen in einer offenen Gesellschaft lebenswichtig. In ihm verständigen wir uns über die Normen, ohne die wir nicht leben wollen, über ihre Inhalte und ihre Reichweite, ihre Kraft und ihre Zukunft. Für eine demokratisch orientierte und durch Medien organisierte Gesellschaft ist freilich von fundamentaler Bedeutung, dass der Streit so allgemein zugänglich, dass er so wirklichkeitsnah und so reich an Gründen geführt wird, wie das unter den jeweiligen Umständen möglich ist. Und es ist nicht die unwichtigste Aufgabe der Rechtsprechung, und insbesondere des Bundesverfassungsgerichts, eine solche Auseinandersetzung – im Rahmen ihrer Möglichkeiten – öffentlich zu präsentieren und an einem konkreten Punkt kunstgerecht und exemplarisch zu entscheiden; man denke nur an das Rauchverbot, das Kopftuch der muslimischen Lehrerin oder an die Strafbarkeit des Geschwisterinzests. Nicht nur die Parlamente, die Kirchen, die Medien, die Parteien oder die jeweiligen Sachverständigen – auch die Justiz ist Teilnehmerin an den öffentlichen normativen Diskursen, vielleicht die leiseste, vielleicht die am stärksten auf bestimmte Ausschnitte des normativen Wandels konzentrierte, aber sicherlich nicht die dümmste.

3. Zusammenfassung

Sieht man von Teilen des Familienrechts ab, so gibt es kein Rechtsgebiet, dessen Anordnungen enger mit unserem normativen Alltag verknüpft sind als die in den Strafgesetzen. Das bedeutet, dass jedenfalls die zentralen strafrechtlichen Normen, die Tatbestände des Kernstrafrechts, tiefe Wurzeln in den Köpfen und Herzen der Menschen haben. Dies wiederum hat zur Folge, dass das Strafrecht und seine Politik unter besonders aufmerksamer Beobachtung stehen, dass Änderungen des Strafgesetzbuchs mühsamer und schmerzlicher sein können als woanders und dass die Diskurse über ein zeitgemäßes und gerechtes Strafrecht typischerweise stark von Gefühlen und fundamentalen Einschätzungen geprägt sind.

III. Soziale Kontrolle

Gräbt man etwas tiefer, so stößt man auf eine Schicht, die eine einleuchtende Erklärung für das enge Verhältnis von Alltagskultur und Strafrecht anbietet. Dieser Schicht haben Sozialwissenschaftler einen Namen gegeben, und Strafrechtswissenschaftler haben die Anregung in Bezeichnung und Sache dankbar aufgenommen und für ihren eigenen Gegenstand fortentwickelt. Der Name ist: soziale Kontrolle.

Soziale Kontrolle ist ein Mechanismus, der allem vergesellschafteten Leben eigen ist. Soziale Kontrolle ist ubiquitär, sie existiert in allen menschlichen Gemeinschaften, sie verfolgt – grosso modo – überall dieselben Ziele, ihre Strukturen stimmen im Wesentlichen überein. Nur ihre Instrumente sind den Konstellationen angepasst, in denen sie handelt und wirken will, und den konkreten Umständen, auf die sie dabei trifft.

1. Ziele

Soziale Kontrolle soll die Alltagskultur bewahren, also das Gesamt der Normen, die in einer bestimmten Gesellschaft zu einer bestimmten Zeit gelten. Sie markiert und ahndet Normverletzungen und trägt so dazu bei, dass eine Gesellschaft sich bildet und dass sie – als diese Gesellschaft – überlebt.

Kulturen und Subkulturen

Die altehrwürdige sozialwissenschaftliche These, Gesellschaften definierten sich über die Normen, die in ihnen gelten, und unterschieden sich gerade durch diese Normen von anderen Gesellschaften, ist nur auf den ersten Blick überraschend und verwunderlich. Anders als Staaten, die – vom markierten Staatsgebiet über die geschriebene Rechtsordnung, die Institutionen von Regieren und Verwalten bis hin zur Flagge und zur Nationalhymne – gemeinhin über hinreichend viele kantige Merkmale verfügen, die sie von anderen Staaten einsichtig unterscheiden, abheben und abgrenzen, sind Gesellschaften eher wolkige und bewegliche Gebilde, vage abgegrenzt; sie brauchen Halt und Korsett.

Nimmt man nur hinzu, dass Gesellschaften typi

scherweise Subgesellschaften enthalten, die ihre eigene Subkultur ausbilden, sich aber gleichwohl als (abweichende) Teile der (großen) Gesellschaft verstehen, so kann die Bedeutung von Normen für das Gesicht, für die Identität von »Gesellschaft« schon eher einleuchten: Auch Subkulturen – wie etwa evangelikale Gruppen, Hippies oder rechtsextreme »Kameradschaften« – definieren sich und grenzen sich ab über ihre von der allgemeinen Kultur abweichenden Normen. Sie arbeiten permanent am prekären Verhältnis von Distanz und Nähe zur Alltagskultur. Kippt dieses Verhältnis, so geraten sie in die Gefahr unterzugehen: entweder ausgegrenzt aus der Gesellschaft, wenn die Distanz überhandnimmt, oder von ihr umarmt und verschluckt, wenn es der Subkultur nicht mehr gelingt, Eigenheit und Besonderheit ihrer Normen gegenüber den Normen der allgemeinen Kultur lebendig zu erhalten. Dass es bisweilen schwierig ist, Subkulturen zu markieren, zu unterscheiden und zuzuordnen, und dass das Ergebnis auch vom normativen Standort des Betrachters abhängt, versteht sich; es ist zugleich ein Beleg der These, dass Normen ein unverzichtbarer Bestandteil jeglicher Konzeption von Gesellschaft sind.

Enkulturation

Die in der Gesellschaft geltenden, die sozialen Normen »bilden« eine Gesellschaft nicht nur in dem Verständnis, diese Gesellschaft sichtbar zu machen und sie von anderen Gesellschaften abzugrenzen, die nach anderen Normen existieren. Die sozialen Normen »bilden«, in einem anderen Verständnis, auch die Menschen, die in dieser Gesellschaft leben und sich als ihr zugehörig verstehen; sie bilden sie heran. Wenn es auch nur ungefähr stimmt, dass Normen für die Herausbildung und das

Überleben einer Gesellschaft von gewichtiger Bedeutung sind, so darf man erwarten, dass Gesellschaften dieses kostbare Gut schützen und pflegen. Auch dies soll soziale Kontrolle leisten. Sie betreibt Sozialisation und Enkulturation: Sie ermöglicht, sichert und festigt die Geltung der sozialen Normen in den Köpfen und Herzen der Menschen. Sie macht – auf vielerlei Weise – ihre Normen bekannt, sie erweist ihre Vernünftigkeit und ihren Nutzen für alle, sie ächtet ihre Verletzung. Es ist ihr Ziel, die normativen Grundlagen der Gesellschaft zu legen, ihre Kennzeichen herauszustellen und sie – bis ins Empfinden, Denken und Handeln der Bürgerinnen und Bürger – zu sichern.

So soll soziale Kontrolle Gesellschaften bilden und Menschen enkulturieren.

2. Strukturen

Jegliche soziale Kontrolle hat klare und durchsichtige Strukturen. Misst man sie an den Zielen, welche die soziale Kontrolle verfolgt, so erweisen sie sich als vernünftig, ja als zwingend. Sie entfalten sich auf drei Ebenen: Normen, Sanktionen, Verfahren.

a. Normen

Soziale Normen sind der zentrale Gegenstand sozialer Kontrolle, sie sind in ihrer Gesamtheit das, was wir Alltagskultur genannt haben. Sie markieren und bewerten Handlungen und wollen sie regulieren: Sie wollen sie fördern, sie schwächen oder sie verdrängen. Sie stützen etwa den ehrenamtlichen Einsatz für menschenfreund-

liche Zwecke. Sie verbieten etwa das Trittbrettfahren:
die Ernte dort, wo andere gesät haben; sie untersagen
den Betrug oder die Untreue: sowohl in den ökonomischen wie in den kommunikativen Beziehungen; sie
legen fest, welche Musik für zwölfjährige Hauptschü-
ler jeweils in Frage kommt. Sie bilden das Gesicht einer Gesellschaft und orientieren die Menschen: sagen
ihnen, wo's langgeht, und zeigen ihnen die Grenzen der
Freiheit – mal leise und freundlich, mal mit drohender
Gebärde.

Wolkige Gebilde

Soziale Normen sind, wie Gesellschaften, wolkige
Gebilde. Sie sind nur zum Teil aufgeschrieben – in
Ratgebern für alles Mögliche, in Benimm-Büchern,
Jugendzeitschriften, Modejournalen, Beichtspiegeln, Be-
triebsvereinbarungen, Hausordnungen und in Vereins-
statuten. Sie sind nicht immer ausdrücklich formuliert;
man lernt sie auch durch Zurechtweisungen kennen,
durch Vormachen und Nachmachen, durch Körper-
sprache. Sie sind in unterschiedlichen Bereichen einer Gesellschaft unterschiedlich (und heißen deshalb,
einleuchtend, auch Bezugsgruppennormen); was für 40-
jährige Hausfrauen in dem rheinhessischen Städtchen
Gau-Algesheim gilt, gilt noch lange nicht für Haupt-
schüler in Duisburg oder für Rentner in Potsdam.

Mit einem Wort, soziale Normen sind nur schwach
formalisiert, vage definiert: Ihre Ränder sind verschwom-
men, ihre Transportmedien sind nicht verlässlich, ihre
Inhalte sind wechselhaft, ihre Felder sind riesig und
nicht genau abgegrenzt; sie erstrecken sich nicht nur
auf handfeste Interessenverletzungen wie Einstellungen
und Verhaltensweisen von Lehrern und Schülern gegenüber Gewalt auf dem Schulhof, sondern schreiben auch

vor, welche Kleidung für welche Gruppen zu welcher Zeit in welchen Gegenden »in« ist.

Schon daran kann man erkennen, wie schwierig der Prozess der Enkulturation ist: das Hineinwachsen in eine Alltagskultur als Voraussetzung selbstbestimmten sozialen Handelns. Dazu brauchen wir eine ganze Kindheit und Jugend und eine lebenslange Aufmerksamkeit beim Beobachten unserer lebendigen, sich wandelnden normativen Umgebung. Man kann ermessen, wie nahe dabei Fehleinschätzungen liegen und wie wenig sicher man sich der jeweiligen Regulierungen sein kann: wie wichtig Vertrauen und Nachsicht im Miteinander der Menschen sind, wenn es um Kenntnis und Beachtung sozialer Normen geht.

Und man kann auch erkennen, wie schwierig Enkulturation in eine fremde Alltagswelt ist für Menschen, die in einer unterschiedlichen Kultur aufgewachsen sind: Je später sie kommen und je unbedingter die frühere Sozialisation war, desto höher sind die Hürden und desto verborgener die Fallen der neuen Welt. Migranten müssen, wenn sie ankommen wollen, nicht nur (kognitiv) lernen, was hier gilt, sie müssen grundsätzlich auch (normativ) zustimmen, sie müssen den unterschiedlichen Anruf ihrer früheren Alltagswelt zugunsten unserer zentralen sozialen Normen abweisen oder ihn jedenfalls anpassen, wenn sie in und mit der neuen Alltagswelt leben wollen. Und sie stehen vor der Schwierigkeit, das richtige Maß des Lernens und Zustimmens zu der neuen Lebenswelt einzuschätzen im Verhältnis zu dem, was aus der alten Welt bewahrt werden soll und bewahrt werden darf.

»Ehrenmorde«

Das Beispiel der – bezeichnend so genannten – »Ehrenmorde« bringt es auf den Punkt: Der Anruf der früheren
normativen Welt verlangt die gewaltsame Durchsetzung dieser Welt auch in der neuen Kultur, er fordert gar
die Bestrafung des Versuchs, sich in eine neue Alltagswelt einzuleben. Er mündet in die Tötung der Schwester
oder Tochter, die in der sexuellen Beziehung mit einem,
der in der neuen Welt lebt, die traditionellen Werte ver-
rät und verletzt. Und wir, die wir das beobachten, wissen nicht, wie wir diese Gewalt bewerten sollen: mil-
dernd als Totschlag (§ 212 StGB), weil der Täter noch
in seiner früheren Enkulturation verhaftet war, die ihm
den »Ehrenmord« befahl, oder schärfend als Mord (§ 211
StGB), weil der Täter aus »niedrigen Beweggründen« gehandelt hat.

Natürlich können wir das verzweigte und verwi-
ckelte Problem der »Ehrenmorde« hier nicht vollständig auseinanderlegen oder gar gültig beurteilen. Wir
können aber an den Bewertungsunsicherheiten, in denen wir selber stecken, ein Zeichen sehen für die Tiefe
und die Schärfe der normativen Probleme, die wir nicht
nur mit sozialen Normen, sondern auch mit der Migra-
tion und mit fremder Enkulturation haben. Im »Ehrenmord« kommt beides zusammen und macht sich wech-
selseitig stark: Nach unserer normativen Tradition – im
Strafrecht und auch im Alltag – kann der Umstand, dass
der Täter die ihm fremde Norm nicht kennen konnte,
ihn vollständig entschuldigen; was mir gänzlich verschlossen ist, kann mich nicht anleiten. Dass er mit
Umsicht und Sorgfalt sich über die fremden Normen
hätte orientieren können, entlastet ihn zwar nicht gänzlich, mildert aber immerhin den Vorwurf, den man ihm
machen darf (§ 17 StGB, Verbotsirrtum). Danach könnte

die normative Bindung des Täters an eine abweichende Alltagskultur, die in seine Tat mitbestimmend hineinspielte, jedenfalls ein milderndes Element sein. Der »Ehrenmörder« wird also gegen die Verurteilung wegen Mordes einwenden können, dieses Urteil sei nicht angemessen, es sei zu hart: Anders als jeder andere, der hier aufgewachsen ist, habe er zwei einander widersprechende normative Anrufe bekommen, einen aus seiner alten, einen aus unserer neuen Welt, und das habe ihn in eine Zwangslage gebracht – wenn nicht kognitiv, so doch normativ –, und das mindere seine Schuld.

Was werden wir ihm antworten können? Dass eine Verurteilung wegen Mordes eine Berücksichtigung mildernder Umstände ausschließt, weil § 211 StGB ausnahmslos die lebenslange Freiheitsstrafe androht? Das wäre nicht nur arg formal und kurzsichtig, sondern würde auch die treffende Replik herausfordern, gerade deshalb sei ja auch nur eine Verurteilung aus § 212 StGB angemessen gewesen, der in seinem Strafrahmen eine Strafzumessung und damit eine Berücksichtigung mildernder Umstände ermögliche und die Tat als Totschlag und nicht als Mord bewerte. Oder hätten wir ihm nur zu sagen, ein »Ehrenmord« sei unserer Alltagskultur so fremd, so schrecklich und so bedrohlich, dass wir ihn mit allen Mitteln, auch mit einer Verletzung unserer Normen zur Minderung und Steigerung von Schuld und Strafwürdigkeit, bekämpfen müssten? Wäre denn das dem Gesamt unserer sozialen Normen angemessen?

Halten wir fest: Enkulturation ist ein schwieriger und langwieriger Prozess mit vielen Chancen des Scheiterns. Das liegt vor allem im Charakter der sozialen Normen begründet, um deren Bestand und Festigung es im Prozess der sozialen Kontrolle geht. Diese Normen sind nur

schwach formalisiert: vage, unterschiedlich, beweglich;
es ist nicht leicht, sie sich – kognitiv und normativ –
anzueignen.

b. Sanktionen

Die naheliegende Annahme, eine Verletzung sozialer
Normen dürfe schon allein deshalb nur äußerst vorsichtig geahndet werden, weil diese Normen schwach formalisiert, weil sie unsicher, unklar, nicht leicht zugänglich sind, wäre falsch. Soziale Sanktionen als Antwort
auf die Verletzung sozialer Normen können im Ergebnis
durchaus handfest sein – von der körperlichen Züchti-
gung bis zum Abbrechen sozialer Kontakte; freilich sind
auch sie schwach formalisiert, nur vage konturiert und
in ihrer Anwendung schwer vorherzusehen. Deshalb
führen sie uns in ähnliche Schwierigkeiten wie die Normen und verschärfen damit die Probleme, die wir mit
der sozialen Kontrolle haben.

Normgeltung

Sanktionen sind eine für den Betroffenen schmerzliche
Antwort auf Normverletzung. Ihr Sinn hängt mit der
Geltung der Norm zusammen, wegen deren Verletzung
sie verhängt wird, möglicherweise aber auch mit der
Geltung aller Normen, deren Gesamt unsere Alltagskultur ausmacht und an deren Überleben wir alle interessiert sind.

Einen solchen Streit über die Reichweite des Sinns
von Sanktionen brauchen wir hier freilich nicht aus-
zutragen und zu entscheiden. Zu einem angemessenen Verständnis sozialer Sanktionen reicht es hin, sie
als Antwort auf Normverletzung sehen zu können: Wer

»Normverletzung« allerdings nicht nur als Verletzung einer einzigen Norm versteht, sondern darüber hinaus wahrnimmt, dass mit der unmittelbar verletzten Norm mittelbar auch andere Normen in Mitleidenschaft gezogen sein können, wird vor einem allzu engen Verständnis normativer Reichweite gefeit sein: Der Räuber greift nicht nur unmittelbar auf das in § 249 StGB formulierte Verbot einer gewaltsamen Wegnahme fremden Eigentums zu, sondern mittelbar zugleich auch auf die rechtliche Zuordnung von Gütern und das allgemeine strafrechtliche Gewaltverbot – ja am Ende auch auf den Bestand der normativen Ordnung insgesamt. Eine bedachte Verletzung einer Norm lässt sich, wenn nicht außergewöhnliche Umstände wie etwa Mängel in der kognitiven Übersicht des Täters vorliegen, als Verletzung der allgemeinen normativen Ordnung verstehen – und die Sanktion deshalb auch als Antwort dieser Ordnung selbst.

Soziale Sanktionen verstärken die Orientierungsprobleme, in die uns die sozialen Normen führen, ihrerseits noch einmal. Sie sind von Situationen abhängig und deshalb kaum vorhersehbar, sie sind nicht oder nicht präzise geregelt; das ist die ihnen eigene Form mangelnder Formalisierung:

Schwache Formalisierung

Wir erleben Verletzungen sozialer Normen, die gänzlich ohne sanktionierende Antwort bleiben, ohne dass dafür ein Grund oder gar eine Rechtfertigung erkennbar wäre, und wir erleben soziale Sanktionen, die ungewöhnlich scharf sind. Wir können in vielen Situationen nicht oder nur ungefähr voraussagen, ob auf eine Normverletzung eine Sanktion folgen und wie die ausfallen wird. Selbst wenn, etwa in Familien oder in Schulen, Sanktionen in

Ob und Wie – ob sie stattfinden und wenn, dann wie – formalisiert sind, also einem tradierten Muster folgen und folglich eine Voraussage stützen, so mag das in anderen Familien und Schulen in Ob und Wie ganz anders sein. Der innerlich und äußerlich abwesende Vater, die überforderte Mutter, der schwache Lehrer, der nervende Nachbar, der professionell reagierende Betriebsrat, der aufmerksame Lokalreporter, der einfühlsame Freund – das sind die Instanzen, die über Ob und Wie einer Sanktionierung im Rahmen sozialer Kontrolle entscheiden, die Maßstäbe setzen und Schmerz bemessen. Sie entscheiden sehr unterschiedlich.

Soziale Sanktionen sind schwach formalisiert nicht nur wegen dieser großen Zahl der Akteure sozialer Kontrolle und ihrer persönlichen und institutionellen Unterschiede. Sie sind schwach formalisiert auch wegen einer ihrer Stärken: wegen des Reichtums ihrer Formen und Erscheinungsweisen. Sie reichen vom »bösen Blick« über das »Schneiden« bei sozialen Kontakten, das strafende Schweigen oder Anschreien, das Beenden einer Beziehung, über körperliche Gewalt und »Schulstrafen« bis hin zur formellen Abmahnung oder der Kündigung eines Arbeitsverhältnisses. Es liegt auf der Hand, dass dieser Reichtum an normativen Reaktionen auf Normverletzung sich in einer Vielfalt an Formalisierungsgraden fortsetzt und es unterschiedlich schwierig macht, sich verlässlich auf eine bestimmte Sanktion einzustellen. Der strafende Blick und die Kündigung stimmen nur in ihrer Eigenschaft überein, sanktionierende Antwort auf die Verletzung einer sozialen Norm zu sein; ansonsten sind sie himmelweit voneinander entfernt und folgen unterschiedlichen Logiken.

Grenzen der Sanktionierung

Soziale Sanktionen haben freilich auch ihre Grenzen; die aber sind ebenfalls schwach gesichert. Die Grenze kann überschritten sein, wenn die Sanktion auf einer schwankenden tatsächlichen Grundlage verhängt wird, wenn also die Normverletzung nicht feststeht, wenn der Bestrafte einwenden kann: Aber ich war das doch gar nicht. Die Grenze kann verletzt sein, wenn die Sanktion übertrieben ausfällt, wenn sie in den Augen der Umstehenden außer Verhältnis zu dem schädigenden Verhalten steht, auf das sie Antwort sein sollte. In solchen Konstellationen kann, wie wir alle immer wieder erleben, die unangemessene Sanktionierung ihrerseits Grundlage einer sanktionierenden Antwort sein, weil sie selber die Verletzung einer Norm war.

Diese Norm verhältnismäßiger, der Normverletzung angemessener Sanktionierung dürfte zum Kernbestand unserer Alltagskultur zählen: Ohne die Kraft einer solchen Norm wird es keinen Frieden geben, kein Ende von Streit und Gewalt. An Phänomenen wie Fehde und Blutrache kann man studieren, dass die als unangemessen hart wahrgenommene Sanktion einer Normverletzung wiederum Normverletzung sein und einen unseligen Kreislauf von Gewaltsamkeit beleben kann; nur wenn die Sanktion in der Sache und in ihrem Maß (und nicht bloß im äußerlichen Ablauf) »Antwort« auf die jeweilige Normverletzung ist, wird sie das Ziel sozialer Kontrolle fördern und wird sie friedenstiftend sein können.

In summa: Soziale Sanktionen sind eine Antwort auf die Verletzung sozialer Normen. Auch sie sind schwach formalisiert, sie sind schwierig vorherzusagen und deshalb schlecht zu kontrollieren und zu korrigieren. Dass sie eine »Antwort« sind, gibt ihnen freilich auch einen gewissen Halt: Sie sind damit in eine Beziehung gesetzt zu der Verletzung, auf die hin sie erfolgen; diese Beziehung kann helfen, die Sanktion in Art und Maß näher zu bestimmen.

c. Verfahren

Man könnte erwarten, soziale Kontrolle richte sich nicht nach bestimmten Verfahrensregeln oder kenne und befolge gar überhaupt keine Verfahren; das wäre ein naheliegender Schluss aus der bisher erarbeiteten, klaren Diagnose, soziale Kontrolle sei in Normbestimmung und Sanktionenwahl nur schwach formalisiert. Warum, so könnte man fragen, sollten die eher informellen Prozesse sozialer Kontrolle ausgerechnet Verfahrensregeln für sich gelten lassen, wo doch gerade die Einrichtung von Verfahren normalerweise der Gipfel von Formalisierung ist? Wie soll ein Mechanismus es schaffen, Verfahren zu begründen und einzuhalten, dem es noch nicht einmal gelingt, die für ihn lebenswichtigen Normen präzise zu bestimmen und die für die Normverletzung selbstverständlichen Sanktionen zu ordnen und vorherzusagen: sie zu formalisieren?

Naheliegend, aber falsch. Auch das dritte Strukturelement sozialer Kontrolle, das Kontrollverfahren, folgt seinen beiden Nachbarn getreu. Es ist, wie Normen und Sanktionen, zwar schwach formalisiert, es ist aber durchaus am Werke. Warum das so ist, lässt sich verstehen, wenn man die Rolle der Kategorie »Verfahren« im Rahmen normativer Zusammenhänge etwas genauer in den Blick nimmt. Wir tun das in drei Schritten. Wir betrachten das Phänomen, wir befragen es auf seinen Sinn, und wir unterscheiden es von anderen Formen der Suche nach Ergebnissen.

Lob der Prozeduren

Die Wahrnehmung: Wie beobachten Verfahren sozialer Kontrolle, wenn wir unsere Augen und Ohren aufmachen, überall in unserer Umgebung – etwa in Form eines »Familienrats«, in Vorbesprechungen einiger Beteiligter untereinander, bevor der »Rat« zusammentritt, in Hausgemeinschaften, Eltern-Kind-Gesprächen oder Straf-Ritualen in Schulen. Selbst bei spontaner Normbestimmung und absolut unangemessenen Sanktionen, also in grob unterformalisierten Situationen, gibt es so etwas wie soziale Verfahren – etwa dann, wenn die Sanktionsgewalt klar bei einer bestimmten Person liegt, wenn diese Person ihre Gewalt missbraucht und das soziale Umfeld sie gewähren lässt, wenn etwa die Nachbarschaft nicht gegen prügelnde Eltern einschreitet. Wir sehen Verfahren eingehalten, wenn Akteure sozialer Kontrolle Zuständigkeiten beachten – etwa in einer Familie die Rolle des spontan Strafenden, des ernsten Mahners, der Verteidigerin, der Revision einer frühen Verurteilung. Verfahren regulieren im Alltag den Ablauf streitbarer Diskussionen und die Rechte der Beteiligten oder das weitere Vorgehen in schwierigem Gelände, wenn man in der Beurteilung der Inhalte, um die es geht, noch nicht einmal den Schatten einer Übereinstimmung sieht; man denke an eine Mieterversammlung oder an den Ortsverein einer politischen Partei.

Die Überlegung: Man sollte den Wert von Verfahren zur Herstellung gangbarer Wege und zur Ermöglichung von Frieden nicht unterschätzen. Verfahren sind gerade dann hilfreich, wenn – wie etwa in Prozessen informeller Sozialkontrolle – ihre Gegenstände vage, wolkig, unterbestimmt sind: Wenn man sich schon nicht einigen kann, ob eine Normverletzung überhaupt geschehen ist oder welche Sanktion in Frage kommt, so kann der

Ausweg aus diesem Dilemma in einer prozeduralen Einigung liegen: Man kann sich immerhin einigen über die Person, die den Fall entscheiden soll, über das Verfahren, das sie dabei zu beachten hat, über Möglichkeiten und Einzelheiten eines Rekurses gegen diese Entscheidung. Dann ist man vielleicht nicht zur Wahrheit durchgedrungen, aber jedenfalls zum Frieden.

Die Unterscheidung: Dieses Lob der Prozeduren leuchtet Juristen vermutlich eher ein als beispielsweise Naturwissenschaftlern. Für Juristen ist, selbst im hochformalisierten Strafrecht, die Uneinigkeit über Gegenstände täglich Brot: über die richtige »Subsumtion« eines Verhaltens unter eine Norm (war das wirklich »Diebstahl« oder vielleicht sogar »Raub«?), über Art und Umfang der angemessenen Sanktion (wie strafwürdig war das, reicht eine Geldstrafe, oder muss es eine Freiheitsstrafe sein?). Darüber diskutieren sie mit unterschiedlichen Meinungen und Ergebnissen und stimmen am Ende ab – nach präzisen prozeduralen Regeln, wie sie beispielsweise im Gerichtsverfassungsgesetz (§ 197 GVG) vorgeschrieben sind. Die Meinungen bleiben unterschiedlich, aber die Abstimmung führt sie am Ende zu einem Ergebnis zusammen. Das muss in den Augen etwa eines Mathematikers eine geradezu absurde Regulierung sein: Man sollte das richtige Recht finden, wird er einwenden, nicht aber es herstellen, nicht es dem Zufall der Anwesenheit und der Laune bestimmter Personen überlassen.

Die Sprache der Gesetze
Damit ist ein großes Fass aufgemacht. Das Fass hat viele Namen: juristische Hermeneutik (da hat das Problem seine Quelle); Rechtstheorie und Methodenlehre (da hat das Problem seinen Sitz); Nicht-Axiomatisier-

barkeit der Gesetze; Uneindeutigkeit der Gesetzesspra-
che; Nichtableitbarkeit von Ergebnissen; Verstehen der
Norm am Fall und Herstellen des Falls an der Norm;
Hin- und Herwenden des Blicks zwischen Norm und
Fall. Und das sind nur einige Facetten des Problems.
Wir werden das Fass nicht austrinken, sondern nur ei-
nen kurzen Blick hineinwerfen können:

Gesetzesnormen, sogar im Steuerrecht und in sonstigen eher zahlenorientierten Bereichen des Rechts, bedienen sich mit Bedacht der natürlichen Sprache und
nehmen deren Uneindeutigkeiten in Kauf; denn auch
ihre Inhalte entwickeln sich mit dieser Sprache. Eine
richtige Gesetzesauslegung gibt es nicht; es gibt, ganz
selten, Auslegungen, die eindeutig falsch sind, und es
gibt, häufig, Auslegungen, die nach Ansicht der meisten
juristischen Experten (der »herrschenden Lehre«) »nicht
vertretbar« sind.

»Richtig« und »vertretbar«

Dass Juristen, wenn sie methodenbewusst sind, nicht
von »richtig« und »falsch«, sondern von »vertretbar« und
»nicht vertretbar« sprechen, dass sie sich also in einem
Korridor der professionell akzeptablen Ergebnisse wäh-
nen, macht einsichtig, dass sie ihre Ergebnisse und die
Wege, auf denen man zu ihnen gelangt, ganz anders einschätzen, als man das in einer »exakten« Wissenschaft
tut: Juristen suchen die »Wahrheit« nicht in organisier-
ter Forschung am Gegenstand (weil sie sie dort, wegen
der Beschaffenheit ihres Gegenstands, jedenfalls auf diesem Wege nicht finden), sondern in Streit und Abstimmung. Weil von der Gründlichkeit des Streits und von
der Gleichheit der Abstimmung fast die ganze Wahrheit
abhängt, verwenden sie einen großen Teil ihrer professionellen Mühen auf die vernünftige Regulierung, die Pro-

zeduralisierung von Streit und Abstimmung – auf Verfahren eben. Und angesichts vage bezeichneter Normen und schlecht geordneter Sanktionen werden sie ihre Mühen noch verstärken, weil die Güte der Ergebnisse gerade dann von der Güte der Verfahren abhängt.

Diese Konzentration auf Verfahren ist also eigentlich vernünftig – auch wenn gerade sie den Vorwurf der »normalen Leute« nährt, die Juristen seien spinnert, verknöchert, weltfremd, dächten formal und drückten sich um klare Urteile in der Sache. Diesen Vorwurf sollte man einmal kritisch überdenken. Denn auch im »normalen« Alltag sind Verfahren wichtig und ähneln denen der Juristen: Jedenfalls die Strafjuristen mögen von der Reinheit exakter Wahrheitssuche weit entfernt sein und sich die Frage gefallen lassen müssen, welche Art Wahrheit sie mit ihren Methoden eigentlich zu finden hoffen – der Alltagskultur aber sind sie durchaus nahe. Auch dort wird nicht geforscht, sondern gestritten und gekämpft und, wenn man Glück hat, fair verhandelt und gleichmäßig abgestimmt.

IV. Zusammenfassung

Gesellschaften bilden sich aus und unterscheiden sich voneinander über Normen. Das Gesamt dieser Normen nennen wir Alltagskultur, und die Prozesse, in denen die Normen begründet und verteidigt werden, nennen wir soziale Kontrolle. Soziale Kontrolle legt den Bestand der jeweils geltenden Normen fest, markiert Normverletzungen und sanktioniert sie. Dabei beachtet sie bestimmte Verfahren.

Normen, Sanktionen und Verfahren sind im Bereich der sozialen Kontrolle eher unbestimmt und schwach formalisiert. Das benachteiligt die Korrektur der Kontrolle, die Gleichmäßigkeit ihrer Anwendung und den Schutz der Betroffenen.

Am Rande fallen Schlaglichter auf die Mischung von Bedrohung und Faszination, die sich mit dem Strafrecht verbindet, auf den rechtfertigenden Notstand, auf die einverständliche Tötung, auf die Rechte des Beschuldigten, sich an der Wahrheitsfindung aktiv zu beteiligen, auf die schwierige Enkulturation von Migranten und das Phänomen der »Ehrenmorde« sowie auf die seltsame Methode der Juristen, die Ergebnisse ihrer Arbeit durch Streit und Abstimmung zu gewinnen statt durch geduldige und professionelle Suche nach Wahrheit und Gerechtigkeit.

B. WAS DAS STRAFRECHT WILL.
ODER: WAS DIE STRAFE SOLL

Die Ziele der Strafe sind von jeher ein zentraler Gegenstand des Nachdenkens über das Strafrecht. Wie könnte das auch anders sein – hängen Kritik und Rechtfertigung des Strafrechts doch von Kritik und Rechtfertigung der Strafe ab und kann man darüber nicht urteilen, wenn man nicht weiß, was die Strafe soll. Welche Strafziele vernünftig und dem Strafrecht angemessen sind, darüber streiten die Straftheorien, seit es ein Strafrecht gibt. Das eine Lager schaut in die Vergangenheit, will Unrecht und Schuld durch die Strafe ausgleichen – Vergeltung. Das andere Lager ist der Zukunft verpflichtet, will künftige Verbrechen verhindern und setzt auf die Besserung des Straftäters, auf die Abschreckung von uns allen und auf die Festigung des Normvertrauens – Prävention. Zwischen diesen Lagern verläuft ein tiefer Graben, über den erst in jüngster Zeit eine Brücke führt: die positive Generalprävention.

I. Die ehrwürdige Formel

Nicht zum ersten und nicht zum letzten Mal schiffen wir uns ein auf einem alten Boot, um ins Wunderland des Strafrechts, seiner Traditionen und Theorien zu fahren. Diesmal soll, wie man erzählt – aber, wie ich glaube, nicht so genau weiß –, Protagoras der Bootsbauer gewesen sein, und Seneca und Grotius sind schon mit ihm gesegelt. Sie haben uns eine Formel hinterlassen, die einfach, klar und hart auf den Begriff bringt, worum es bei den Zielen des Strafens geht: *Nemo prudens punit quia peccatum est sed ne peccetur.* An diese ehrwürdige Formel werden wir uns halten, sie wird uns leiten.

1. Nemo prudens punit

Schön wär's, sollte man denken: Wenn das nicht nur glasklares Latein, sondern auch wirklich wahr wäre: Kein vernünftiger Mensch straft, heißt es auf Deutsch. Eine Welt ohne Strafe – wer wollte das nicht?

Aber Achtung: Sprüche, die klingen wie in Stein ge-meißelt, haben es bisweilen faustdick hinter den Ohren. Sie legen eine Leimrute aus und warten auf das nächste Opfer, das nicht aufpasst und sich von der hehren Spra-che einfangen lässt; dass man ihnen auf den Leim geht, ist ja ein Gutteil ihres Sinns. Und so ist es auch hier.

Löwe und Lämmlein

Wenn Sie das erste Kapitel dieses Buchs über informelle soziale Kontrolle noch im Kopf haben, müsste es jetzt eigentlich bei Ihnen klingeln, und Sie müssten Ein-spruch einlegen oder mindestens eine Rückfrage stellen: Wenn der Spruch *Nemo prudens punit* wirklich eine bessere Welt verheißen würde, dann müsste er sich na-türlich nicht nur auf die Strafen und Strafdrohungen des Strafrechts, sondern auch auf die Sanktionen der infor-mellen Sozialkontrolle beziehen (S. 40 ff.); sonst würde uns der Spruch erst recht ein bedrohliches Schlamassel prophezeien: spontanes, zumeist unkontrolliertes, oft unverhältnismäßiges Strafen im Alltag, das nicht von einem Strafrechtssystem eingefangen, beherrscht und auf ein rechtliches Maß zurückgeschnitten würde (die Einzelheiten zu den Aufgaben dieses Systems sind unter C.II., S. 118 ff. entwickelt).

Nemo prudens punit – diese Formel bezeichnet nur dann eine vernünftige Perspektive, wenn man sie radikal versteht und beim Wort nimmt: Nicht nur Abschaffung des Strafrechts, Einstampfung der Strafgesetzbücher, Verrentung der Strafgerichte und Niederlegung der Strafvollzugsanstalten, sondern Aufhören mit dem Strafen überhaupt: auch zu Hause, in der Schule, unter Brüdern, Nachbarn und in Ortsvereinen, ja sogar im Straßenverkehr.

Aber ist das wirklich eine vernünftige Perspektive? Wäre die Hoffnung auf eine nicht-punitive, d. h. eine nicht-strafende, eine großzügige, vielleicht sogar verzeihende und vergebende Welt nicht voreilig und jenseitig, ja sogar – angesichts unseres permanent und aus guten Gründen (S. 34 – Enkulturation) strafenden Alltags (S. 40 ff.) – unverantwortlich und zynisch? So als würde man den Menschen etwas versprechen, von dem man noch nicht einmal ungefähr weiß, wo es das zu kaufen gibt, was es kostet und wie es sich anfühlt? Denn die nicht-punitive Welt, die da verheißen wird, gibt es nicht, so weit unser Auge reicht. Es gibt sie, wie Soziologen vortragen, die es wissen müssen, noch nicht einmal im Kloster, und ich jedenfalls kann mir eine solche Welt schon gar nicht richtig vorstellen, jedenfalls nicht hienieden.

Gewiss ist es schön, von einer Welt zu träumen, in welcher das Lamm neben dem Löwen ruht. Man darf nur nicht den Fehler machen, das friedliche Tableau, das der alte Meister vor uns ausgebreitet hat, für unsere Wirklichkeit von morgen oder übermorgen zu halten;

das hat mit hoher Wahrscheinlichkeit Orientierungs-
und Planungsprobleme im Gefolge. Gewiss ist es richtig, im Sinne einer konkreten Utopie Schritte zu ent-
werfen und dann auch zu gehen, die in eine friedlichere
Welt führen – auch in eine friedlichere Welt des Strafens. Gewiss ist es gut, strafende Gewalt überall dort
zu markieren, zu skandalisieren und zurückzudrängen,
wo sie nicht unbedingt erforderlich ist (Einzelheiten
dann unter S. 163 ff.). Und wer sagt uns denn, dass unsere Welt nach vielleicht zweihundert Jahren nicht vielleicht völlig anders aussieht als unsere heutige? Schön
ist es also, von einer friedlichen Welt zu träumen.

Unverantwortlich aber ist es, auf diese Träume zu
bauen: sich so einzurichten, als wäre uns eine nicht-
punitive Welt in absehbarer Zeit zugänglich, und in dieser
Erwartung unsere Schritte ins Morgen und Übermorgen
zu dirigieren und abzumessen. Das ist Traumtänzerei
und lenkt sowohl von den Gefahren ab, die uns morgen
und übermorgen drohen, als auch von den Chancen, diesen Gefahren angemessen zu begegnen. Die Geschichte
des Strafens, innerhalb wie außerhalb des Strafrechts,
ist ja keine Erfolgsgeschichte – so als wären wir immer-
dar auf dem Weg in eine immer menschlichere Welt. Die
Einbrüche in eine humane Welt der sozialen Kontrolle
durch übermäßiges, ja verbrecherisches Strafen im letzten Jahrhundert stehen denen eines angeblich finsteren
Mittelalters wahrlich nicht nach, und auch unser Jahrhundert hat unter diesem Gesichtspunkt nicht gerade
verheißungsvoll begonnen. Beispiele mag man gar nicht
nennen; so nahe liegen sie.

Und weil das alles so ist, ist das Zitat auch nicht vollständig hingeschrieben. So setzt es sich fort:

2. Quia peccatum est

Aha, es geht also nicht um das Strafen überhaupt, sondern um dessen Gründe und am Ende auch um seine Ziele. Und damit sind wir bei der Frage angekommen, um deren Antwort sich dieses Kapitel bemüht: Kein vernünftiger Mensch straft, weil gesündigt worden ist, wird bis hierhin behauptet. Das führt zwar nicht sehr weit, weil man nicht positiv erfährt, was die Strafe denn nun soll, was ihre legitimen Ziele sind. Immerhin ist es aber eine klare negative Auskunft: Jedenfalls soll die Strafe, nach diesem Teilstück der ehrwürdigen Formel, nichts mit früheren Sünden zu tun haben. Und da ist doch schon eher etwas dran, verglichen mit dem gerade ausgeträumten Traum von einer nicht-punitiven Welt.

Holzwege und Nachdenken

Aber was ist wirklich dran? Die Aussage *Nemo prudens punit quia peccatum est* ist ja wahrhaftig tollkühn, sie rüttelt an unseren fundamentalen Gewissheiten, die wir zum Verhältnis von Norm und Sanktion ausgebreitet haben (S. 40 ff.), und die Gegenargumente liegen schon griffbereit: Ist die Sünde nicht wenigstens ein Anlass für Strafe? Reicht Sünde, reicht Schuld, reicht Verbrechen nicht sogar als Grund des Strafens hin? Kann man das eine vom anderen überhaupt abkoppeln? Kann man sich Strafe ohne Sünde vorstellen und Sünde ohne Strafe? Was gibt es denn sonst noch als Fluchtpunkt der Strafe, wenn es die Sünde, wenn es das Verbrechen nicht ist?

So könnten Holzwege beginnen. Oder tiefes Nachdenken. Tun wir Letzteres, gehen wir vorsichtig zweieinhalb Schritte und schauen wir, wie weit wir kommen und wohin.

Sieht man sich den Satz genauer an, so gewinnt man zuerst einmal den Eindruck, er sei so etwas wie eine Antithese, das Abstreiten einer Behauptung, ein Stein neben anderen Steinen in einer Kette, die Fortsetzung eines Streits. Irgendetwas muss ihm argumentatorisch vorausgegangen sein, etwas, das ihm nicht passt, das er für falsch hält und geißelt: dass nämlich Sünde ein Strafgrund sei. Wieso käme er sonst darauf, den Zusammenhang von Schuld und Strafe zu bestreiten – ausgerechnet diesen Zusammenhang, der doch auf den ersten Blick näher liegt als jeder andere? Dieser Satz hat den jahrhundertealten Streit um die Strafe augenscheinlich nicht begonnen, er führt ihn fort. Er ist offenbar nicht mehr als eine Etappe auf einer langen Reise zu Gewissheiten.

Man kann vielleicht auch sehen, dass dieser Satz mit der Kategorie der Zeit hantiert und daraus möglicherweise Gewinn zieht. Versucht man, ihm überhaupt einen vernünftigen Sinn abzugewinnen – was, zugegeben, nicht leicht ist –, dann könnte man ihm zugutehalten, dass er ins Offene verweist, auf die Zukunft. Dann wäre das *peccatum*, die Sünde, das Gestrige, das, was wir hinter uns haben und was wir auch beim Strafen hinter uns lassen sollten zugunsten des Blicks nach vorne. Wer, wie dieser Teil der Formel, gegen die Sünde als Strafgrund argumentiert, gewinnt dabei irgendwie ein jugendliches Outfit und lässt seine Gegner alt aussehen: Er ist nicht der Vergangenheit verhaftet und orientiert seine Entscheidung an den Erfahrungen von heute und den Bedürfnissen von morgen – immerhin.

Können Sie überdies auch noch sehen, dass der Satz *Nemo prudens punit quia peccatum est* nicht nur zeitlich, sondern auch sachlich ins Offene verweist? Das erschließt sich, wenn man weiterfragt nach der Koppelung von Sünde und Strafe (wie wir das gerade vorhin neben-

bei schon getan haben) und dieses Verhältnis ein bisschen weiter denkt: Kann man sich Strafe ohne Sünde
überhaupt vorstellen und Sünde ohne Strafe? Und wohin führt das?

Wer – nach unserer Formel: unvernünftig! – straft,
weil gesündigt worden ist, *quia peccatum est,* stößt
an diesem Punkt des Nachdenkens in eine Falle: Er
steckt in einer Maschine, die er selber nicht stoppen
kann. Denn wo Sünde ist, muss nach seinem Verständnis ja Strafe sein, da gibt es keinen Ausweg. Sein Gegner, der Anhänger der Formel, der gerade das für unvernünftig hält, hat hingegen noch eine weitere Option.
Er kann beispielsweise die Sünde für eine notwendige,
aber nicht auch hinreichende Bedingung von Strafe halten und – recht überzeugend, wie ich meine – erklären,
Sünde ohne Strafe sei normativ in Ordnung, nicht aber
Strafe ohne Sünde: Nicht jedes Verbrechen verdiene
Strafe, nur Strafe ohne Verbrechen müsse ausgeschlossen sein; der strafende Staat dürfe Milde walten lassen,
wenn er dafür gute Gründe habe, aber Strafe ohne Verbrechen komme nicht in Frage.

Begnadigung oder Amnestie stehen hier zur Erklärung
bereit: Obwohl eine Tat rechtskräftig als Verbrechen
verurteilt, obwohl die verhängte Strafe nicht abgelaufen
oder abgegolten ist, lassen es die meisten Strafrechts-
kulturen zu, bestimmte Verurteilte unter bestimmten
Bedingungen nach Hause zu entlassen, etwa um damit
einen nationalen Feiertag zu schmücken oder aus sonstigen Gründen, die erst gar nicht öffentlich benannt
werden. Diese Ventile funktionieren, und man braucht
sie ganz offensichtlich auch. Sie lassen den Dampf über-
füllter Gefängnisse ab und gleichen eine strenge Politik
des harten Strafens mit leichter Hand und ohne größeren Aufwand aus.

Das beleuchtet, wie wir gleich sehen werden, bei weitem nicht alle Schwierigkeiten, die sich ergeben, wenn man Sünde und Strafe eng aneinanderschließt. Es vermittelt aber immerhin die Vermutung, dass zwischen Verbrechen und Strafe noch Überlegungen siedeln, die bei einer zu engen Koppelung in Bedrängnis geraten könnten.

Nur eines sei von vornherein klargestellt: Auch wer Sünde und Strafe eng aneinanderschließt und *(quia peccatum est!)* die Sünde nicht nur für den Grund, sondern auch für den Anlass einer Strafe hält und deshalb die Option verwirft, das Verbrechen aus bestimmten Gründen ohne Strafe zu belassen, ist nicht schon deshalb ein Scharfmacher. So ist, wenn man den Experten glauben darf, die bärbeißige Aufforderung »Auge um Auge, Zahn um Zahn« nicht etwa die Aufforderung, dem Sünder nun auch einen Zahn auszuschlagen, nachdem man selber seinen verloren hat, sondern, ganz im Gegenteil, die Aufforderung, doch bitte Maß zu halten und diesem Sünder nicht gleich den ganzen Kopf abzuhacken.

3. Sed ne peccetur

Jetzt ist die Formel endlich rund geworden und beginnt, Sinn zu machen – wenn auch vielleicht keinen rechten Sinn. Man weiß wenigstens ohne jeden Zweifel, was gemeint ist: Kein vernünftiger Mensch straft deshalb, weil gesündigt worden ist, sondern er straft, damit nicht gesündigt werde. Und die vorhin listig versteckte Vermutung über den Sinn der ehrwürdigen Formel lässt sich jetzt hervorholen und bei Licht besehen: Es geht wirklich um Zukunft und künftiges Wohlverhalten; die Vergangenheit mit all ihren Untaten soll ruhen, sagt die Formel. Strafe hat nicht die vergangenen Sünden im Sinn, sondern die zukünftigen; wir karten nicht nach, wir packen an.

Ist das nicht kreuzvernünftig, gibt es dazu überhaupt eine Alternative, ist die enge Koppelung von Verbrechen und Strafe im *quia peccatum est* nicht entschieden von vorgestern?

Heute und vorgestern

So sieht es aus. Als ich Ende der fünfziger Jahre des vorigen Jahrhunderts mit dem Studium begonnen habe, war vorgestern.

Die Professoren machten uns, gleich im ersten Semester, mit dem »Schulenstreit« bekannt, in dem zwei Lager einander feindlich gegenüberstanden: mit der Schlacht zwischen zwei unterschiedlichen »Straftheorien«, wie die Juristen die Lehren vom Sinn der Strafe nennen (im Unterschied zu den Strafrechtstheorien, wo es um den Sinn des gesamten Strafrechts geht). Die Bezeichnungen der beiden Lager sind gute alte Eselsbrücken zu den jeweiligen Programmen der beiden Schulen. Da standen die »klassischen« gegen die »modernen«, die »absoluten« gegen die »relativen«, die »repressiven« gegen die »präventiven«, die Vergeltungs- gegen die Zwecktheorien. Es stehen sich also vier Paare streitend gegenüber, und Sie können diese Einteilung mit ein bisschen Glück und Einfühlungsvermögen jetzt schon selber nachvollziehen: Die jeweils zuerst genannten sind die von vorgestern.

Das Kennzeichen eines jugendlichen Outfits ist uns schon vorhin in den Sinn gekommen. Wir haben es den modernen, den relativen, den präventiven Straftheorien zugeschrieben, welche das *ne peccetur* auf ihr Banner gestickt, welche die Zukunft in ihrem Gepäck haben, welche die Sünden von früher nicht als Grund der Strafe anerkennen, welche Verbrechen und Strafe nicht in einem engen Verbund sehen, sondern zulassen können, dass bei guten Gründen Strafe einmal nicht auf Verbrechen folgt.

Was an diesen Theorien »modern« ist? Es ist die Kultur der Zweckverfolgung (die sie ja dann auch zu »Zwecktheorien« macht und dem anderen Lager die etwas säuerliche Kennzeichnung »Vergeltungstheorien« übriglässt).

Wer sich, wie die »modernen« Lehren, dem *ne peccetur* verschreibt, hat schon mit dieser Entscheidung einen Zweck formuliert: den Zweck, künftige Sünde eher unwahrscheinlich zu machen; dazu soll die Strafe verhelfen. Das gilt für die »klassischen«, für die *quia-peccatum*-Lehren gerade nicht. Deren Rechtfertigung des Strafens ruht satt und vollständig auf der vergangenen Untat, die Zukunft taucht auf ihrem Schirm erst gar nicht auf; in der Sicht der absoluten Lehren hat die Strafe, ist sie einmal verhängt, nichts mehr vor. Sie muss insbesondere nicht Zwecken hinterherlaufen und sich möglicherweise noch damit rechtfertigen, dass sie diese Zwecke auch wirklich erreicht, oder sich im Fall des Scheiterns Kritik anhören.

Der Gegensatz von Zweckverfolgung und Vergeltung ist es auch, der dann die Unterteilung in »absolut« und »relativ«, in »repressiv« und »präventiv« trägt und verständlich macht:

Die modernen Lehren sind »relativ« zu den Zwecken, zu deren Erreichung sie die Strafe einsetzen wollen, sie hängen von ihnen ab. Die Zwecke halten sie auf Trab; an deren Verwirklichung werden sie gemessen. Die klassischen Lehren hingegen sind auf diesem Ohr taub, sie sind von jeglichem Zweck gelöst (»absolut«); einer ihrer Protagonisten sprach in seinem Lehrbuch von der »zweckgelösten Majestät« der Strafe – ein kaltes, steinernes Wort, das mich als Student doch einigermaßen ins Schleudern gebracht hat angesichts des Leids, das da mit Bedacht verhängt wird nicht nur über den Gefangenen, sondern auch über seine Familie. Aber diese Empathie liegt einfach nicht im klassischen Fokus.

Die Unterscheidung von »repressiv« und »präventiv« folgt schlicht dem Gegensatz von *quia peccatum est* und *ne peccetur*: Die repressiven Lehren lassen es genug sein mit der angemessenen strafenden Antwort auf Sünde, auf Verbrechen, auf Unrecht und Schuld. Die präventiven Lehren fangen an diesem Punkt erst richtig an. Ihr Ziel, das sie mit der Strafe verbinden, nämlich künftiges Verbrechen eher unwahrscheinlich zu machen, ist Prävention: Schadensminimierung für die Zukunft, Gefahrenbeherrschung morgen und übermorgen.

Und die beiden Wege zu diesem Ziel der Prävention sind gut ausgebaut. Sie führen zu den beiden Gefahrenherden, welche die Verbrechensprävention, will sie erfolgreich sein, mit jeweils demselben Nachdruck überwachen und beherrschen muss. Der eine Weg führt zu uns allen, von denen man nicht weiß, wer unter uns welcher Untaten noch fähig sein wird, und der andere Weg führt zu demjenigen, der diese Fähigkeit schon unter Beweis gestellt hat. Auf dem ersten Weg geht es um die Gemeinschaft der vermutlich Unheiligen, die man von der Sünde abhalten und auf dem Pfad der Tugend – jedenfalls äußerlich – weiter wandeln sehen möchte, und auf dem zweiten Weg geht es um den einzelnen Straftäter, der vom eingeschlagenen Weg abgebracht werden soll. Verbrechensprävention also hat zwei Flü-

gel: Generalprävention (Abschreckung aller Verbrechensgeneigten) und Spezialprävention (Besserung der
schon ins Verbrechen Gefallenen). – Alles klar?

II. Durchsichtigkeit, Elend und Untiefen

Vermutlich eher nicht. Man wird zwar nach dieser kurzen Tour durch die Straftheorien zugeben müssen, dass
ihr Gelände sorgsam kartographiert ist, dass es viele
Hinweisschilder gibt, die einen hilfreich einweisen und
deren Sinn man nach einigem Nachdenken auch erschließen kann.

1. Strafziele in der Strafjustiz

Trotzdem haben wir eher einen Schilderwald vor uns,
wo zwar jedes Schild seinen Sinn, seinen Grund und
seinen Anlass hat, alle zusammen aber mehr verwirren
und fehlleiten als orientieren. Das ist im Strafrecht –
wie in anderen, auf Praxis gerichteten Wissenschaften auch – keine neue Erfahrung. Es stellt sich zumeist
dann ein, wenn die Theorie hinreichend Zeit hatte, sich
einem Problem liebevoll, streitbar und gründlich zu
widmen, ohne dass die Praxis dabei nennenswert gestört hätte. Und dies wiederum stellt sich zumeist dann
ein, wenn die Praxis keinen Anlass sieht, Ergebnisse der
Wissenschaft nachzufragen – etwa deshalb, weil sie ihre
eigenen Alltagstheorien für hinreichend hält, um die
Fragen zu beantworten, die sich ihr stellen.

Folgenlose Dogmatik

Eine fürsorgliche Warnung vorab: Wir verlassen jetzt unsere breite Straße, machen einen kleinen Ausflug und werfen einen Blick auf das Verhältnis von Theorie und Praxis im Strafrecht – ein Thema, das jeden interessiert, der sich fragt, ob denn in der Praxis das alles ankommt, was die Theorie sich ausdenkt, ob in der Theorie nicht vielerlei rein Theoretisches produziert wird, das für die Praxis gar keine Folgen hat, ja ob das Ankommen der Strafrechtstheorie in der Strafrechtspraxis überhaupt einen Sinn hätte.

Man sollte jedenfalls diese Art folgenloser Dogmatik, bei der die Wissenschaft ihre eigenen Fragen entwickelt und auf die Bedürfnisse und Fragen der Praxis keine Rücksicht nimmt, nicht vorschnell bedauern oder kritisieren. Die Strafrechtswissenschaft ist frei (Art. 5 III 1 GG), sie ist nicht die Magd der Strafrechtspraxis, nicht ihr Lieferant und nicht ihr Reservoir von Einsichten. Sie bestimmt ihre Methode und die Gegenstände ihrer Forschung selbst. Sie wird ihre Augen, da ihr Feld das Strafrecht ist, zwar nicht von dem abwenden, was dort tagtäglich geschieht – schon um mit ihren Fragen, Beispielen und Schwerpunkten à jour zu bleiben oder ganz einfach deshalb, weil sie darauf neugierig ist. Wohin sie sich aber wendet und was sie vertieft, das zu entscheiden ist ihre Sache. Und Sache der Strafrechtspraxis ist es, bestimmte Ergebnisse der Strafrechtswissenschaft für folgenlose Dogmatik zu halten.

Die Lehren vom Sinn der Strafe sind ein gutes Beispiel folgenloser Dogmatik. Seit Jahrhunderten arbeitet die Strafrechtswissenschaft an diesem Gebäude, reißt hier einen Flügel ein, baut ihn in neuer Form wieder auf, mauert Türen und Fenster zu, öffnet zwischen zwei Zimmern einen Durchgang, schlägt eine Brücke zum Nebengebäude, und die Strafrechtspraxis entscheidet seit Jahrhunderten exakt die Fragen, die im Gebäude der Straftheorien seit Jahrhunderten unbeantwortet hin und her gewälzt werden: ob man die Strafe wegen der grausamen Begehungsweise der Tat verschärfen muss und um wie viel (ein Gesichtspunkt der repressiven, der klassischen Lehren), ob man die Strafe zur Bewährung aussetzen sollte, statt sie zu vollstrecken, um die beginnende Resozialisierung des Verurteilten nicht zu gefährden (eine Überlegung der präventiven, der modernen Lehren).

Alltagstheorien

Wenn Sie eine Strafrichterin oder ein Strafrichter sind, braucht Ihnen jetzt nicht unwohl zu werden. Es ist nicht meine Absicht, Sie als eine Art »Alltagstheoretiker« vorzuführen, als jemanden, dem die Subtilitäten der Wissenschaft verschlossen sind. Alltagstheorien sind nicht immer und überall des Teufels; sie haben dieselbe Struktur wie wissenschaftliche Theorien, sie berufen sich, wenn sie nicht entgleisen, auf die Methodologie der Beobachtung, sie folgen dem Schema der Wenn-dann-Schlüsse, sie sind normalerweise in langer und kommunikativ geprüfter Praxis gut bestätigt, wir alle leben in der Regel gut mit ihnen, und sie reichen bei einfacheren Fragen hin. Sie sind halt nur nicht so professionell und hart getestet wie wissenschaftlich bestätigte Theorien.

Auch ist unbestreitbar, dass die praktische Strafjustiz, anders als große Teile der Wissenschaft, unter Zeitdruck handelt und schon deshalb nicht zufällig dazu neigt, Alltagstheorien genügen zu lassen. Zwar stehen hochkomplexe und folgenreiche Fragen auf ihrer Agenda, wie etwa das soziale und psychische Geflecht der Abhängigkeiten und Hierarchien unter Beteiligten an einer Gruppentötung oder die Sozialprognose für einen Heroinabhängigen – alles Fragen, die auf Strafziele hinauslaufen und nicht aus der Westentasche heraus beantwortet werden können: Wie weit genau entlastet der Druck der Gruppenmitglieder in der konkreten blutigen Situation den Totschläger, wie könnte eine erfolgreiche Therapie des Drogenabhängigen genau aussehen? Gleichwohl kann und darf die strafrechtliche Praxis sich nicht in allen solchen Konstellationen auf Gutachten zurückziehen. Der Strafrichter hat das Recht und die Pflicht, seine eigene »Sachkunde« einzubringen und zu verantworten (§ 244 IV 1 StPO). Aus dieser Verantwortung entlässt ihn auch kein Gutachten.

Jenseits dieser Grenze, bis zu der die Praxis ohne Wissenschaft ganz gut zurechtkommt, könnten die Lehren vom Sinn der Strafe aber ein reiches Erntefeld auch für die Strafjustiz sein. Nicht trockenes Wissen wird dort vorgehalten, das zum praxisirrelevanten Bildungsgut eines Kriminalisten gehört. Nein, eher stößt man bei diesen Lehren auf ein differenziertes Angebot des systematischen und vertieften Nachdenkens über das, was täglich Brot der Strafjustiz ist: die Strafzumessung, ihre Gründe, ihre Richtung, ihre Brechungen. Die Straftheorien sind glatte und harte Steine, die in Jahrhunderten geschliffen worden sind, und sie bewegen sich in einem heftig umstrittenen, aber durchsichtigen System. Kennt man sich mit ihnen aus, so muss man das Pulver nicht immer von neuem erfinden, sondern erkennt mit ihrer Hilfe schnell, woher die Argumente jeweils kommen und wie sie sich in den jeweiligen argumentativen Kontext einordnen: in repressives oder präventives Denken, in klassische oder moderne Systeme oder in eine luzide Mischung aus beidem. Die

Kenntnis der Straftheorien schärft Durchblick und Urteilskraft.

So muss, um nur ein einziges alltägliches Beispiel zu nennen, für eine Entscheidung über die Strafzumessung klar sein – und gegebenenfalls dann auch in der Begründung stehen –, wie sich das Gericht zu der von ihm festgestellten Tatsache verhält, dass der Verurteilte es schwer hatte im Leben: zu kindlichen Schädigungen, zu frühen Verfestigungen einer abweichenden Karriere, zu fehlgeschlagenen Versuchen, in einem Beruf Fuß zu fassen oder Halt in einer Beziehung zu finden. Das sind massive Strafzumessungsgründe, die in der Entscheidung verortet und verarbeitet sein müssen.

Die Lehren vom Sinn der Strafe können diese Entscheidung natürlich nicht treffen, sie können sie aber durchsichtig machen: zeigen, dass, warum und bis wohin die strafjuristische Würdigung dieser Strafzumessungstatsachen davon abhängt, welcher der Lehren vom Sinn der Strafe man wie weit folgt. Die klassische, repressiv orientierte Schule wird diese Tatsachen strafmildernd berücksichtigen; der Verurteilte hatte kaum Optionen eines rechtstreuen Lebens, und das mindert natürlich die Tatschuld, die vergeltend auszugleichen ist. Auch eine moderne, präventiv orientierte Einstellung wird davon ausgehen, dass dem Verurteilten kaum Optionen eines rechtstreuen Lebens zur Verfügung gestanden haben; sie wird diese Tatsache aber in einer ganz anderen Richtung würdigen und entscheiden, dass der strafende Staat geraume Zeit brauchen wird, um die Sozialisationsdefizite dieses Verurteilten zu beheben. Die Strafmenge wird verschieden sein, und das hat klare Gründe.

Das ist holzschnittartig präsentiert und kann die Komplexität einer Strafzumessungsentscheidung nicht abbilden. Sollte es aber auch nicht. Es sollte zeigen, was zuvor entfaltet worden war: dass die Lehren vom Sinn der Strafe ins Herz der strafjuristischen Entscheidungen hineinreichen, dass sie deren Ergebnisse mitbestimmen, dass sie scharfe Alternativen formulieren und dass ihre Kenntnis dazu verhelfen kann, System und Hintergründe des Strafens zu durchschauen. Dass die Strafjuristen in der Praxis das auch so sehen, kann man nur hoffen, dafür kann man – wie ich jetzt gerade – nur werben. Gesetzlich oder sonst wie verordnen kann man eine bestimmte theoretische Betrachtungsweise natürlich nicht, und das ist auch gut so.

2. Strafziele in der Kriminalpolitik

Ihre eigentlichen Wohltaten bieten die Lehren vom Sinn der Strafe freilich nicht der Strafjustiz; die kommt in ihrem Alltag auch ohne diese Wohltaten zurecht. Ihre eigentlichen Wohltaten bieten die Straftheorien vielmehr der Kriminalpolitik – also uns allen, die wir Strafen und Strafrecht mit offenen Augen und Ohren verfolgen, uns eine Meinung bilden über Hintergründe, Entwicklungen und Argumente und aus dieser Meinung Konsequenzen ziehen. An den Strafzielen, ihrem System und ihrer Geschichte kann man den Typ und das Ausmaß der Optionen wahrnehmen, welche die Strafe hat, man kann die Strafrechtskultur und die Strafrechtspolitik besser verstehen (und mit der Zeit auch die eigene Einstellung, mir der man sich dieser Politik nähert).

a. Das Elend der klassischen Lehren

Gibt es heute – so fallen wir mit der Tür ins Haus – überhaupt noch eine Alternative zu den modernen Straftheorien, hat eine repressive Rechtfertigung der Strafe eine auch nur theoretische Chance zu überzeugen und zu überleben? Drei Typen von Argumenten breiten das Elend der Vergeltungstheorien aus und beleuchten es grell.

Zweckgelöste Majestät

Stellen wir uns die Haltung des vergeltenden Strafrechts einmal bildlich vor: Nach dem Ausspruch einer – unterstellt: dem Unrecht und der Schuld angemessenen – Strafe hat das vergeltende Strafrecht die Hände in den Schoß gelegt und ist an dem, was nun folgt, konstitutionell desinteressiert; es spielt die »zweckgelöste Majestät«. Die Arbeit des Strafrechts ist getan; was im Strafvollzug passiert, ist nicht Sache dieser wissenschaftlichen Vorstellung vom Sinn der Strafe.

Ich finde diese Pose geradezu empörend. Angesichts des Leids, das das Verbrechen über die Opfer bringt, angesichts des Leids, in das die Strafe die Verurteilten schickt, angesichts der Verängstigungen und Irritationen, in die wir alle durch Verbrechen und Bestrafung geraten, ist diese Haltung einfach zu karg; sie ist hohl und falsch, sie ist arrogant, sie ist zynisch, sie passt nicht zur Situation. Und eine Wissenschaft, die sich um die Folgen nicht schert, welche die zugehörige Praxis mit Berufung auch auf die Ergebnisse dieser Wissenschaft anrichtet, verfügt nicht über einen hinreichenden Lichtkegel für ihre Forschung und für ihre Wahrnehmung der Wirklichkeit.

Werfen wir einen kurzen Blick auf das Verfassungsrecht und fragen uns, ob und wie die vergeltende Strafe sich vor dem Grundgesetz rechtfertigen lässt. Diese Rechtfertigung muss gelingen, sie ist nicht geschenkt; gelingt sie nicht, dann kann die Strafe vor der Verfassung nicht bestehen. Denn die Strafe ist typischerweise ein Eingriff in die Grundrechte des Verurteilten auf Freiheit und Eigentum. Reicht das vergeltungstheoretische *quia peccatum est* aus, also der Hinweis, der Verurteilte habe sich vergangen?

Ich kann mir das nicht vorstellen. Dieser Hinweis ist theoretisch in einem schlechten Sinn. Er ist weltabgewandt, er bezieht sich auf Papierenes, er beschränkt sich auf das System von Norm und Normverletzung und zeigt sich gegenüber der Wirklichkeit der Dinge und Empfindungen als absolut gleichgültig. Und das reicht, jedenfalls in unserer normativen Welt der Rechtfertigung von Eingriffen in Grundrechte, nicht mehr. Die Strafe ist ein »wirklicher« Eingriff in Rechtspositionen einer Person, sie hat einen Betroffenen, sie hat ein Hier und Jetzt, und sie richtet, jedenfalls zuerst einmal, greifbaren Schaden an.

Diesem Niveau muss ihre Rechtfertigung gerecht werden. Es reicht nicht hin, der Strafe aufzutragen, eine durch das Verbrechen verletzte Norm normativ zu reparieren, ein normatives System in einen Ausgleich zu bringen (und ihr zu erlauben, die anderen Schäden, die angerichtet worden sind, »zweckgelöst« zu übersehen). Die Rechtfertigung der Strafe muss in unseren Zeiten darauf verweisen können, dass ohne Verhängung und Vollstreckung dieser Strafe »die Welt« schlechter dastünde, dass die Strafe Schäden beseitigt und Gefahren mindert, kurz: dass sie den Eingriff wert ist, weil sie hienieden Gutes tut.

Vergewissern wir uns zum Schluss der Texte, auf de-

nen die klassischen Anschauungen vom Sinn der Strafe
seit Jahrhunderten ruhen und die uns Einblick gewähren in die Hintergründe und die Plausibilitäten dieses
Denkens.

In seiner *Metaphysik der Sitten* (II. Teil, 1. Abschnitt)
hat Kant das berühmte »Insel-Beispiel« angeführt, das
in einer, wie ich finde, fast aggressiven Klarheit die Botschaft der Vergeltungslehren verkündet: »Selbst, wenn
sich die bürgerliche Gesellschaft mit aller Glieder Ein-
stimmung auflösete (z.B. das eine Insel bewohnende
Volk beschlösse, auseinander zu gehen, und sich in alle
Welt zu zerstreuen), müßte der letzte im Gefängnis be-
findliche Mörder vorher hingerichtet werden, damit jedermann das widerfahre, was seine Taten wert sind, und
die Blutschuld nicht auf dem Volke hafte, das auf diese
Bestrafung nicht gedrungen hat; weil es als Teilnehmer an dieser öffentlichen Verletzung der Gerechtigkeit betrachtet werden kann.« Und bei Hegel lesen wir
(in der *Philosophie des Rechts*, § 97, Zusatz), die Strafe
sei »Negation der Negation des Rechts«: in ihr werde
der »besondere Wille« des Rechtsbrechers, der mit dem
Rechtsbruch den »allgemeinen Willen« der Rechtsordnung negiert, »aufgehoben«.

Schade, dass wir hier keinen Raum für eine gründli-
che Exegese haben. Es muss reichen, einen Gedanken
hervorzuheben, der das Klima dieser Argumentation bestimmt, ihre Plausibilität zum Ausdruck bringt und die
klassischen Lehren vom Sinn der Strafe bis auf den heutigen Tag prägt. Es ist der Gedanke der Gerechtigkeit
oder des allgemeinen Willens der Rechtsordnung.

Auf diesen Gedanken läuft alles zu; er ist in der klassischen Rechtfertigung der Strafe nicht nur das zentrale, er ist das tragende Argument. Durch die Aufhebung des besonderen Willens des Verbrechers, der mit

seinem Verbrechen den allgemeinen Willen der Rechtsordnung negiert hat, stellt die Strafe die normative Ordnung wieder her (Hegel). Die Blutschuld, die das Volk
wegen Teilnahme an einer öffentlichen Verletzung der
Gerechtigkeit auf sich lüde, würde es den Verbrecher
nicht hinrichten, lässt sich nur durch den Vollzug der
gerechten Strafe vermeiden (Kant). Die gerechte Ordnung ist es, deren Verletzung durch das Verbrechen die
Dinge vorantreibt und die Strafe nicht nur erlaubt und
rechtfertigt, sondern geradezu nötigend verlangt – nicht
das Verbrechensopfer ist es, das die Strafe einfordert,
nicht die Hoffnung, der Strafe würden allgemeine Abschreckung und Resozialisierung des Täters gelingen,
auch nicht die innere Sicherheit.

Diese rigide Konzentration auf die gerechte Ordnung
macht das Klima der klassischen Lehren aus und macht
sie uns fremd.

b. Die Untiefen der modernen Lehren

Die modernen Lehren vom Sinn der Strafe scheinen von
ganz anderem Kaliber zu sein.

Sie haben zuerst einmal den – freilich unverdienten –
Vorzug, mit größerem Verständnis und genauer auf unsere Fragen antworten zu können, weil sie uns historisch und deshalb inhaltlich wie klimatisch näher sind
als die repressiven Theorien. Sie haben überdies in unserer Kritik an den klassischen Vorstellungen vom Sinn
der Strafe immer wieder einmal um die Ecke gelugt,
weil diese Kritik natürlich auch von Annahmen gestützt war, die zum argumentativen Haushalt der präventiven Theorien gehören. Und es ist wahr, dass sie
eine Verbindung von der Strafe zur Welt schlagen, dass

sie den Sinn der Strafe abhängig machen von den Schädigungen und Gefährdungen durch das Verbrechen, auf welche die Strafe ja auch Antwort ist.

In meinen Augen ist diese Errungenschaft einer Verschränkung von Strafe und Wirklichkeit unhintergehbar: Jegliche künftige Straftheorie muss auf sie bauen. Sie entspricht dem Geist unserer Zeit und bedient die Muster, mit denen wir heute die Welt sehen.

Die präventiven Konzepte sind freilich nicht der weiße Ritter, als der sie angesichts des Elends der repressiven Straftheorien erscheinen mögen. Die modernen Lehren haben ihre eigenen, hausgemachten Untiefen. Die liegen den Problemen der Vergeltungslehren wie im Spiegelbild gegenüber: Sind diese gegenüber der Wirklichkeit blind und zu rigide auf das normative System einer gerechten Ordnung konzentriert, drohen jene in der Wirklichkeit zu ertrinken.

Maßlosigkeit

An allen Vergeltungslehren haftet ein Gewinn, der gerade im Strafrecht einen außerordentlichen Wert hat: Diese Lehren tragen ihr Maß in sich; sie tendieren nicht dazu und können nur auf abenteuerlichen Umwegen dazu missbraucht werden, übermäßiges Strafen zu erlauben oder gar zu rechtfertigen. Sie verstehen, wie wir gesehen haben, die Strafe als Wiederherstellung der verletzten normativen Ordnung, als Aufhebung des besonderen Willens des Verbrechers, als angemessene Antwort auf das Verbrechen. Und dieses Verständnis hat eine kostbare Konsequenz:

Maßloses Strafen würde unter dem Schirm der Vergeltungslehren nicht erst den Grundsatz der Verhältnismäßigkeit verletzen, der für das Strafrecht so wichtig ist (ausführlich unter S. 159 ff.); maßloses Strafen scheitert viel früher und viel rigoroser im Programm kritischer Überprüfung durch die Vergeltungslehren: Es fällt schon aus dem Sinn jeglicher Vergeltung heraus. Also muss eine repressive Konzeption vom Sinn der Strafe das Prinzip der Verhältnismäßigkeit gar nicht erst bemühen, um die Straflust im Zaum zu halten: Eine Strafe, die zum Maß des Unrechts und der Schuld eines Verbrechens nicht im Gleichgewicht steht, weil sie maßlos ist, ist schon von vornherein keine »Vergeltung«: Sie ist keine »Antwort« auf dieses Verbrechen, und sie ist schon gar keine »angemessene« Antwort. Deshalb ist sie in der Nomenklatur der Vergeltungstheoretiker auch keine »Strafe«; sie ist, je nach Sachlage, Unfall, polizeiliche Überreaktion oder Terror.

Kurz: Den vergeltenden Konzepten vom Sinn der Strafe ist eine Strafbremse eingebaut.

Das kann man von den präventiven Konzepten beileibe nicht sagen; für die ist eher das Gegenteil richtig: Das Bedürfnis nach einer Verbesserung der Welt, das diese Konzepte mit Leben erfüllt, treibt sie mit demselben Nachdruck zu ständiger Verbesserung ihrer spezial- und generalpräventiven Instrumente, ähnlich wie die repressiven Konzepte das Strafrecht zu einer Angemessenheit der Strafen anhalten. Der Maßstab der Prävention ist nicht Gerechtigkeit, ist nicht Angemessenheit der Strafe als Antwort auf das Verbrechen, sondern ist Effizienz beim Einsatz der präventiven Instrumente. Die präventiv orientierte Strafe verliert an Sinn, die präventiv begründete Lehre an Überzeugungskraft, wenn der Erfolg der Prävention gering bleibt oder gar schwindet.

Prävention neigt zu Verschärfung. Und deshalb steht und fällt die Aussicht, entweder in einer maßlos oder in einer angemessen strafenden Welt zu leben, in den präventiv orientierten Zeiten mit der Überzeugungskraft des Grundsatzes der Verhältnismäßigkeit – ein schwankender Boden, wie wir unter S. 159 ff. im Einzelnen sehen werden.

Das ist kein Glasperlenspiel, sondern kriminalpolitischer und strafjustizieller Alltag. Fünf Beispiele ganz unterschiedlicher Herkunft und Farbe sollen das anschaulich machen: die Einstellung der Straftheorien zur inneren Sicherheit; die unterschiedlichen Strafmengen, die aus dem Votum für eine Theorie folgen; die Bedeutung der Maßregeln neben den Strafen; die Einstellung der Lehren vom Sinn der Strafe zur Würde des Menschen; und endlich ihr Verhältnis zur Wirklichkeit.

Innere Sicherheit

Die derzeitigen Debatten über den Wert von Sicherheit und Freiheit sowie die verschärfenden Konsequenzen, die sich überall im StGB, in der StPO, beim Datenschutz oder im Polizeirecht nicht erst seit den verheerenden Anschlägen in New York, London oder Madrid, sondern schon seit den achtziger Jahren des vergangenen Jahrhunderts in unserem öffentlichen Eingriffsrecht verbreitet haben, tragen allesamt die Handschrift der Prävention. Die Konsequenzen verdanken sich dem Siegeszug des Paradigmas der Sicherheit, welcher die Leuchtkraft der bürgerlichen Freiheit verdunkelt hat. Sicherheit ist eine nahe Verwandte der Prävention, denn ihr dienen letzlich die präventiven Instrumente.

Die Konsequenzen, von denen die Rede ist, bestehen im materiellen Strafrecht in der Vermehrung von Verboten und in der Heraufsetzung von Strafandrohungen; sie bestehen im Strafprozessrecht darin, dass die Ermittlungsinstrumente durch verdeckt eingesetzte Methoden verschärft und auf nichtverdächtige Personen ausgeweitet werden. Sie wirken durch eine Absenkung von Eingriffsschranken. Die Freiheitsräume sind enger geworden, die Kontrollen verzweigter und dichter, die Sanktionen härter. Den Bürgern gelingt es nicht mehr, sich eingreifende Kontrollen des Staates dadurch vom Leibe zu halten, dass sie sich rechtstreu verhalten.

Dies alles wächst und nährt sich aus dem dringenden Bedürfnis nach gelingender Prävention, verbunden mit einem breiten Vertrauen in die präventive Kraft strafrechtlicher Mittel.

Nicht mehr die Angemessenheit, die Gerechtigkeit von Sanktionen beschäftigt unsere Phantasie und steuert unser Handeln, sondern die Aussicht, unser Leben auch mit Hilfe des Strafrechts sicherer zu machen, die Risiken krimineller Übergriffe verlässlicher zu beherrschen. Unsere Kontrollbedürfnisse entwickeln sich gleichsinnig mit den rasanten Fortschritten der modernen Informationstechnologie und den Möglichkeiten, in Bereiche einzudringen, die einem informationellen Zugriff bisher einfach faktisch verschlossen waren. Zugleich verblassen die alten Warnschilder des Datenschutzes und des Rechts auf Privatheit, fremde Geheimnisse zu achten, eigene zu schützen und Hürden gegen Ausforschung zu errichten. Der Staat verliert den bedrohlichen Nimbus des Leviathan, der uns zwar unterhält und nährt, vor dessen Eingriffen in unsere Freiheit wir aber auch, bewaffnet mit den Grundrechten, auf der Hut sein müssen, und entwickelt sich stattdessen zu unserem Partner im Kampf gegen Verbrechen und andere Risiken.

Das ist das Klima der Prävention.

In diesem Klima gedeiht ein »Grundrecht auf Sicherheit« – ein Geisterfahrer, der so tut, als bewege er sich

in derselben Richtung wie die anderen Grundrechte als
Abwehrrechte gegen Eingriffe des Leviathan in die bürgerliche Freiheit. Genau das Gegenteil macht er wirklich.

Er beruft sich, im Ansatz natürlich zu Recht, auf die
Erfahrung, dass ohne Grundsicherheit auch Freiheit
nicht sein kann: Wer in einer der zusammengebroche-
nen Ordnungen, den *failed states*, noch nicht einmal
Brot einkaufen kann, ohne Opfer eines Heckenschützen
zu werden, wird Sicherheit für den obersten Wert halten, und das ist in seiner Situation eine rationale Option. Das Konzept eines Grundrechts auf Sicherheit
vergisst aber mitzuteilen, dass dies unsere Situation
glücklicherweise nicht ist. Die Sicherheitsprobleme, die
sich uns stellen, lösen wir von jeher durch Eingriffe in
die Freiheit, durch Verbote, Kontrollen und Sanktionen,
für uns stehen Freiheit und Sicherheit in einem Spannungsverhältnis, bei uns kostet Sicherheit Freiheit und
ist ein Grundrecht auf Sicherheit ein schwarzes Schaf.

In diesem Klima ist, wer sich auf Risiken und Gefahren beruft, den Argumenten der Besonnenheit von
vornherein überlegen. Niemand kann versichern, dass
morgen oder übermorgen nicht auch bei uns der große
terroristische Schlag geführt werden wird, von dem immerfort die Rede ist. Sicherheitsbedürfnisse sind strukturell unstillbar: Eine Schippe Sicherheit passt immer
noch in den mit Kontrollen und Sanktionen schon prall
gefüllten Sack, und vielleicht ist es gerade dieses noch
fehlende Stück an Absicherung, das uns morgen oder
übermorgen retten würde. In diesem Klima ist schlecht
argumentieren, und der Diskurs kommt nicht voran.
Die Banner Sicherheit und Freiheit wehen hoch über
den Köpfen, und unten findet ein Gezerre um Einzelheiten gesetzlicher Regelungen statt. Insbesondere vor

zwei Fragen, die uns in der Sache voranbringen könnten, drücken wir uns hartnäckig:

Was genau und wie viel abstrakten oder konkreten Gewinn an Sicherheit haben uns die zahlreichen Einschränkungen von Freiheit, die im Interesse der inneren Sicherheit seit Jahrzehnten die Strafrechtspolitik bestimmen, eigentlich gebracht?, und: Wenn wir in der Selbstverständlichkeit übereinstimmen, dass es eine Welt ohne Risiko nicht gibt – welche und wie viele Risiken sind wir bereit zu tragen, um die Traditionen der Freiheit zu bewahren, die unsere Kultur seit der Aufklärung kennzeichnen? Beide Fragen zielen auf Antworten, die uns vielleicht weh tun würden, weil sich erweisen könnte, dass der Sicherheitsertrag von Einschränkungen der Freiheit bei weitem geringer ist als fraglos angenommen oder gar dass wir außerstande sind, uns einer konkreten Bedrohung zu stellen: dass wir den Kopf nicht aus dem Sand ziehen wollen, in den wir ihn gesteckt haben.

Ich bin überzeugt – kann es aber natürlich nicht beweisen –, dass das kriminalpolitische Klima der Vergeltungslehren uns in einen anderen Diskurs über den Wert von Freiheit und Sicherheit und zu anderen Regulierungen geführt hätte als das herrschende Klima der Prävention; die Vergeltungslehren hätten uns nicht dazu verführt, die Schraube der Sicherheit immer weiter zu drehen, weil sie sich für die Herstellung von Sicherheit als Folge des Strafrechts nicht interessiert und nicht stark gemacht hätten. Vielleicht verknüpfen sich die Kausalitäten aber auch gerade andersherum: Unsere Verbrechensfurcht und unser Bedürfnis nach Risikobeherrschung haben das Entstehen eines Klimas der Prävention begünstigt und halten es am Leben, mit den Vergeltungslehren kämen wir in unserer Risikogesellschaft gar nicht mehr zurecht. Sicher darf man freilich in dem Urteil sein, dass Risikoangst und Prävention einander stark machen.

Strafmengen

Was die Maßlosigkeit des präventiven Strafrechts im Alltag der Strafjustiz bedeutet, lässt sich ablesen an den Antworten, die der Strafrichter von den streitenden Konzepten auf die Frage erhält, was der Verurteilte an Strafe »verdient« hat – und warum.

Die Strafmengen, die von einer vergeltenden und von einer präventiven Konzeption jeweils eingefordert werden, können nicht dieselben sein, denn ihre Maßstäbe sind, wie wir gesehen haben, ihren Strafzielen entsprechend ganz unterschiedlich. Die Wahl einer bestimmten Konzeption der Strafe ist also folgenreich für den Verurteilten, und deshalb muss sie verantwortet werden.

Und viel wichtiger noch: An dieser zentralen Prüfstelle gerechter Strafzumessung erweist sich tagtäglich, ob es der Strafjustiz auch in den praktischen Ergebnissen gelingt, das maßlose präventive Bedürfnis nach effektiver Verbesserung der Welt durch das Prinzip verhältnismäßigen Strafens einzufangen.

Die Verantwortung:
Ein reisender Serienbetrüger, der sich durch kleine Lügen kleine Beträge verschafft, wird die Anhänger der Vergeltungslehre kaum interessieren, den Resozialisierungsstrategen aber Kopfzerbrechen machen, wenn die Kriminologen mit ihrer Erfahrung recht haben, dass solche Leute kaum zu resozialisieren sind, jedenfalls nicht in angemessener Zeit; sie sind in ihrem kleinkriminellen Dasein tief verankert. Die präventive, zweck-

orientierte Deutung der Strafe wird vor der Alternative stehen, entweder eine Strafmenge einzufordern, die Unrecht und Schuld des Verurteilten weit hinter sich lässt, weil seine Resozialisierung in kurzer Zeit nicht zu bewerkstelligen ist, oder resignierend in Kauf zu nehmen, dass der Kleinbetrüger seinen kriminellen Broterwerb fortsetzt.

Die Ehefrau, die ein einziges Mal in ihrem Leben gegenüber ihrem gewalttätigen Mann gewalttätig explodiert, wird – auch wenn sie tödliche Verletzungen anrichtet – kaum einen Bedarf an Resozialisierung abrufen, jedenfalls nicht für den Vollzug in einer Strafanstalt. Sie wird nach Verurteilung und Strafvollzug genauso unauffällig weiterleben wie zuvor, und sie wird nach menschlichem Ermessen und kriminologischer Prognose niemandem mehr gefährlich werden. Repressive Überlegungen müssen freilich auf einer Strafmenge bestehen, die sich für die Verurteilte zwangsläufig als eine leere Zeit auswirkt – und möglicherweise gerade deshalb das Ziel der Resozialisierung blockiert oder gar konterkariert: Das massive Unrecht des Totschlags verbietet eine Strafmenge, die dem geringen Bedarf an Mühen der Wiedereingliederung angemessen wäre, und fordert eine Strafzeit, die sich durch sinnvolle Programme der Resozialisierung nicht vollständig ausfüllen lässt.

Und was machen die präventiven Lehren mit einem Nazi-Schergen, der nach dem Zweiten Weltkrieg bis zu seiner Entdeckung jahrzehntelang unauffällig und angepasst gelebt hat, der also – aus welchen Gründen immer – vollständig resozialisiert ist und der auch nicht den generalpräventiven Verdacht nährt, er müsse für seine Schandtaten deshalb hart bestraft werden, damit andere von solchen Schandtaten abgeschreckt werden und wir nicht noch einmal die Rechtlosigkeit der KZs erleben müssen? So einfach sind die Kausalitäten zwischen Kriminalstrafe und Verhinderung einer Diktatur nicht, und so einfach machen es sich auch die Strafgerichte nicht, wenn sie begründen müssen, ob generalpräventive Gründe für die Verhängung oder die Verschärfung einer Strafe sprechen. Wenn sie sich selber ganz ernst nehmen, müssten die präventiven Lehren ihn laufenlassen, denn mit ihm verbinden sich keine präventiven Strafzwecke (mehr). Dazu können sie sich freilich nicht verstehen. Aber warum nicht?

Man sieht: Strafzumessung ist nicht nur ein abwägendes Geschäft, ein bedächtiges Hin und Her zwischen belastenden und entlastenden Umständen. In ihrem Grund verlangt sie knallharte Optionen für und gegen ganz unterschiedliche Konzepte vom Sinn der Strafe. Diese Optionen treten natürlich nicht immer in der Schärfe zutage, wie die drei Beispiele sie didaktisch vorführen, und mancher Richter wird nicht immer realisieren, dass es ein Ritt über den Bodensee ist, wenn er brav Strafzumessungstatsachen zusammenträgt und zusammenrechnet. An der Beschaffenheit des Bodensees aber ändert das nichts.

Die Verhältnismäßigkeit:
Die Strafjuristen wissen theoretisch genau, was sie unter der Verhältnismäßigkeit, unter der Angemessenheit der zugemessenen Strafe zu verstehen haben. Es ist die Entsprechung des Maßes von Unrecht und Schuld einerseits und der Strafmenge andererseits. Dass sich das auf Papier einfach hinschreibt, in der Praxis aber komplexe und komplizierte Wertungen verlangt, versteht sich. Immerhin ist klar, worum es geht.

In einem Klima der Vergeltung raubt uns das Problem

der angemessenen Strafe nicht den Schlaf. In diesem Klima ist die Verhältnismäßigkeit der Sanktion nicht nur Ziel, sondern schon Programm; Vergeltung und Angemessenheit sind blutsverwandt. Das mag im Einzelfall nicht richtig funktionieren, der Strafrichter mag sich »in der Oktave vergreifen«, wie die Strafjuristen bildhaft sagen, er mag Entlastendes übersehen und Belastendes aufgebauscht haben. Aber das sind alltägliche Sünden in einem System, das gerade darauf angelegt ist, dass solche Sünden nicht begangen werden; und notfalls können deutliche Fehler bei der Strafzumessung auch – als Rechtsfehler – in der Revisionsinstanz markiert und dann korrigiert werden.

In einem Klima der Prävention hingegen können unverhältnismäßige Strafen nicht als alltägliche Sünden durchgehen. Dort nämlich beruhen sie nicht auf falschem Griff, sondern auf struktureller Verführung. Das präventive Paradigma hält den Richter nicht zu einer angemessenen, sondern zu einer präventiv erfolgreichen Strafe an. Und das sind verschiedene Schuhe, wie wir an den Beispielen des Kleinbetrügers, der Tötung des Ehemanns und des nationalsozialistischen Gewalttäters ein wenig haben studieren können.

Man wird auch in Rechnung stellen müssen, dass präventive Forderungen mit einer gewissen Emphase vorgetragen und von ihr verstärkt werden; Angemessenheit ist kein sonderlich emphatisches Strafziel, die Abschreckung von Terroristen oder die Resozialisierung von Päderasten aber durchaus. Prävention ist sicherlich Konzeption und Theorie; sie ist aber auch Politik und praktisches Interesse, ja sie rührt an tiefliegende Gefühle wie Ordnungssinn und Verbrechensangst. Es ist nicht die leichteste, aber sicher auch nicht die letzte Aufgabe der Strafjustiz, präventive Gestaltungsinteressen in den Rahmen verhältnismäßigen Strafens zu beugen.

Das nächstliegende Instrument, das ihnen bei der Erfüllung dieser Aufgabe hilft, ist der verfassungsrechtlich abgestützte Grundsatz der Verhältnismäßigkeit, der uns noch gründlich beschäftigen wird (S. 159 ff.) und der im Strafrecht traditionell als »limitierende Funktion des Schuldprinzips« auftritt und sagen will: Jenseits des Maßes der Schuld (das Maß des Unrechts ist jeweils mitgemeint) ist kein Raum für die Bedienung präventiver Interessen, oder: Die Schuld definiert die Obergrenze strafender Einwirkung auf den Verurteilten.

Diese die Verhältnismäßigkeit des Strafens sichernde, limitierende Funktion des Schuldprinzips lässt sich mit einem gewissen Wohlwollen (und viele in Praxis und Wissenschaft bringen dieses Wohlwollen auf) auch dem Gesetz entnehmen, wo es heißt: »Die Schuld des Täters ist Grundlage für die Zumessung der Strafe. Die Wirkungen, die von der Strafe für das künftige Leben des Täters in der Gesellschaft zu erwarten sind, sind zu berücksichtigen« (§ 46 I StGB). Das Wohlwollen ist vonnöten, um dem Wortlaut dieser für die Strafzumessung fundamentalen Vorschrift, der doch ein wenig an einen Eiertanz erinnert, wenigstens an einer Stelle eine klarere Kontur zu geben: Nicht »Grundlage« soll gemeint sein, sondern »Maß« oder gar so etwas wie »Obergrenze«.

Damit kann man bis auf weiteres leben. Es gibt dann zwei Möglichkeiten des Verständnisses und der Strafpolitik: Innerhalb eines Rahmens, der durch die Angemessenheit der Strafe gegenüber Unrecht und Schuld der Tat bestimmt wird, dürfen präventive Ziele verfolgt werden. Oder sogar so: Unterhalb einer Obergrenze der angemessenen Belastung des Verurteilten dürfen präventive Ziele verfolgt werden. Bei der zweiten Möglichkeit hätten sich die präventiven Optionen verstärkt: Sie könnten auch über die Mindestgrenze mitbestimmen und beispielsweise erreichen, dass im Einzelfall aus präventiven Interessen eine mildere oder gar keine Strafe verhängt wird, etwa weil eine Strafe eher desozialisierend wirken würde oder weil der Verurteilte durch die Folgen seiner Tat schon als genug bestraft erscheint (zu diesem Rechtsgedanken einer *poena civilis* § 60 StGB).

Ausgeschlossen wäre jedenfalls immer eine Verschärfung der schuldangemessenen Strafe in präventiver Absicht.

Maßregeln

Beruhigen können sich die Strafjuristen mit diesem Zustand freilich nicht. Das liegt vor allem an den »Maßregeln der Besserung und Sicherung«, die als »zweite Spur« neben die Strafe treten und die auf gefährliche Straftäter gemünzt sind; sie antworten etwa auf psychische Krankheiten oder Drogenabhängigkeit. Sie sind in § 61 StGB übersichtlich und gut verständlich aufgeführt.

Zwei besondere Kennzeichen der Maßregeln liegen auf der Hand:

Erstens: Da ihnen die limitierende Funktion des Schuldprinzips nicht zu Hilfe kommen kann, weil sie nicht auf Schuld antworten, sondern auf Gefährlichkeit, muss ihnen – nach den Traditionen des rechtsstaatlichen Strafrechts – der Grundsatz der Verhältnismäßigkeit eigens beigeordnet werden, damit sie in ihrer Besserungs- und Sicherungsfunktion nicht ausarten, sondern im angemessenen Rahmen bleiben; das tut § 62 StGB.

Zweitens: Da wir in einem präventiven Klima leben,

überrascht es nicht, dass die Maßregeln mit dem Wind segeln. Das trifft vor allem für die Sicherungsverwahrung zu, die vor einiger Zeit noch ein Mauerblümchen war; es gab kaum Sicherungsverwahrte in der Republik und deshalb schon einige Stimmen, die das Institut ganz abschaffen wollten. Mittlerweile ist sie, mit kräftiger Unterstützung der Medien und einiger Innenpolitiker, zu einem Liebling der öffentlichen Meinung herangewachsen. Die Berichte über grausam ermordete Kinder durch rückfällige Täter haben den Ruf »Wegsperren für immer« populär gemacht, die Gerichte beschäftigt und den Gesetzgeber zu hektischen Reaktionen auf der Suche nach einem Mittelweg zwischen schnellem, hartem Zuschlagen und Augenmaß getrieben.

Augenmaß heißt heute mindestens zweierlei: Es sind nur ganz wenige hochgefährliche Täter, um die es geht, und die muss man finden; für wirklich verlässliche Diagnosen des Ausmaßes ihrer Gefährlichkeit reichen unsere Methoden noch nicht hin, und das ist ein kaum erträglicher Zustand. Auch diese Menschen darf man nicht für immer wegsperren; auch sie brauchen, wie die lebenslänglich Verurteilten, eine Perspektive der Freiheit, und deshalb muss in regelmäßigen Abständen professionell geprüft werden, ob die gesteigerte Gefährlichkeit als Voraussetzung der Sicherungsverwahrung noch besteht.

Wie einen Hund

Wieder sind es die alten Texte, welche die vergeltende Konzeption der Strafe mit besonderer Kraft gegen die präventiven Interessen verteidigen, und diesmal findet sich das prägende Bild bei Hegel, der (in seiner *Philosophie des Rechts*, § 99, Zusatz) den Zwecktheoretikern ins Stammbuch schreibt, sie fassten den verurteilten

Menschen nicht nach Ehre und Freiheit, sondern wie einen Hund an, gegen den man den Stock hebt, und Kant wettert (an der oben schon zitierten Stelle in der *Metaphysik der Sitten*), der Staat, der die Strafe zur Besserung des Verurteilten oder anderer verhängt, handhabe den Bestraften »bloß als Mittel zu den Absichten eines anderen« und menge ihn »unter die Gegenstände des Sachenrechts«.

Vernichtender konnte die Kritik der politischen Philosophie der Aufklärung an den scheinbar menschenfreundlichen Zielen der Präventionstheoretiker kaum ausfallen. Die Kritik behauptet nämlich nicht weniger als eine systematische Verletzung der Menschenwürde, wie wir das entsprechend dem Grundgesetz formulieren würden. Die Verurteilten werden ihrer Autonomie als Menschenwesen entkleidet, sie werden »verzweckt«, vorgeführt, gezwungen, anderen als Exempel zu dienen. Sie werden nicht als verantwortliche Wesen behandelt, sondern dressiert. Von ihren Grundrechten, von ihrem aufrechten Gang ist in diesen Konzepten nichts mehr aufbewahrt. So steht das da, und das meinen die Texte.

Das ist starker Tobak – aber ist es eine ungerechte Kritik? Ich finde: nein. Jedenfalls wenn man, wie diese Philosophie es tut, den Blick auf den verurteilten Menschen konzentriert und unter keinen Umständen bereit ist, die Verbesserung der Welt, die Herstellung der menschlichen Glückseligkeit mit gewaltsamen Eingriffen gegen eine Person (selbst wenn sie zu diesen Eingriffen doch immerhin Anlass gegeben hat) zu verrechnen, dann ist diese Kritik konsequent, ja unausweichlich. Wir hatten sie vorhin schon erlebt und konstatiert: die rigide Konzentration der strengen repressiven Konzeptionen. Ob man die Welt freilich so sehen will (oder kann), steht auf einem anderen Blatt. Und die Strafrechtler sollten den Stachel, den ihnen die Philosophen hier ins Fleisch gesteckt haben, nicht herausziehen.

Wirklich?

Die präventiven Konzeptionen vom Sinn der Strafe haben sich, so hatten wir gesagt, unhintergehbar gemacht (S. 70f.). Sie haben den Sinn der Strafe auf die Erde geholt, haben ihre Rechtfertigung von der Verwirklichung irdischer Ziele abhängig gemacht, haben Strafe und Wirklichkeit produktiv miteinander verknüpft.

Diesen bedeutsamen Fortschritt, auf dem auch ein Gutteil ihrer aktuellen Überzeugungskraft beruht, haben die präventiven Lehren nicht für Gotteslohn bekommen; sie haben ihn teuer erkauft. Sie haben sich mit diesem Schritt auf ein gefährliches Feld begeben, wo es um empirische Folgen des Handelns geht, wo kritisch nach der Wirksamkeit der eingesetzten Instrumente gefragt wird, wo die faktische Unwirksamkeit der Instrumente auf ihre Rechtfertigung zurückschlagen und sie zunichtemachen kann, auf ein Feld, wo man weiß, was »Kollateralschäden« sind: ungewollte oder in Kauf genommene negative Nebenfolgen, die imstande sind, die gute Hauptabsicht zu desavouieren, wenn sie nur in hinreichender Häufung auftreten. Mit ihrer Hinwendung zur Wirklichkeit haben die präventiven Theorien vom Sinn der Strafe ein Fass aufgemacht. Sie haben sich der Frage gestellt, welche Wirkungen die Strafjustiz hat und ob sich ihre vernünftigen Ziele wirklich rechtfertigen lassen angesichts dessen, was sie an Belastungen und Verletzungen anrichtet.

Um dieses Feld des Wirklichen haben die repressiven

Konzeptionen der Strafe immer einen weiten Bogen ge-
schlagen. Dieses Feld gehört nicht zu ihrem konzeptionellen Programm; wir haben das ausführlich studiert
(S. 67 ff.). Dieses Feld nicht zu betreten war am Ende
zwar keine gute Idee; sie hat die Vergeltungstheorien
ja daran gehindert, das heutige Niveau der Rechtfertigung von Eingriffen zu erreichen. Diese Idee hat sie
aber immerhin vor einem gravierenden Problem bewahrt, mit dem die Präventionstheorien konfrontiert
sind. Sie müssen nämlich belastbare Grundlagen für
zwei Behauptungen erarbeiten: Strafandrohung, Straf-
verhängung und Strafvollzug haben tatsächlich spe-
zialpräventive und generalpräventive Wirkungen, sie
bessern die Straffälligen und halten die anderen von
Verbrechen ab, und: Diese positiven Wirkungen werden durch Kollateralschäden nicht neutralisiert oder
nennenswert beeinträchtigt.

Das ist eine Herkulesaufgabe: eine, die nur Herkules
stemmen kann.

Sie muss aber bewältigt werden, auch ohne Herkules. Lassen sich präventive Ziele nicht erreichen oder
lässt sich nicht verlässlich zeigen, dass sie erreicht
werden, oder erweist sich, dass die Kollateralschäden
in einem unerträglichen Missverhältnis zu den präventiven Wirkungen stehen, dann ist es mit der präventiven Rechtfertigung des staatlichen Strafens vorbei, dann sind die präventiven Konzeptionen als Lügen
oder Irrtümer entlarvt, dann darf sich niemand mehr
auf sie berufen; sie sind dann zusammengebrochen.
Eine Prävention, die nicht oder in der falschen Richtung wirkt oder die Zustände noch schlimmer macht,
ist keine.

Sie kann eigentlich nicht bewältigt werden. Denn
diese Aufgabe hat mit einer Asymmetrie zu kämpfen,

die kaum aufzulösen ist: Die erhofften Wirkungen sind wolkig und ungefähr; die Kollateralschäden aber sind kantig und manifest. Wie soll das zusammengehen?

Die Leiden

Kantig und manifest sind die Leiden, die die Strafjustiz anrichtet.

Sie beraubt Menschen ihrer Freiheit, nimmt ihnen Beruf, soziale Achtung, Lebensperspektiven, Eigentum, Vermögen, durchkreuzt ihre Pläne, stürzt ihre Familien ins Unglück, ihre Lebensgefährten in Verzweiflung. Das macht sie zum Teil in voller Absicht, vieles unterläuft ihr aber auch nur deshalb, weil sie es nicht besser hinkriegt. Diese Leiden sind jedenfalls notwendige Bedingung einer präventiven Verbesserung der Welt, ohne sie funktioniert die Prävention nicht: Resozialisierung braucht die Zeit des Verurteilten und übt Zwang aus, damit sie diese Zeit bekommt; der Gefangene könnte sich ja auch freiwillig einer Therapie unterziehen, aber er tut es eben nicht. Und mit Wohltaten als Folgen des Verbrechens lassen sich potentielle Verbrecher nun mal nicht abschrecken. »Kollateralschäden« ist vielleicht ein bisschen übertrieben; aber Leid gehört zur Prävention, Prävention bleibt Strafe.

Die Verbesserung der Welt

Wolkig und ungefähr hingegen ist die versprochene Verbesserung der Welt.

Die Individualprävention: Um die 70 Prozent herum pendeln die Rückfallzahlen traditionell, also sind mehr als zwei Drittel der Straftäter von resozialisierenden Bemühungen im Ergebnis nicht beeindruckt. »Nothing works« haben die Kriminologen in den USA vor einiger Zeit vom Strafvollzug gesagt; bezüglich ihres Vollzugs hatten sie angesichts der hohen Rückfallquoten recht, bezüglich unseres Vollzugs lagen sie nicht ganz falsch. Experten weisen darauf hin, für viele Straftäter gehe es im Strafvollzug schon deshalb nicht um Resozialisierung, weil sie gar nicht sozialisiert seien, oder sie sprechen – ohne Sarkasmus – davon, die wichtigste Aufgabe des Strafvollzugs bestehe nicht in der Resozialisierung der Gefangenen, sondern in einer Verhinderung von Desozialisierung: Vor allem kurzfristige Freiheitsstrafen dauerten hinreichend lange, damit die Gefangenen kriminelle Verhaltensmuster einübten und für kriminelle Karrieren – die einem ja auch nicht in den Schoß fallen – vorbereitet würden; für eine folgenreiche Vermittlung sozialer Normen aber seien sie zu kurz.

Die Generalprävention: Schlagen Sie Ihrem Nachbarn bloß im Hinblick auf § 223 StGB nicht aufs Haupt oder etwa deshalb nicht, weil das nicht zu Ihrem normativen Haushalt, nicht zu Ihrem Lebensstil, zu den sozialen Normen gehört, die Sie für sich gelten lassen? Gibt es für Strafdrohungen gegen Mord, Totschlag, Raub oder Beleidigung überhaupt eine generalpräventive Rechtfertigung, da hier die sozialen Verbotsnormen (S. 35 ff.) so tief eingeschliffen sind, dass sie und nicht die Verbote aus dem StGB das Verhalten in die richtige Richtung steuern? Und grundsätzlich: Kann man angesichts der, auch in der Bundesrepublik, hohen Kriminalitätsrate überhaupt von einer generalpräventiven Wirkung des Strafrechts sprechen?

Fragen über Fragen, und so könnte es noch lange weitergehen. Es ist kein Zufall, dass die klassischen Konzepte vom Sinn der Strafe die Frage der wirklichen Wirkungen des Strafrechts umschifft haben, und es ist kein Zufall, dass ausgerechnet dann, wenn es um »Wirklichkeit« geht und damit um die irritierenden Interventionen von Vorverständnissen und Sinnerwartungen (ausführlich unter S. 189 ff.), die Fragezeichen die Ausrufezeichen in den Schatten stellen. Wir haben wirklich mehr Fragen als Antworten.

Experimente

Die schlimmste Crux ist vermutlich, dass wir im Strafrecht nicht ernsthaft experimentieren können. Das Experiment ist das zentrale Medium der beobachtenden Wissenschaften, die es mit der Erforschung der Wirklichkeit zu tun haben, mit seiner Hilfe werden Hypothesen widerlegt oder bestätigt. Die alltägliche soziale Kontrolle (A.III., S. 32 ff.) können wir nicht ausschalten, um zu studieren, wie es ohne sie ginge; dafür gibt es noch nicht einmal ein Gedankenexperiment. Das Strafrecht wollen wir nicht ausschalten, selbst wenn wir das könnten; was würden wir den möglichen Opfern eines versuchsweise ausgeschalteten Rechtsgüterschutzes sagen?

Also bleiben uns Abfälle vom Tisch der Weltgeschichte, etwa in Zeiten, da nach einem Krieg die Besatzer vertrieben sind, die Polizei aber noch nicht aufgebaut ist. Da fallen einige übereinander her, andere nicht, und alles ist von Variablen abhängig wie dem Vorhandensein von Lebensmitteln, der Bevölkerungsstruktur in den jeweiligen Stadtvierteln oder dem Unterschied von Vermögens- und Gewaltdelikten: Die Ersteren gehen vielen schnell von der Hand, wenn sie nicht beobachtet und verfolgt werden, die Zweiten weniger.

Das hätten wir uns auch ohne solche Erkenntnisse schon so ungefähr vorgestellt; jedenfalls reicht es als Basis weiterführender Schlussfolgerungen zur präventiven Rechtfertigung des Strafrechts nicht hin.

Kriminologie

Die Kriminologen wissen und publizieren viel über die Empirie von Verbrechen und Strafe – viel mehr jedenfalls, als die Kriminalpolitik bereit ist, zur Kenntnis zu nehmen. Aber über die Wirklichkeit der Prävention wissen sie nicht genug, was eine abgestimmte Strafrechtspolitik verlässlich stützen könnte. Sie wissen viele wichtige Einzelheiten, aber eine tragfähige Basis langfristiger Politik hat sich daraus noch nicht zusammensetzen lassen. Gerade die gut erforschten Einzelheiten, wie beispielsweise die Einstellungen bestimmter Gruppen von Jugendlichen von bestimmter Herkunft zu bestimmten Teilen der Strafjustiz ,machen es eher schwer, die Splitter zusammenzusetzen und ein Tableau »der« Kriminalität und der Strafe zu entwickeln. Zu viele Einzelheiten verstellen manchmal das Gesamtbild.

Hinzu kommt, dass die methodologischen Anforderungen an wissenschaftliche Behauptungen komplexer und anspruchsvoller geworden sind, innerhalb und außerhalb der Kriminologie. Einen generalpräventiv wirkenden Mechanismus wie die »Theorie des psychologischen Zwanges« von Paul Johann Anselm von Feuerbach (1775–1833), wonach der Mensch, als *homo oeconomicus*, die angedrohte Strafe und den erhofften Vorteil des Verbrechens in Vergleich setzt (und dann natürlich rechtstreu bleibt), nimmt uns heute mit Recht keiner mehr ab. Ich habe bisweilen den Eindruck, dass die empirischen Annahmen und professionellen Empfehlungen für eine gute Praxis im Verhältnis von Verbrechen und Strafe einem ähnlichen Wandel unterliegen wie die in der Kindererziehung: Sie sind populär, und sie wechseln schnell, radikal und unerklärlich.

Was tun?

Zuerst einmal nicht so tun, als wüssten wir genug

über präventive Mechanismen von Besserung und Abschreckung.

Aus dieser Aufforderung zu einer Bescheidenheit, die in der Öffentlichkeit nicht weit verbreitet ist, folgt die Warnung vor einem blinden Vertrauen in die präventive Wirksamkeit des Strafrechts und vor der Folge eines solchen Vertrauens; der Phantasielosigkeit hinsichtlich anderer Wege als denen des Strafrechts zur Lösung unserer Probleme. Aus der Erschütterung dieses Vertrauens könnten wichtige Einsichten folgen: dass man auch außerhalb des Strafrechts nach Hilfe sucht, um wichtige Rechtsgüter und fundamentale Normen zu schützen, beispielsweise in der »technischen Prävention« oder in anderen Gebieten des Rechts (dazu S. 163 ff. zur »Erforderlichkeit«), statt sofort nach dem Strafrecht zu rufen (Strafrecht als *ultima ratio*), oder dass man den Pfennig dreimal umdreht, bevor man frohgemut die Strafe verschärft, weil man alltagstheoretisch überzeugt ist, dem Ansteigen der Art von Kriminalität wie in der vorliegenden Strafsache müsse nun aber generalpräventiv Einhalt geboten werden. Das hat der BGH dankenswerterweise erkannt und verfügt, dass das Gericht, das Strafe in generalpräventiver Absicht verschärfen will, dann auch konkret sagen muss, auf welche gefährlichen Entwicklungen in der Gesellschaft es sich dabei stützt – Entwicklungen, die schärfere Strafen fordern und rechtfertigen.

Vor allem aber: Die Kriminologie, die empirische Wissenschaft von Verbrechen und Strafe, muss aus ihrer Schattenposition heraustreten; die Kriminalpolitik braucht ihr Wissen. Solange dieses Wissen nicht vorhanden ist oder nicht ausreicht, werden wir wenigstens zu präventiven Hoffnungen neigen – in entschiedener Zurückhaltung jedoch gegenüber Erwartungen an eine Verbesserung der Welt, die nicht gesichert sind, in vorsichtiger und menschenfreundlicher Weiterentwicklung des präventiven Instrumentariums. Wer sich der Wirkungen seines Handelns nicht ganz sicher ist, sollte bedachtsam handeln, zurückhaltend, prüfend und immer offen für neue Einsichten. Das gilt im Alltag, das gilt aber auch im öffentlichen Eingriffsrecht.

III. Neues aus Altem

Nur Trümmer sind übriggeblieben unter der harten Kritik an den Straftheorien. Aber vielleicht kann man mit den Rückständen noch etwas anfangen.

1. Trümmer und Leitsterne

Was übriggeblieben ist:

Nach der Konzeption der klassischen Lehren trägt die Strafe ihr Maß in sich, die dem Unrecht und der Schuld angemessene Antwort ist der Sinn der Strafe, um Maßlosigkeit der staatlichen Reaktion auf das Verbrechen muss man sich nicht sorgen. Nach der Konzeption der modernen Lehren kann die Strafe sich nur rechtfertigen durch eine Verbesserung der Welt: die Wiedereingliederung des Verurteilten in die Rechtsgemeinschaft, das Abhalten der anderen vom Weg in die Kriminalität.

Auf der Grundlage dieser Konzeptionen haben sich die Wege beider Lehren getrennt und hat sich eine zerstörerische Kritik entwickelt:

Die repressiven Ansichten sind nicht imstande, ihren Wertehimmel zu verlassen und uns zu sagen, was ein gutes Strafrecht tun und lassen sollte; ihr Versuch, die Strafe zu rechtfertigen, verfehlt das Niveau einer rechtsstaatlichen Legitimation von Eingriffen in Grundrechte. Die präventiven Ansichten tendieren zu maßlosen Belastungen, erniedrigen den Menschen und haben keine Ahnung von den realen Folgen, die sie anrichten; ihr Versuch, die Strafe zu rechtfertigen, basiert auf empirischen Annahmen, die nicht wirklich gesichert sind.

Natürlich hat es keinen Sinn, das alles gegeneinander aufzurechnen oder auszurechnen, ob einer von den beiden Gegnern am Ende 4:3 vorne liegt. Es sind zwei Klimata, zwei Weltanschauungen, zwei fundamentale Erwartungen an das Strafrecht, die miteinander in Streit liegen, nicht weniger und nicht mehr. Da hilft Rechnen nicht viel.

Menschenwürde, Wirkung, Maß

Sinn macht es aber zu versuchen, ob das, was an den Lehren von der Strafe überdauern kann, sich in ein neues Gebäude einfügen lässt. Ich glaube, dass das möglich ist. Dieser Glaube stützt sich – außer natürlich auf eine genaue Prüfung der einzelnen Bausteine und ihres möglichen Orts in einem straftheoretischen System – zuerst einmal auf den Umstand, dass die feindlichen Schwestern immerhin Schwestern sind, die in enger, wenn auch kritischer Nähe aufgewachsen sind und die auf denselben Gegenstand blicken – wenn sie ihn auch, was uns nicht mehr verwundert (S. 189 ff.), jeweils ganz anders konstituieren: den Sinn der Strafe. Dass zwei streitende Lager wirklich auf denselben Gegenstand blicken, ist in der Wissenschaft durchaus nicht die Regel. Dass mein Glaube an die Vermittelbarkeit der beiden

Lehren Wirklichkeit wird, setzt freilich voraus, dass der Krieg der Schwestern aus den Zeiten des Schulenstreits in unsere heutige Welt transponiert wird, dass insbesondere den Anforderungen des Grundgesetzes an ein rechtsstaatliches Strafrecht Genüge getan wird.

Drei grundlegende Topoi, drei Leitsterne sind es, die auch nach dem blutigen Streit über den Sinn der Strafe standhalten können: Menschenwürde, Wirkung und Maß.

1. Der Schutz und die Achtung der Menschenwürde sind das Ein und Alles eines Rechtsstaats: Kein noch so heiliger Zweck, keine Rücksicht auf was immer rechtfertigt ein »Antasten« dieses Kerns der menschlichen Existenz (vgl. Art. 1 I GG). Auf dieses Ziel werden sich heute die absolute und die relative Lehre vom Sinn der Strafe einigen können, wenn auch unübersehbar ist, dass dieses Ziel den klassischen Traditionen näherliegt als den modernen (wie ja schon die wütenden Kritiken von Kant und Hegel gezeigt haben): Keine Strafe, keine Maßregel darf an die Würde des Menschen rühren.

2. Dass Strafen sich auch an ihrer Wirkung rechtfertigen müssen und dass »Wirkung« nicht nur Folgen für normative Ordnungen, sondern auch für tatsächliche Zustände meint, ist in einem modernen Rechtsstaat, der das Strafrecht auch über Eingriffe in Grundrechte konstruiert und nach einer Rechtfertigung dieser Eingriffe fragt, eine Selbstverständlichkeit. Dies in die Strafzieldiskussion eingeführt zu haben, dürfen sich die modernen Theorien rühmen. Diese Errungenschaft ist unhintergehbar; sie gehört in ein neues Haus der Strafziele.

3. Maßlose Eingriffe in Grundrechte sind verfassungswidrige Übergriffe und können vor dem Grundgesetz nicht bestehen; gerade das Strafrecht ist vor solchen

Übergriffen nicht gefeit. Auch wenn heutzutage selbst der »modernste« Strafzieltheoretiker an diesem Grundsatz nicht wird rütteln wollen, so wird er gleichwohl nicht bestreiten können, dass die Angemessenheit der Strafe als Antwort auf das Verbrechen nicht aus seinem eigenen theoretischen Arsenal stammt, sondern aus der feindlichen Tradition der repressiven Lehren. Den Topos des Maßes wird er auch für sich akzeptieren; er hat unter der Verfassung keine andere Option. Er wird sich dem Grundsatz der Verhältnismäßigkeit unterwerfen – ohne Murren, freilich mit einer undichten Garantie des Funktionierens im Einzelfall.

Um die Fruchtbarkeit dieser drei Topoi zu erweisen, sie mit Leben zu füllen und in unsere Zeit zu stellen, setze ich nun zweimal konkret an, und zwar bei schon fast vergessenen Texten: zuerst bei einer Entscheidung des BGH zu Beginn der siebziger Jahre, welche die alten Schlachtordnungen der Straftheorien in Unordnung versetzt und die erstarrten Konzepte ins Tanzen gebracht hat, und sodann bei einer Analyse von Äußerungen zur Gestalt der Vergeltungstheorien im weiten Umkreis des Jahres 1900, welche offenbaren, dass es schon damals nicht sehr gemütlich war, eine solche Theorie in reiner Form zu vertreten. Um 1900 und um 1970 entwickelten sich bei uns Modernisierungsschübe, die natürlich gerade das Strafrecht nicht haben links liegenlassen. Ob es Zusammenhänge gibt? Ob es Ihnen Freude macht, einmal einer etwas umfänglicheren Analyse von Texten zu folgen?

2. Positive Generalprävention

Meine drei Leitsterne sind, wie mir scheinen will, in der neueren Theorie von der »positiven Generalprävention« aufbewahrt und fortentwickelt. Sie erlauben es, die Trümmer wieder zu verwenden, die der Kampf um den Sinn der Strafe übriggelassen hat, sie auf eine andere Art zusammenzusetzen und das Haus neu aufzubauen.

a. Saat

Die Anfänge der Lehre von der positiven Generalprävention finden sich – in meiner Sicht – nicht in der Strafrechtswissenschaft, sondern in der Rechtsprechung des Bundesgerichtshofs, die dann auch vom Bundesverfassungsgericht aufgegriffen worden ist.

»Verteidigung der Rechtsordnung«

Das Gericht hat (was durchaus häufiger vorkommt) eine Gelegenheit zu grundsätzlichen Ausführungen über den Sinn der Strafe genutzt, die sich dazu auf den ersten Blick eigentlich nicht so recht angeboten hat – auf den zweiten aber schon. Es ging um die Frage, ob man eine Freiheitsstrafe von einem Jahr für »versuchte Blutschande in Tateinheit mit versuchter Notzucht, Unzucht mit Abhängigen und Unzucht mit Kindern« zur Bewährung aussetzen darf. Der BGH hat dazu im Ergebnis ja gesagt (1. Strafsenat, Urt. v. 8. Dezember 1970, Az. 1 StR 353/70, nachzulesen in BGHSt 24, 40; dass wir heute – liberal oder auch bloß politisch korrekt, wie wir verbal geworden sind – nicht mehr von Blutschande, Notzucht und Unzucht sprechen, sondern lieber farblos formulieren; dass der Eindruck entsteht, ein Jahr Freiheitsstrafe – damals hieß das noch Gefängnisstrafe – sei angesichts dieser Delikte doch viel zu milde, hat beides seine Gründe und Hintergründe; die aber liegen leider jenseits meines derzeitigen Fokus der positiven Generalprävention).

Dass die Entscheidung über eine Strafaussetzung zur Bewährung, wie der BGH sie zu treffen hatte, an die Grundfragen des Strafens rühren kann, erschließt sich, wenn man deren gesetzliche Voraussetzungen (heute in § 56 StGB) mit der allgemeinen Strafzumessungsvorschrift des § 46 StGB vergleicht. Zwar ist die Strafaussetzung ein Institut, das der Strafzumessung erst nachfolgt, aber nachrangig ist sie nur im logisch-zeitlichen, nicht im Sinne normativer und praktischer Bedeutsamkeit: Die rechtlichen Voraussetzungen von Strafzumessung und Strafaussetzung sind, wie der BGH einsichtig vorführt, nahe verwandt, und für den Betroffenen ist die Aussetzung seiner Strafe bisweilen gewichtiger als deren Höhe – so gewichtig, dass Kriminalpolitiker klagen, eine zur Bewährung ausgesetzte Freiheitsstrafe werde von vielen, vor allem von Jugendlichen, fälschlich als Freispruch empfunden.

Der Einstieg in das Problem, der dem BGH zur Verfügung stand, war schmal. Es war der Begriff »Verteidigung der Rechtsordnung« (heute in § 56 III StGB), der der Strafaussetzung eine Grenze zieht; wenn die Verteidigung der Rechtsordnung die Vollstreckung der Freiheitsstrafe gebietet, so dürfen kurzfristige Freiheitsstrafen nicht zur Bewährung ausgesetzt werden. Der BGH legt sich kräftig ins Zeug, um dem Begriff Konturen zu geben, und landet (S. 46 f.) bei einer Mischung tat- und täterbezogener Umstände, die dem Kenner nur eine einzige Neuigkeit bieten: dass Grund zur Verteidigung der

Rechtsordnung auch der Umstand sein kann, dass »die Tat Ausdruck einer verbreiteten Einstellung ist, die eine durch einen erheblichen Unwertgehalt gekennzeichnete Norm nicht ernst nimmt und von vornherein auf die Aussetzung einer etwaigen Freiheitsstrafe vertraut« (S. 47). Die Norm nicht ernst nehmen – neue Töne, die nach Psychologie und Kommunikation klingen und die alsbald eine neue argumentative Grundlage bekommen werden.

Der Senat findet sein Ergebnis einer Konturierung von »Verteidigung der Rechtsordnung« nämlich erst nach einem Rundgang durch die Aufgaben, die eine Strafe haben kann. Es lohnt sich, diesem Rundgang ein wenig zu folgen – führt er doch, zu Beginn der aufbrechenden siebziger Jahre des letzten Jahrhunderts, durch ein farbig und dichtbewachsenes Feld repressiver und präventiver Anmutungen, empirischer Annahmen und sozialpsychologischer Zuschreibungen, die, fast unmerklich, dann beim neuen Stern der Straftheorien ankommen: der Kategorie des Vertrauens. Außerdem bekommt man, wenn man will, einen Geschmack von der Redeweise über Grundlagen des Rechts in der Praxis einerseits und der Wissenschaft andererseits.

Bei seinem Versuch, den Begriff »Verteidigung der Rechtsordnung« näher zu bestimmen, landet der Senat ohne jeglichen Zwischenschritt sofort bei den »Aufgaben der Strafe«. Zu denen zählt er, in einem bunten Strauß, »das Recht gegenüber dem vom Täter begangenen Unrecht durchzusetzen, die Unverbrüchlichkeit der Rechtsordnung damit vor der Rechtsgemeinschaft zu erweisen und zugleich künftigen ähnlichen Rechtsverletzungen potentieller Täter vorzubeugen« (S. 44). Kühne Brücken, weite Flüge über das Gelände der Schützengräben, das tief unter diesen schwungvollen Bewegungen des Gerichts liegt und auf dem die müden Truppen des Schulenstreits in penibler Schlachtordnung einander wie eh und je gegenüberstehen.

Vertrauen

Den konzeptionellen Durchbruch dieser Schlachtordnung findet das Gericht eher nebenbei, nämlich bei der Antwort auf die Frage, wann im Recht der Aussetzung einer Freiheitsstrafe die Vollstreckung geboten ist und wann eine Aussetzung zur Bewährung in Frage kommt. Für geboten hält sie der Senat nur dann, »wenn andernfalls eine ernstliche Gefährdung der rechtlichen Gesinnung der Bevölkerung als Folge schwindenden Vertrauens in die Funktion der Rechtspflege zu besorgen wäre«, und fährt fort: »Eine solche Gefährdung ist gegeben, wenn der bloße Strafausspruch ohne Vollstreckung von der Bevölkerung angesichts der außergewöhnlichen konkreten Fallgestaltung als ungerechtfertigte Nachgiebigkeit und unsicheres Zurückweichen vor dem Verbrechen verstanden werden könnte«, wenn also eine Aussetzung der Strafe »für das allgemeine Rechtsempfinden schlechthin unverständlich erscheinen müßte und das Vertrauen der Bevölkerung in die Unverbrüchlichkeit des Rechts und in den Schutz der Rechtsordnung vor kriminellen Angriffen dadurch erschüttert werden könnte« (S. 45 f.).

Dass das keine geordnete Abhandlung zu den Straftheorien war, ist offensichtlich und bedarf keiner Rechtfertigung; so etwas ist schließlich nicht die Aufgabe eines Gerichts – selbst nicht eines Revisionsgerichts, das sich immerhin um Rechtsfragen zu kümmern hat. Dass über die Aufgaben der Strafe in dem Urteil nur beiläufig und ohne Sorgfalt gehandelt wurde, der Schwerpunkt hingegen beim Gebotensein einer Vollstreckung lag, hat

Teile der Strafrechtswissenschaft nicht gehindert, die Stichworte des Senats aufzugreifen, sie weiterzuentwickeln und sie in ein System zu bringen. Ich jedenfalls habe von dieser Anschauung und Redeweise der Richter eine nachhaltige Anregung erhalten.

Vertrauen – ist das nicht ein ganz unerhörter und unpassender Begriff im Kontext von Zielen der staatlichen Strafe? Gerade haben wir gewarnt vor einem blinden Vertrauen in die Wirkungskraft des Strafrechts, und auch den feindlichen Schwestern liegt der Begriff ganz fern. Die absoluten Theorien müssen Vertrauen für ein Fremdwort halten; in ihrer Sicht und deshalb auch ihrer Nomenklatur kommt es beim Ziel der Strafe auf das Vertrauen der Bevölkerung – in was immer – überhaupt nichts an. Die relativen Theorien setzen nicht auf Vertrauen, sondern auf das schiere Gegenteil: auf Drohung, Druck, Angst, Abschreckung. Wohl mag es bei bestimmten Programmen der Spezialprävention auch einmal auf die Stärkung von Vertrauen ankommen (sei es das Selbstvertrauen des Strafgefangenen, sei es das Vertrauen in das resozialisierende Konzept und in jene, die es vermitteln); das aber prägt die Idee der Resozialisierung nicht, sondern begleitet sie allenfalls. Es bleibt dabei: Vertrauen ist eine zentrale Kategorie unseres vergesellschafteten Lebens; Vertrauen passt vielleicht zur Imagewerbung einer Bank, es passt regelmäßig in die politische Rhetorik, und es ist das eigentliche Kapital zur Behebung einer Finanzkrise; zu dem mächtigen, gefährlichen und gewalttätigen Strafrecht (C.I., S. 115 f.) aber passt es offensichtlich nicht.

Das ist nun freilich ein bisschen schnell und entschieden geurteilt. Und das Urteil beruht überdies auf einer Verengung des Blicks, mit dem man auf die Bemühungen schaut, den Sinn der Strafe zu erschließen. Das war nämlich der Blick von gestern, und es war der Blick der Wissenschaft: klar, tief, eng. Diesem Blick offenbaren sich Felder, die jenseits der Grenzen des jeweils Angeschauten liegen, eher weniger, eher spät oder gar nicht; dafür hat er andere Vorzüge wie geübte Erfahrung oder Genauigkeit. Dem Blick der Praxis hingegen, dem wir gefolgt sind, gelingt es leicht, sich auch auf Umgebungen zu richten – schon deshalb, weil er weniger streng konzentriert ist.

So entdeckt die Praxis das Element des Vertrauens als Bestandteil einer Straftheorie, und so gelingt es ihrem Blick mühelos, die Gräben zwischen den streitenden Lehren zu überbrücken – formelhaft zwar, aber doch mit einer Perspektive, die neu ist und weiterführen kann.

Wolf im Schafspelz

Ich habe mich schon während meines Studiums gefragt, ob es denn eine dumme Frage sei, wie ein professioneller Vertreter der absoluten Straftheorie mit dem Phänomen Strafe heute praktisch und alltäglich zurechtkommt (wie er theoretisch zurechtkommt, war klar – ist ja auch nicht schwierig zu verstehen). Wenn es nur auf die Angemessenheit der Strafe ankommt und danach auf nichts mehr: Wie kann dieser Mensch etwa einem Steuerzahler erklären, dass wir Strafanstalten brauchen, die nicht nur verwahren sollen, sondern auch Geld für Besserungsprogramme verbrauchen, wie kann er seinen Blick von dem abwenden, was im Strafvollzug geschieht, wie kann er vor sich und anderen die Strafe rechtfertigen, ohne daran zu denken und darauf zu sprechen zu kommen, dass das Strafen hienieden irgendeinen Sinn machen, dass es irgendetwas vom Schlechten zum Guten wenden muss?

Die Antwort habe ich nicht in den Texten der philosophischen Vertreter der absoluten Straftheorie gefunden, wohl aber in den Schriften der Rechtsphilosophen und Strafrechtler; diesen Schriften fehlen die Klarheit und Härte, welche die philosophischen Texte kennzeichnen, nur im Schimpfen waren sie entschlossener. In überraschender Übereinstimmung verhalten sich strafrechtsphilosophische Texte des späten 19. und des frühen 20. Jahrhunderts (also aus dem erbittert geführten »Schulenstreit«) in ihren argumentativen Mustern. Sie ähneln einander darin, dass sie ihre Argumentation nicht enden lassen mit *punire, quia peccatum* (was ja eigentlich die Manier der repressiven Schulen ist: strafen, weil gesündigt wurde – das reicht), sondern dem noch einen argumentativen Schritt hinterherschicken: Das gerechte Strafen, das wir absoluten Theoretiker empfehlen, so sagen sie, ist deshalb vernünftig, weil nur eine angemessene, eine gerechte Strafe die Erwartungen der Bevölkerung erfüllt, weil ein selektives oder ungleichmäßiges Strafen den Rechtsfrieden gefährden würde, weil die Strafrechtsordnung auf die Dauer nur aufrechterhalten werden kann bei Stetigkeit der Strafrechtsprechung. Und so weiter.

Sie haben ihn erkannt, den Wolf im Schafspelz, die repressive Strenge mit präventiver Absicherung, die Vergeltungstheorie in präventiver Verpackung: den Rosstäuschertrick? Sie haben ihn erkannt.

Aber war es denn ein Trick? Ich bin nicht sicher.

Mir kommt diese weiche präventive Ummantelung des harten repressiven Kerns eher wie der verzweifelte Versuch vor, die kostbare, freundliche und hilfreiche Konzeption einer Strafe, die den Menschen nicht wie einen Hund anfasst und ihn nicht unter die Gegenstände des Sachenrechts mengt, in eine Moderne zu retten, der diese normativen Rechtfertigungen der Strafe

nicht mehr einleuchten oder jedenfalls nicht mehr hinreichen, die vielmehr darauf besteht, dass ein rationa-
les Strafrecht zur Verbesserung der Welt geeignet sein,
dass es günstige reale Folgen produzieren muss – für den
Verurteilten, für uns alle. Diese Forderung nach einer
Rechtfertigung auch mit irdischen Folgen war ein unverzichtbarer Teil der modernen Rationalität und ist es
heute noch.

Vor dieser Forderung standen die absoluten Theorien
mit leeren Händen, irdische Folgen des Strafens gehör-
ten nicht zu ihrem Reservoir; so passten diese Theorien
nicht mehr in die Welt. Also haben sie ihre Lehre an-
gestückt, ohne sie umzubauen. Sie haben ihren Schüt-
zengraben nicht verlassen, haben keine ihrer Aussagen
zurückgenommen, aber sich als Ober-Präventionisten
geriert: Gerade ihr Weg der Angemessenheit der Strafe
führe ins Glück, mache irdischen Sinn, verspreche Sta-
bilität der Rechtsordnung, Zustimmung der Menschen
und innere Sicherheit.

Das ist keine absolute Theorie mehr, weil die Rechtfertigung der Strafe von Äußerlichem abhängt, weil sie
zu Zwecken relativ ist. Es ist keine repressive Theorie
mehr, weil die Verwirklichung präventiver Folgen zentraler Bestandteil der Rechtfertigung geworden ist. Ist
sie noch eine klassische Theorie? Sie hat sich einen modernen Mantel nur umgehängt, und der lässt das alte
Wams durchscheinen.

Mir immerhin hat die Lehre von der positiven Generalprävention meine alte Frage beantwortet, wie ein
Vertreter der absoluten Straftheorie heute praktisch und
alltäglich zurechtkommt: Er lebt aus der Überzeugung,
dass Angemessenheit des Strafens letztlich die beste
Prävention ist.

b. Ernte

So. Genug nachgelesen, nachgedacht und nachgefragt.
Jetzt soll geerntet und eingefahren werden, was die Kritik an den Straftheorien überstanden hat und lebendig
geblieben ist für unsere Zeit. Die Frage lautet: Wie kann
ein Verständnis vom Sinn der staatlichen Strafe aussehen, das wissenschaftlich durchgearbeitet ist und praktisch vernünftig, das die Würde des Menschen achtet,
die Strafe an ihren Wirkungen bemisst und rechtfertigt
und bei aller Effizienz ihr Maß bewahrt?

Prävention durch angemessenes Strafen – das ist ein
neuer Weg zu einem Verständnis der Strafe, der nur auf
den ersten Blick wie ein Holzweg aussieht: wie eine
verzweifelte Suche nach einem längst verschlossenen
Mittelweg zwischen den seit Jahrhunderten streitenden Schwestern Repression und Prävention, wie eine
naive Vermischung fundamentaler Gegensätze oder
gar wie ein billiger Trick. Nichts von dieser Kritik wird
sich halten lassen, wenn man die Topoi aus dem alten Schulenstreit – Würde, Wirkung und Maß – aus der
Nähe betrachtet und sie ins neue Licht der Verfassung
stellt. Und man wird den Anstoß des BGH (S. 96 ff.), bei
der Begründung und Rechtfertigung der Strafe das Vertrauen der Bevölkerung in die Unverbrüchlichkeit des
Rechts in Rechnung zu stellen, wiedererkennen. Beide
Texte können Wegweiser sein – ungefähr und vorläufig
zwar in ihrem Holzschnitt-Format, aber (vielleicht gerade deshalb) kraftvoll in ihrer Geste.

Sensibilität

Fangen wir klein an mit einer Frage: Warum eigentlich
muss ein Konzept zur Begründung und Rechtfertigung
staatlichen Strafens den naheliegenden Einwand der

Philosophen herausfordern, diese Art Strafe behandele die Menschen wie Hunde oder Sachen? Für mich liegt dieser Einwand auch heute noch nahe. Und seit wir das Grundgesetz haben und eine halbwegs präzise Vorstellung davon, was »Menschenwürde« ist, hat der Einwand jedenfalls einen überzeugenden Rahmen innerhalb einer rechtsstaatlichen Ordnung bekommen. Auch wenn wir nicht immer – positiv – zu sagen vermögen, was unter Menschenwürde nun genau zu verstehen sei, so können wir doch in vielen konkreten Konstellationen gut vertreten – negativ –, dass die Menschenwürde hier verletzt worden ist (ein keineswegs windiges Verfahren praktischer Vernunft, das sich nicht schämen muss, die deduktive Logik zu verletzen; die gilt nämlich nicht immer und überall): Sie ist verletzt bei Folter, bei der Unterbringung mehrerer Gefangenen über längere Zeit in viel zu kleinen Gefängniszellen ohne Schutz der Privatheit – kurz: immer dann, wenn der Mensch dem Staat zum »Objekt« geworden ist. Diese moderne Objekt-Formel, man kann es gut sehen, ist von der Kritik der deutschen Aufklärungsphilosophen nicht weit entfernt.

Nun wird heutzutage nicht jedem und nicht jeder geradezu eine Verletzung der Menschenwürde ins Auge springen, wenn er oder sie die Verbote von Raub, Vergewaltigung oder der Verunreinigung eines Gewässers im StGB nachliest, im Gegenteil: Viele werden sich fragen, was ein Strafgesetzgeber denn sonst machen soll als Strafgesetze, nämlich Verbote mit Strafandrohungen. Will er die immerwährende Sozialkontrolle formalisieren, wie wir das von ihm verlangen (unter S. 118 ff.), so muss er sich starkmachen, muss er drohen und seine Drohung notfalls auch wahr machen; liebe Worte und gute Ratschläge gegenüber den zum Verbrechen neigenden Mitbürgern sind zu schwach. Die subtile Sensibilität der Philosophen ist nicht mehr Allgemeingut – wenn sie das überhaupt jemals gewesen ist. Also ziehen wir einen zweiten Pfeil aus dem Köcher, um für ein Verständnis zu werben, das die staatliche Strafe nicht als Knüppel, sondern als Kommunikation begreift.

Augenhöhe

Wer, so fragen wir erneut, ist es denn, der in der überkommenen Vorstellung von Generalprävention abschreckend auftritt, Strafen androht und, mit Feuerbach (oben B.II.2.b. – »Kriminologie«), den Bürger vor die peinliche Wahl stellt, sich entweder ordentlich zu verhalten oder eine empfindliche Strafe zu riskieren? Früher kannte man den und wusste, wo er residiert. Es war die Obrigkeit, und es gab keinen zwingenden Grund aus der politischen Philosophie oder gar aus einer Verfassung dafür, dass diese Obrigkeit ihren Untertanen auf Augenhöhe zu begegnen hätte; Abschrecken war noch das Mindeste, was sie durfte. Das Gegenteil von Augenhöhe war der Alltag, und die Ausnahmen wurden auf den Bühnen der Opern und Theater ausgestellt. Das nun hat sich geändert. Aus der Obrigkeit sind mittlerweile wir alle geworden, und die Strafgesetze verstehen sich in einem demokratischen Gemeinwesen als das Werk aller Bürgerinnen und Bürger.

Die Idee des Sozialvertrags hat das auf den Punkt gebracht: Nach dem Ende des Naturrechts, das uns das gesetzesbestimmende Recht von oben vorgegeben haben soll (dazu ausführlich unter S. 149 ff.) sind wir alle zum Gesetzgeber geworden. Um das Hauen und Stechen des gewalttätigen und instabilen Naturzustands *(status naturalis)* für immer hinter uns zu lassen, haben wir, so will es die Idee der bürgerlichen Rechtsordnung *(status civilis)*, auf einen Teil unserer natürlichen Freiheit verzichtet, haben uns Gesetze gegeben, haben die – jeder für sich – als verbindlich angenommen und haben Wächter eingesetzt, welche die Befolgung dieser Gesetze und die Grenzen der Freiheit zu sichern haben – nicht als Obrigkeit, sondern als Beauftragte, die bei Schlechterfüllung ihres Auftrags riskieren, ihn zu verlieren.

Unser Strafrecht

So weit die Idee. Sie erzählt nicht unsere tatsächliche Vergangenheit, sondern ist eine philosophische Übung. Sie formuliert die Bedingungen, unter denen gültiges Recht zustande kommen kann, nachdem es uns nicht mehr von oben herab geschenkt oder, je nach Sichtweise, oktroyiert wird: Gültiges Recht ist das Ergebnis demokratischer Verfahren, und diese Verfahren sind es auch, deren Befolgung das Recht im Wesentlichen legitimiert. Alles Recht ist unser Recht.

Auch das Strafrecht. Das Strafrecht ist vielleicht noch mit besonderem Nachdruck »unser Recht«, weil es uns und den Normen, mit denen wir alltäglich leben (S. 35 ff.), besonders nahe ist. Wenn man die Sache so sieht – und nach meiner Meinung kann man sie unter einer demokratischen Verfassung nicht anders sehen –, dann passt das Negative an der negativen Generalprävention auch dann nicht mehr in unser Verständnis der sozialen Welt und in unser politisches Denken, wenn einem die menschenrechtsfreundliche Empfindsamkeit von Kant und Hegel abhandengekommen ist:

Abschreckung ist ein Konzept aus dem obrigkeitlichen Denken. Wer wirksam bedroht werden kann, ist schon deshalb der Schwächere. Das mag man hinnehmen in der Einsicht, dass der strafende Staat dem Verbrecher, aber auch dem Verbrechen überlegen sein muss.

Dennoch greift das Konzept zu kurz. Es kann nicht begreifen und deshalb auch nicht zum Ausdruck bringen, dass der Bürger, gegen den sich die Strafdrohung richtet, in einer bürgerlichen Rechtsordnung ein Miturheber der Drohung ist. Auch dieser Sichtweise mag man eher ausweichen wollen, weil sie einem als übertrieben subtil oder abstrakt vorkommt, als zu schmal, als dass sie Basis einer vernünftigen Kritik am Abschreckungskonzept sein könnte. Von mir aus. Nicht abwehren lässt sich aber der noch einmal zugespitzte Einwand, dieses Konzept werde der demokratischen Struktur der Gesetzgebung nicht gerecht, weil es durch das Instrument der Drohung den Bürger aus der Position des Gesetzgebers entfernt. Denn dieser Bürger hat sich ja, auch nach der Konzeption der Abschreckungsprävention, nichts zuschulden kommen lassen, die Drohung droht ja uns allen.

Kurz: Abschreckung durch gesetzliche Drohung ist heute ein Widerspruch in sich.

Wenn man der – richtigen – Meinung ist, Strafgesetze sollten vom Verbrechen abhalten, so lässt sich das näher an der Verfassung formulieren, und das versucht die Lehre von der positiven Generalprävention. Sie greift weiter aus als ihre drohende Schwester und fragt nach den Bedingungen, unter denen Menschen rechtstreu sind, weil sie diese Bedingungen auf dem Feld des Strafrechts herstellen und stärken will. Klarheit in der Verurteilung des Verbrechens, der Androhung der Strafe und deren Vollzug gehören dazu. Sie sind aber nicht der Kern, welcher der Strafe ihren Sinn gibt.

Strafrecht als »unser Recht« ist nicht nur die Drohung mit Strafe; es ist auch der Schutz von Rechtsgütern, die Schonung des Verdächtigen und Verurteilten, die Genugtuung für das Opfer, ist der faire Prozess als öffent-

lich sichtbares Muster einer sozialen Kontrolle, die die
Menschenrechte aller Betroffenen und Beteiligten nach
Möglichkeit in Schutz nimmt. Und Rechtstreue ist
nicht die ängstliche Unterwerfung unter den drohenden
Knüppel, sondern ist die erprobte Einsicht in die Vernünftigkeit der Gesetze und ihrer Anwendung und ist
das begründete Vertrauen in die allgemeine Geltung der
Normen, eine Geltung, die sich nach der Normverletzung dadurch wiederherstellt, dass wir durch die Strafe
gegenüber dem Verletzer öffentlich an der verletzten
Norm festhalten und ihren Bruch nicht gelten lassen.

In diesem Rahmen sieht der Sinn der Strafe plötzlich
anders aus.

Sie bleibt auf ihre empirische Rechtfertigung angewiesen; die Verfolgung präventiver Ziele aber ist ihr nur
erlaubt im Rahmen der verhältnismäßigen Reaktion auf
Unrecht und Schuld. Der Strafgefangene, der nach der
Rechtsprechung des Bundesverfassungsgerichts seinen
Anspruch auf Resozialisierung auf den Grundsatz der
Menschenwürde stützen und ihn dadurch außerordentlich stark machen kann, steht im Fokus der Strafbegründung und nicht am Rande eines Strafvollzugsgeset-
zes. Dem Strafrecht geht es nicht um bloße Integration,
sondern darum, Einsicht und Zustimmung der Bevölkerung zu gewinnen. Das heißt beispielsweise, dass Gegenstand seiner Vermittlung an die Bürger nicht nur,
wie bei der negativen Generalprävention, die Verbotsnormen des Besonderen Teils des StGB sind (wie Mord
und Totschlag), sondern auch und vor allem die Garantien des strafrechtlichen Verfassungsrechts, wie das
Recht auf Verteidigung, auf rechtliches Gehör oder auf
Revision einer Verurteilung – also das, was wir (unter
C.II., S. 118 ff.) als Konzept der Formalisierung noch genauer ausarbeiten werden. Dies alles zusammen ist erst

»unser Strafrecht«, dessen Verwirklichung und Vermittlung Aufgaben der Strafe sind.

Straftheorien bilden nicht die Wirklichkeit des Strafens ab, sondern begründen und beschreiben seine Ziele. Darin liegt, gerade bei diesem Gegenstand, ein großer Unterschied. Dass die Wirklichkeit an vielen Stellen anders aussieht, macht die Bemühungen um die Strafziele nicht lächerlich oder gar betrügerisch. Straftheorien beschreiben und begründen, wenn man sich unter ihrer Botschaft etwas vorstellen kann, einen guten Zustand, und daran kann man in der schlechten Wirklichkeit immerhin ablesen, ob deren Reise ins Richtige oder ins Falsche führt und welche Schritte man gehen und welche man besser lassen sollte. Und sie können einen öffentlichen Diskurs über den Sinn der staatlichen Strafe anregen und strukturieren. Das ist nicht wenig.

Normvermittlung

Zum Schluss noch eine Frage zum Nachdenken und Vertiefen: Gibt es ein Verhältnis zwischen Straftheorien und Massenmedien?

Wir leben, so heißt es, und es stimmt ja auch, in einer Medien-, in einer Informationsgesellschaft, und »Medien« sind für eine aktuelle Betrachtungsweise Massenmedien; es ist nicht mehr so sehr der Beichtstuhl, der uns als Medium etwa der Normvermittlung dient. Es ist eher die Gerichtsshow im privaten Fernsehen. Die Juristen haben daraus eine Reihe von Konsequenzen für viele Gebiete des Rechts und der juristischen Praxis gezogen; zu diesen gehört etwa das Verständnis von Öffentlichkeit – eines zentralen Grundsatzes in einem Rechtsstaat, wie man nicht lange erklären muss.

Die Juristen unterscheiden heute Gerichtsöffentlichkeit von Medienöffentlichkeit und realisieren damit, dass ein Gutteil der Hoffnungen, die auf dem Prinzip der Öffentlichkeit ruhen, nunmehr den Bedingungen der Mediengesellschaft unterworfen ist. Das führt beispielsweise dazu, dass, wer wissen will, was die Justiz so macht, eher selten einer öffentlichen Verhandlung im Justizgebäude folgt, sondern sich aus einer Tageszeitung informiert. Das wiederum führt dazu, dass sein Bild von der Praxis der Justiz erbärmlich ist. Im Gerichtssaal hätte er sich seine Eindrücke durch Hören und Sehen verschafft; das Massenmedium vermittelt ihm seine Eindrücke nach dem Drehbuch des Mediums, nämlich nach den vermuteten Interessen des Zeitungslesers, der die Zeitung auch morgen noch lesen soll; es wählt aus, hebt hervor, spitzt zu und übergeht. Und das wiederum heißt, dass der Leser, folgt er dem Medium, den falschen Eindruck gewinnt, Justiz sei im Wesentlichen Strafjustiz, ergänzt durch ein paar Häppchen Familien-, Arbeits- und Mietrecht.

Dagegen ist von Rechts wegen nichts einzuwenden. Die Medien sind nicht der Notar der Justiz und singen – innerhalb bestimmter Regeln, die in einem demokratischen Rechtsstaat freilich weit gezogen sind und nicht viel verbieten – ihre eigenen Lieder. Aber muss man sich nicht um das Bild von der Justiz Sorgen machen, das bei den Konsumenten der Massenmedien schließlich ankommt, ist die Justiz nicht darauf angewiesen, dass die Menschen jedenfalls in groben Linien einschätzen können, was sie tut, kann denn Normvermittlung gelingen, wenn die Adressaten Botschaften bekommen, die nicht verlässlich sind? Wie soll denn positive Generalprävention funktionieren, wenn der Transfer des Strafens und seiner Wirkungen defizitär ist?

Es ist ganz klar: Natürlich haben Straftheorien und

Massenmedien miteinander zu tun. Man kann geradezu einen tiefen Schnitt legen zwischen diese Theorien, wenn man sie unter der Sonde medialer Normvermittlung betrachtet. Nämlich so:

Die absoluten Theorien zeichnen sich gegenüber einer Vermittlung der Strafrechtsnormen durch Medien durch absolutes Desinteresse aus; das ist nicht anders als ihr Verhältnis zu den Wirkungen des Strafrechts und ist ihrem engen Blick geschuldet, der sich auf die normative Rechtsordnung konzentriert (S. 67 ff.). Ganz anders die relativen Theorien. Ihre konzeptionelle Verbindung mit Zwecken der Strafe und ihren tatsächlichen Wirkungen in der Welt ist der Motor, der sie zu medialer Normvermittlung treibt. Das gilt selbst für die Spezialprävention; Resozialisierung ist im Kern sicherlich nicht auf Massenmedien angewiesen, muss aber immer mit stützenden oder störenden Wirkungen der Medien rechnen – bis in die Strafanstalt hinein, wo diese Medien konsumiert werden. Die negative Generalprävention setzt fraglos auf mediale Normvermittlung; darauf, dass der Mechanismus von Strafdrohung, Verbrechen und Strafe denjenigen vor Augen geführt wird, die Adressaten der Abschreckung sind, also uns allen. Und »vor Augen geführt« werden in einer Mediengesellschaft exakt die Dinge, die von Massenmedien transportiert werden.

Während die Vorstellung einer negativen Generalprävention sich immerhin damit zufriedengeben könnte, dass die Adressaten der Strafdrohung durch die Medien überhaupt von der Regelmäßigkeit der Strafverfolgung und Verurteilung erfahren und es auf Genauigkeit und Wahrheit solcher Informationen nicht ankommt, weil dieser Theorie ja schon die generelle Abschreckung genügt, kommt ein Verständnis der Strafe und ihrer Wirkungen, wie es die positive Generalprävention vorträgt, so einfach nicht davon. Denn deren Bild von Strafrecht und Strafe ist ja nicht bloß Drohung, deren Bild ist viel, viel größer und differenzierter. Es geht, soll das Bild vollständig und getreu sein, nicht nur um eine Fülle von Einzelheiten, vor allem aus dem strafrechtlichen Verfassungsrecht und dem Strafprozessrecht, wie sie hier später unter C.II. noch besprochen werden, es geht etwa um die Nachricht vom Recht des Beschuldigten auf das letzte Wort oder vom Recht der Nebenklägerin auf anwaltlichen Beistand. Es geht auch – und viel wichtiger – um die Vermittlung emotiver Botschaften: Vertrauen und Zustimmung. Oder sollte es, wenn die Vermittlung dieser emotiven Botschaften jedenfalls auf die Dauer und jedenfalls ungefähr gelingt, auf die Vermittlung der Einzelheiten nicht mehr so dringend ankommen?

Eine Frage zum Nachdenken und Vertiefen habe ich Ihnen versprochen, keine Antwort. Viel Vergnügen dabei.

IV. Zusammenfassung

Der Streit über den Sinn der Strafe dauert seit Jahrhunderten an. Die Schlachtordnungen haben sich bis heute kaum verändert. Vergeltung steht gegen Prävention, Klassik gegen Moderne, absolute kämpfen gegen relative Theorien. Reicht es aus, dass die Strafe eine vergeltende, eine angemessene Antwort auf das Verbrechen ist, oder muss sie auch günstige Wirkungen im Gefolge haben – die Besserung des Übeltäters (Resozialisierung) und die Abschreckung aller anderen, damit die nicht zum Übeltäter werden (Generalprävention)? Hat die Strafe ein Maß, und mit welchen Maßstäben kann man ihr eine Grenze ziehen?

Heute sammeln sich fast alle unter der Flagge der präventiven Konzepte, und das passt in unsere Alltagskultur und in die Grundlagen unserer Rechtsordnung. Diese Konzepte bedürfen aber der Überarbeitung. Würde, Wirkung und Maß sind die Leitsterne, denen die Überarbeitung folgen sollte. Im demokratischen Rechtsstaat sind Strafandrohung und Strafvollzug keine Mittel zur Abschreckung, sondern Teil einer formalisierten sozialen Kontrolle, die regelmäßig und angemessen auf den Rechtsbruch antwortet und damit das Vertrauen der Bürger in die rechtliche Ordnung verdient und sichert. Der Strafgefangene hat einen Anspruch auf Angebote der Besserung und Wiedereingliederung, der seine Menschenwürde zur Grundlage hat. Auch beste präventive Absichten dürfen das Maß der Strafe nicht überschreiten, das im Verhältnis zu Unrecht und Schuld der Tat begründet liegt.

Strafrecht kann, wenn ihm die Erfüllung dieser Aufgaben gelingt, ein weithin sichtbares Muster für einen menschenrechtsfreundlichen Umgang mit abweichendem Verhalten sein.

C. WAS WIR ALLE WOLLEN. ODER: WAS DAS STRAFRECHT SOLL

Normen, Sanktionen, Verfahren – diese drei Strukturmerkmale der informellen sozialen Kontrolle, mit denen wir unsere Betrachtung des Strafrechts vor geraumer Zeit begonnen haben, fassen wir jetzt wieder in den Blick. Sie begleiten uns weiterhin, wenn es jetzt um die Merkmale der formellen Sozialkontrolle geht: der sozialen Kontrolle durch Strafrecht. Ein Gütesiegel des Rechtsstaats ist es, dass er die formelle Sozialkontrolle bändigt, dass er sie an die Kette legt, sie kontrollierbar und beherrschbar macht. Strafen muss sein, aber es muss sich an Grenzen halten, muss Prinzipien beachten. Diese Grenzen und Prinzipien dienen den Menschen, die vom Strafrecht betroffen sind; sie bieten ihnen Schonung und Hilfe. Sie machen die Rechtfertigung des Strafrechts aus.

I. Die Macht des Strafrechts

Das Strafrecht ist eine mächtige Einrichtung, eine Veranstaltung, die all denen gefährlich werden kann, die mit ihm in Berührung kommen – nicht nur den Angeklagten und Verurteilten. Deshalb passt auch auf die Strafjustiz die Beeindruckungsarchitektur des 19. Jahrhunderts besonders gut, in der viele Gerichte noch immer residieren. Nie werde ich meinen Weg zum mündlichen Teil der juristischen Staatsprüfung vergessen, als

mir beim Betreten des Oberlandesgerichts eine Plakette
unter der Pranke eines garstigen Löwen ins Auge fiel,
auf der geschrieben stand: »Gott schützt das Recht.«
Vor mir, natürlich. Da begannen mir die Knie erst richtig zu zittern.

Verurteilungen, Strafen, Maßregeln, Zwangsmittel
Im Strafrecht hat die Verurteilung eines Menschen nicht
nur Strafen oder Maßregeln im Gefolge, sie verhängt
auch ein »soziales Unwerturteil« über ihn, wie die Gerichte etwas altväterlich, aber in der Sache richtig formulieren. Denn dort geht es um normative Schwergewichte:
um die schuldhafte Verletzung fundamentaler Interessen, die wir einprägsam »Rechtsgüter« nennen: Leben,
Gesundheit, Freiheit, Eigentum, Ehre, Verlässlichkeit
von Urkunden, Echtheit des Geldes; es geht um diejenigen Interessen, die den Kernbestand unseres Lebens ausmachen (vgl. ausführlich unten S. 147 ff.).
Entsprechend massiv sind die Instrumente, die im
Strafrecht zum Schutz dieser Interessen bereitstehen:
zeitige und lebenslange Freiheitsstrafe (§ 38 StGB),
Geldstrafe (§ 40 StGB), Nebenstrafen wie etwa das Fahrverbot. Daneben sind Maßregeln der Besserung und Sicherung vorgesehen (§ 61 StGB), die von der Unterbringung in einem psychiatrischen Krankenhaus, in einer
Entziehungsanstalt oder in der Sicherungsverwahrung
über Führungsaufsicht unter den zahlreichen und auf-
merksamen Augen der Behörden, die Entziehung der
Fahrerlaubnis bis hin zu einem Berufsverbot reichen.
Im Strafverfahren darf Untersuchungshaft über einen Unschuldigen verhängt werden (§ 112 StPO), der
zwar verdächtig, nicht aber schon verurteilt ist und für
den deshalb die Unschuldsvermutung streitet (Art. 6 II
EMRK). Zeugen können mit der Auferlegung von Kos-

ten, mit Ordnungsgeld und gar mit Beugehaft dazu angehalten werden, auszusagen und die Aussage dann auch
zu beeiden (§ 70 StPO) – ein zweischneidiges Zwangsmittel, wie man an den Auseinandersetzungen ersehen
kann, die im Jahre 2008 um den faktisch aussichtslosen
Aussagezwang gegenüber früheren Mitgliedern der RAF
geführt wurden, und an der weisen Entscheidung des
Gesetzgebers, auf einen wiederholten Einsatz dieses Instruments zu verzichten (§ 70 IV StPO).

Dass die Morde der RAF noch immer nicht gänzlich
aufgeklärt sind, ist ein Pfahl im Fleisch unserer Strafrechtsordnung. Dass man freilich eine realistische Aussicht habe, den Mord an Generalbundesanwalt Buback
Jahrzehnte danach mit Hilfe von Aussagen der damals
Beteiligten doch noch präzise aufzuklären, haben wohl
nur wenige angenommen, und dass die Androhung von
Beugehaft diese Menschen zu einer wahrheitsgemäßen
Aussage bringen könnte, liegt noch weiter entfernt von
vernünftigen Erwartungen. Zudem werden wir uns (unter S. 180 ff., 199 ff.) noch mit dem rechtlichen Grundsatz anfreunden können, wonach der Aussagezwang
gegenüber Zeugen dort endet, wo sie sich durch ihre
Aussage selbst belasten müssten (§ 55 StPO). Man sieht:
Die Entschlossenheit des Strafrechts, seine Ziele auch
mit Gewalt durchzusetzen, endet an der pragmatischen
Vernunft und an der Entschlossenheit, die Betroffenen
nicht über Gebühr zu belasten: sie keinem Zwang auszusetzen, der nach aller Erfahrung sowieso wirkungslos
sein wird.

Unrecht, nicht Unglück

Schon diese knappen Kennzeichnungen belegen, dass
mit dem Strafrecht nicht gut Kirschen essen ist. Seine
Macht kann nachdrücklich schützen, das ist ihr recht-

fertigender Grund: Sie ist zur Bewahrung lebenswichtiger Interessen eingerichtet, zum Schutz von Rechtsgütern also. Seine Macht kann aber auch nachdrücklich verletzen, wenn ihr Einsatz nicht aufmerksam überwacht und streng beherrscht wird; unbegründete oder auch nur übermäßige Eingriffe des Strafrechts können das Leben der betroffenen Personen über Jahre hinaus belasten, ja ruinieren, sie können die Grundlage der sozialen Achtung eines Menschen zerstören und die Basis seiner Ökonomie. Beispiel dieser Verletzungen ist nicht nur das Fehlurteil über einen Unschuldigen, sondern auch der jahrelange erfolglose Kampf eines Verbrechensopfers mit den Staatsanwaltschaften und den Gerichten, im Wege der »Klageerzwingung« (§ 171, § 172 StPO) den Beginn oder Fortgang eines Strafverfahrens zu erreichen, das ihm die öffentliche Bestätigung verschafft, nicht Opfer eines Unglücksfalls, sondern Opfer eines Unrechts geworden zu sein.

II. Das Konzept der Formalisierung

1. Sinn

Diese scharfen Instrumente müssen sorgsam geführt werden, für einen informellen, einen spontanen, unbeherrschten Einsatz sind sie zu gefährlich. Sie müssen so präzise wie möglich und allgemein zugänglich beschrieben werden, bevor sie zum Einsatz kommen, damit man sich auf sie einstellen und notfalls gegen sie wehren kann, sie müssen schonend verwendet werden, damit sie nicht übermäßig verletzen, und ihre Verwendung muss kontrollierbar sein, damit sich am Ende das Recht durchsetzt und nicht das aktuelle kriminalpolitische oder behördliche Interesse. In der Bereitstellung und Sicherung dieser Vorkehrungen und Garantien liegt die Leistung des Strafrechts für eine gerechte Welt und für ein gutes Leben der Menschen, liegt seine Rechtfertigung.

Naturwüchsigkeit und Pflege

Man kann nicht darauf hoffen, dass diese Vorkehrungen sich ohne fremde Hilfe, dass sie sich gleichsam naturwüchsig herstellen; sie müssen gefunden und erfunden, sie müssen ausgearbeitet, erkämpft, gepflegt und verteidigt werden. Um sie muss man sich sorgsam kümmern: der Staat und die Politik, die gesellschaftlichen Einrichtungen, die Bürgerinnen und Bürger.

Das ist bei der alltäglichen Sozialkontrolle anders. Darum, dass soziale Kontrolle überhaupt stattfindet, muss man sich nicht sorgen. Was einige radikale und nur scheinbar menschenfreundliche Kritiker für das Strafrecht fordern, nämlich seine Abschaffung, ist für die Sozialkontrolle noch nie jemandem eingefallen. Wie sollte das auch gehen? Es gab und es gibt keine vergesellschaftete Gruppe von Menschen, in der Normen, Sanktionen und Verfahren nicht existierten, und nach dem Zusammenbruch einer gesellschaftlichen Ordnung (wie etwa am Ende oder am Rande von Kriegen) hat sich soziale Kontrolle alsbald und überall wieder etabliert; nur Robinson auf seiner Insel ist ihr entgangen, solange Freitag noch nicht am Horizont aufgetaucht war.

Zugehörigkeit und Verletzlichkeit

Der Sozialphilosoph Émile Durkheim zeigte sich schon gegen Ende des vorletzten Jahrhunderts überzeugt, dass uns die sozialen Normen niemals ausgehen werden:

Selbst die reinsten Nonnen im frommen Kloster würden einen Normbruch dadurch immer wieder möglich machen, dass sie ihre Normen notfalls verfeinern
und die Normbefolgung damit erschweren – bräuchten
doch auch sie die gemeinschaftstiftende Erfahrung der
gemeinschaftlichen Ächtung von Verletzungen der gemeinschaftlichen normativen Ordnung, das wärmende
und stützende Gefühl der Zugehörigkeit.

Nicht um den Fortbestand sozialer Kontrolle also
muss man sich sorgen. Sorgen muss man sich vielmehr um die Art und Weise, in der soziale Kontrolle
sich durchsetzt. Geschichtswissenschaft und Kultur-
vergleich belehren uns, dass es – bei aller Übereinstimmung in den strukturellen Merkmalen – früher und woanders Formen sozialer Kontrolle gegeben hat und gibt,
deren Neigung zu schwersten Verletzungen von Menschenrechten sich nicht zuletzt gerade dem Umstand
verdankt, dass sie informell vonstattengehen: unbeob-
achtet, spontan, situativ, schwach reguliert, kaum vorhersehbar und schwer zu beherrschen. Man braucht nur
an die im Sommer 2008 in Südafrika explodierenden Gewalttaten gegen Migranten aus Zimbabwe zu denken,
an die plötzlich aufflammenden Pogrome gegen Roma
in Italien – die sich sämtlich darauf berufen, die Verletzten hätten Normen verletzt: hätten den Einheimischen
die Arbeit weggeschnappt, hätten sie bestohlen –, an
die Grausamkeiten am Rande militärischer Einsätze im
Irak, an den Umstand, dass die Nazis, trotz des terroris-
tischen Strafrechts ihrer Zeit, ihre furchtbarsten Verletzungen in die relative Informalität der Konzentrations-
lager verlegt haben, dass die schlimmste Verfolgung für
viele erst begann, als sie aus dem relativ formalisierten
Strafvollzug entlassen wurden.

Kurz: Informalität sozialer Kontrolle kann für diejenigen, die ihr ausgesetzt sind, wirklich gefährlich werden. Je schwerer die Verletzungen wiegen, die geahndet werden sollen, und je tiefer deshalb die Sanktionen einschneiden, desto intensiver muss man sich bemühen, die Betroffenen zu schützen und die Sozialkontrolle an eine Kette zu legen, sie zu formalisieren.

2. Begriff

Was Sozialwissenschaftler und Strafrechtler mit »informeller« Sozialkontrolle meinen, können wir uns mittlerweile denken. Nachdem wir (unter A.III.) die Strukturen und Arbeitsweisen, die Instrumente und die Akteure der alltäglichen sozialen Kontrolle betrachtet und überall deren schwache Formalisierung registriert, beklagt, aber auch bewundert haben, können wir den nächsten Schritt tun: den Schritt zu einem präziseren Verständnis des Strafrechts als eines formalisierten Instruments sozialer Kontrolle. Mit dieser Formel sind zum Verhältnis von Strafrecht und Alltagskultur unter dem Aspekt sozialer Kontrolle zuerst einmal zwei Gegensätze benannt: eine Brücke von einem zum anderen und eine Abgrenzung des einen gegenüber dem anderen.

»Formalisierter Teilbereich«

Die Brücke: Auch das Strafrecht verwirklicht soziale Kontrolle, und es tut das mit denselben Zielen und Strukturen wie unsere informelle Alltagskultur; Strafrecht ist ein Teilbereich sozialer Kontrolle. Die Abgrenzung: Strafrecht ist ein formalisierter Teilbereich sozialer Kontrolle:

Mit seiner Formalisierungsleistung setzt es sich von

der informellen Sozialkontrolle ab; es veredelt sie, macht sie durchsichtig, berechenbar und kontrollierbar, legt sie an eine Kette und bändigt ihre Macht, begrenzt sie und versieht sie mit Garantien zugunsten aller, die von kontrollierenden und sanktionierenden Eingriffen bedroht oder betroffen sind: von Verdächtigten, Beschuldigten, Opfern, Verurteilten, Angehörigen und am Ende von uns allen, die wir die Strafgesetzgebung und die Strafjustiz beobachten, die wir mit ihr leben, sie bewerten und denen an einer wirksamen, gerechten und schonenden Verbrechenskontrolle gelegen ist. Formalisierung ist das Kleid, in dem die vom Strafrecht ausgeübte soziale Kontrolle erträglich wird.

Große Worte, die das Konzept und den Begriff der Formalisierung einführen. Aber sie sind verdient. Dieses Konzept und seine Verwirklichung verschaffen dem Strafrecht nicht mehr und nicht weniger als seine Rechtfertigung. Im Alltag kommen wir mit vagen Normen und überraschenden Sanktionen normalerweise mehr oder weniger zurecht. Im Strafrecht aber wäre Informalität der Kontrolle angesichts der schweren Normkonflikte und der scharfen Sanktionsinstrumente, die dieses Recht kennzeichnen, normativ unerträglich. Wir haben die informelle Sozialkontrolle dabei beobachtet (oben A.II.), wie sie die Menschen plötzlich überfällt, sie ungleich behandelt, sie ohne Orientierung lässt und ihnen die Abwehr erschwert. Das darf im Strafrecht nicht sein.

Der Wert der Form

Was also ist Formalisierung genau, und was setzt sie instand, den Gefahren, die bei informeller Sozialkontrolle drohen, wirklich Einhalt zu gebieten?

Beginnen wir mit dem Allgemeinen. Formalisierung bringt einen Gegenstand in Form, sie verleiht ihm Konturen und macht seine Strukturen und seine Ränder deutlicher, sie verbessert die Zugänglichkeit zu diesem Gegenstand. Er wird besser erkennbar, und seine Sichtbarkeit erhöht die Chancen, ihn von anderen Gegenständen abzugrenzen, ihn in ein System zu bringen, ihn zu beobachten. Formalisierung dreht im Strafrecht ein großes Rad. Sie ist ein komplexes Konzept, das dem Strafrecht, einem ebenfalls komplexen Instrument staatlicher Justiz- und Innenpolitik, zugrunde liegt. Man darf deshalb nicht erwarten, dieses Konzept mit einer schlichten Definition einfangen zu können. Wir nähern uns ihm betrachtend, wenn auch mit möglichst präziser Beschreibung, und erarbeiten daraus definitorische Hilfen.

Ein erster, konkreter, Zugang: Formalisierung spiegelt sich auf vielen Achsen, die miteinander eng verbunden sind: Vorhersehbarkeit und Spontaneität, Bestimmtheit und Vagheit, Gleichmäßigkeit und Varianz, Prinzipienbindung und Autonomie, Zielorientierung und Situativität. Jeweils das erste Wort der begrifflichen Paare spricht das an, was man dem Konzept der Formalisierung zuordnen kann, das zweite das, was Informalität kennzeichnet. Formalisierung assoziiert Klarheit, Verstetigung, Überprüfung, Kritik, Korrektur. Formalisierung bringt ihr Konzept genauer auf den Punkt als die herkömmlichen Umschreibungen dessen, worum es dem Strafrecht zu tun sein muss, was das Strafrecht wollen soll: Rechts- oder auch Justizförmigkeit der Strafrechtskontrolle, Rechtsstaatlichkeit des Strafrechts, Übereinstimmung der Strafgesetze und der Strafrechtspraxis mit dem strafrechtlichen Verfassungsrecht – all das sind gängige Beschreibungen der Leistung, die wir vom Strafrecht erwarten, und sie bringen im Reichtum der Wortbedeutung weniger, in der Sache aber nichts anderes zum Ausdruck als der Begriff der Formalisierung.

Das entfaltet sich jetzt Schritt für Schritt.

3. Typen

Formalisierung tritt im Strafrecht in zwei Typen auf, sie lebt in zwei Formen. Diese Formen, diese Typen lassen sich zunächst einmal klar und einsichtig auseinanderhalten. Erst am Ende eines Denkprozesses berühren sie sich wieder. Es geht, plakativ gesagt, um Präzision einerseits und um Prinzipienbindung andererseits, um Bestimmtheit auf der einen Seite und um Garantien für die vom Strafverfahren Betroffenen auf der anderen oder, wenn man es etwas farbiger sehen will, um Klarheit und Genauigkeit der strafrechtlichen Anordnungen einerseits, um Schonung und Hilfe bei ihrer Durchsetzung andererseits. Das formalisierte Strafrecht soll klar sein und durchsichtig, und es soll den Betroffenen zu Hilfe kommen. Am Ende kommen beide Typen der Formalisierung dann in einem einzigen Prinzip überein: Sie sind auf eine Bindung der strafrechtlichen Verbrechenskontrolle angelegt, sie streiten für einen zurückhaltenden, einen schonenden Einsatz der strafrechtlichen Gewalt.

a. Klarheit und Genauigkeit

Wenn hier, immer wieder, von strafrechtlichem Verfassungsrecht die Rede ist, so sind diejenigen Vorschriften des Grundgesetzes gemeint, die sich auf die Strafrechtspflege beziehen.

aa. Gesetzlichkeit

Dort (Art. 103 II GG) ist an recht versteckter Stelle angeordnet: »Eine Tat kann nur bestraft werden, wenn die Strafbarkeit gesetzlich bestimmt war, bevor die Tat begangen wurde.« Dieser harmlos klingende Satz ist für die Strafrechtler ein heiliger Text, und der Kriminalgesetzgeber hat ihn deshalb noch einmal wiederholt und dem Strafrecht auf die Stirn geschrieben (§ 1 StGB); in etwas abgewandelter Form findet er sich auch in Art. 7 I EMRK.

Der heilige Text

Seine Botschaft ist – wie es einem heiligen Text wohl ansteht – jahrhundertealt und verliert sich im Dunkel der Dogmengeschichte. Manche halten ihn für ein Kind des Rechtsstaats- oder des Gesetzlichkeitsprinzips (*nullum crimen sine lege*, kein Verbrechen ohne Gesetz), anderen leuchtet er eher als Spross des Schuldprinzips ein (*nulla poena sine lege*, keine Strafe ohne Gesetz), und dieser Streit geht um des Kaisers Bart. Man ist sich nämlich in der Sache einig, dass es angesichts dieser verfassungsrechtlichen Anordnung in Art. 103 II GG ein rechtsstaatliches Strafrecht ohne gesetzliche Grundlage nicht geben kann. Ich würde an das Gesetzlichkeitsprinzip anknüpfen und formulieren: Strafrechtskontrolle setzt in Bestimmung dessen, was als strafbares Verbrechen gilt, und in der jeweiligen Strafdrohung eine genaue gesetzliche Grundlage voraus.

Die vier Gebote

Die Strafjuristen haben mit dieser Anordnung fleißig gearbeitet und ihr im Laufe der Zeit vier konkrete Regeln entlockt, die denselben verfassungsrechtlichen Rückhalt haben wie die Quelle, aus der sie stammen. Diese Gebote (und Verbote, je nach dem Kleid, in dem sie auftreten) richten sich an den Strafgesetzgeber und auch an die Strafjustiz. Wir werden sie eins nach dem andern anschauen: Bestimmtheitsgrundsatz, Analogieverbot, Verbot von Gewohnheitsrecht, Rückwirkungsverbot. Sie sind die legitimen Abkömmlinge des heiligen Art. 103 II GG und kommen in dem Versuch überein, die Anwendung des Strafrechts genau zu machen und Klarheit zu schaffen, um alle Betroffenen frühzeitig über die Strafrechtslage zu informieren und eine überraschende Anwendung des Strafrechts auszuschließen.

bb. Bestimmtheit

Der Bestimmtheitsgrundsatz richtet sich unmittelbar an den Gesetzgeber. Er verlangt, dass sowohl die Festlegung dessen, was das Strafgesetzbuch als kriminelle Handlung betrachtet, als auch das, was es jeweils als Sanktion androht, so bestimmt wie möglich in Gesetzen festgelegt wird. »Gesetz« muss nicht das Strafgesetzbuch sein; auch andere gesetzliche Grundlagen reichen hin, so etwa die Strafbestimmungen, die in vielen Gesetzen des »Nebenstrafrechts« (vom Aktiengesetz über das Betäubungsmittelgesetz bis hin zum Lebensmittel- und Bedarfsgegenständegesetz) die dort begründeten besonderen Pflichten und Verbote flankierend absichern (etwa das Verbot, Betäubungsmittel ohne Erlaubnis anzubauen); aber förmliche und öffentlich verkündete Gesetze müssen es schon sein, die eher flüchtigen Verordnungen genügen nicht, es muss ein wenig offiziell und feierlich zugehen bei der Geburt strafrechtlicher Anordnungen.

Vorhersehbarkeit

Ziel des Bestimmtheitsgrundsatzes ist es, Klarheit und Vorhersehbarkeit der Verbrechenskontrolle durch Strafrecht herzustellen und zu sichern. Dieses Ziel lässt sich herleiten aus einer psychologischen Grundannahme (oder, von mir aus, aus einer Alltagstheorie), wonach das Strafrecht eine abschreckende Wirkung gegenüber den verbrechensgeneigten Menschen nur dann entfalten kann, wenn diese Menschen auch so genau wie möglich wissen, was denn nun strafgesetzlich verboten ist und welche Strafe man zu erwarten hat, falls man erwischt und verurteilt wird. Das mag einleuchtend klingen, schleppt aber all die Probleme mit sich, die mit der Abschreckungstheorie zusammenhängen und die wir ja schon genauer betrachtet haben (S. 70 ff.). Näher am Konzept der Formalisierung und der Rechtsstaatlichkeit des Strafrechts liegt indes eine Erklärung, die den Bestimmtheitsgrundsatz als Hilfe für die Bürger versteht: Es ist die Pflicht des Staates, die von den Gesetzen Betroffenen jedenfalls dann über den Inhalt der Gesetze so vollständig und klar wie möglich zu unterrichten, wenn diese Gesetze so intensiv in bürgerliche Freiheiten eingreifen wie die Strafgesetze (C.I., S. 115 ff.); diese Erklärung leuchtet mir – und jedem, der diesem Buch in seiner Argumentation folgen will – eher ein.

Alltagssprache

Die Probleme des Bestimmtheitsgrundsatzes aber liegen auf der Hand. Wir hatten schon einen kurzen Blick auf den Umstand geworfen (C.II.1., S. 118 ff.), dass der Gesetzgeber, auch und gerade im Strafrecht, nahe an der natürlichen Sprache formuliert. Er will von den Menschen verstanden werden, und er setzt deshalb auf ein lebendiges Medium, das sich im unmittelbaren Kontakt mit

der Alltagswelt ohne Unterlass und fast unmerklich fortentwickelt, die Alltagssprache. Er spricht von »sexuellen
Handlungen«, von »Schutzbefohlenen« (§ 174 StGB) oder
von »Beleidigung« (§ 185 StGB) und handelt sich damit
alle die Unbestimmtheiten ein, die mit dieser Sprache
nun einmal verbunden sind. Auch wenn der Gesetzgeber
sich neuerdings mit besonderem Nachdruck bemüht, ein
bestimmtes Verständnis der Gesetzessprache selber noch
einmal festzulegen, so kann er sich aus dem alten Spiel
zwischen Hase und Igel und aus seiner Rolle des Hasen
doch nicht verabschieden. Wenn man sich die komplexen Umschreibungen von »Schutzbefohlenen« in § 174
StGB genauer ansieht oder aus § 184f StGB erfährt, dass
»sexuelle Handlungen« im Sinne des Gesetzes »nur solche (sind), die im Hinblick auf das jeweils geschützte
Rechtsgut von einiger Erheblichkeit sind«, so bekommt
man einen Eindruck davon, wie rührend das Bemühen
um Bestimmtheit ist und wie unabwendbar es scheitert.

Und dieser Eindruck stimmt, wenn auch nicht ganz.
Die Probleme des Bestimmtheitsgrundsatzes sind strukturell; sie sind mit dem sprachlichen Medium, in dem
Gesetze formuliert sind, notwendig verbunden. Es gibt
kein Gesetz, das zugleich eindeutig und vollständig
ist, das also keine Zweifel lässt bei der Antwort auf die
Frage des Richters, ob ein Gesetzesbegriff auf eine Sache passt, und das zugleich alle Fälle, die später einmal
auftreten könnten, schon in sich enthält. Nur ein solches Gesetz wäre in einem strengen Sinn »bestimmt«:
Es würde sich mit seinen Anordnungen unmittelbar in
die Wirklichkeit verlängern, würde dem Richter keinen
Entscheidungsspielraum belassen. Von einem solchen
Gesetz haben manche geträumt, die nach einer »juristischen Logik« gesucht haben, die den Richter in einen
»Subsumtionsautomaten« verzaubern wollten, der die

Entscheidung ausspuckt, die der Gesetzgeber ihm zuvor eingepackt hat, und die Rechtsprechung von allen Vor-Urteilen zu reinigen entschlossen waren. Es war aber nur ein Traum. Das Gesetz – und gerade das Strafgesetz – ist wie unsere Sprache, und unsere Sprache ist wie unsere Welt: lebendig, vieldeutig und offen.

Hinreichend bestimmt sind unsere Gesetze nur bezüglich numerischer (fünf Tagessätze, § 40 I SGB) und relationaler Angaben (leibliche Geschwister, § 173 II 2 StGB); da kann man rechnen und messen, da gibt es keinen Zweifel. Das ist für die Praxis der Strafjustiz bei weitem zu wenig, vor allem, wenn man einbezieht, dass dem Strafrichter im Fall einer Verurteilung nicht nur die richtige Zuordnung einer Sache zu einem gesetzlichen Begriff gelingen muss (»Bei dieser konkreten Verwendung war der Gummischlauch ein ›gefährliches Werkzeug‹ im Sinne des § 224 I Nr. 2 StGB«), sondern auch die gerechte Bestimmung der Strafe (bei gefährlicher Körperverletzung, § 224 StGB, insgesamt zwischen drei Monaten und zehn Jahren) – wahrlich weite Räume, in denen der Strafrichter sich bewegen und aus denen er einen präzisen Spruch herausfinden und dann auch begründen muss.

Das sind schwere Belastungen des Bestimmtheitsgrundsatzes, die ihn aber nicht erdrücken. Er kann seinen Segen entfalten, wenn man nichts Unmögliches von ihm verlangt:

Was möglich ist

Der Bestimmtheitsgrundsatz setzt den Strafgesetzgeber unter ständigen Druck, so genau und so verständlich wie möglich zum Ausdruck zu bringen, was er sagen will. Dieser Druck besteht nicht in freundlicher Empfehlung, sondern in verfassungsrechtlichem Auftrag

und kann dazu führen, dass das Bundesverfassungsgericht eine Vorschrift, wie beispielsweise die Androhung
der Vermögensstrafe (§ 43a a. F. StGB), wegen Unbestimmtheit für nichtig erklärt und kassiert (Entscheidung vom 20.3.2002, BVerfGE 105, 135, BGBl. I 1340);
diese Vorschrift hatte den Höchstwert der angedrohten
Vermögensstrafe nicht nur mit dem »Wert des Vermögens des Täters begrenzt«, sondern dem Richter auch
noch erlaubt, diesen Wert zu schätzen – kaum vorherzusehen, was am Ende getroffen werden wird bei diesem Schuss ins Dunkle auf einen beweglichen Gegenstand.

Dabei wird sich der Gesetzgeber hüten, auf die naive
Idee einer Überpräzisierung und übertriebenen Kompli-
zierung hereinzufallen, die zwar exakt auftritt, am Ende
aber das Verständnis eher erschwert als erleichtert; gute
Sprache ist einfach und klar, nicht nur im Alltag, sondern auch in den Strafgesetzen, und wer sprechen kann,
weiß, dass Sprache in einem komplexen Prozess verstanden werden muss. Der Strafgesetzgeber wird sich
daran erinnern, dass eine Scheinpräzisierung in einem
Fall dazu geführt hat, dass die Wegnahme einer Hand-
tasche aus einem Auto schwerer Diebstahl war, die
Wegnahme des ganzen Autos einschließlich Handta-
sche aber einfacher Diebstahl. Er wird nicht vergessen,
dass sein Gesprächspartner, dem er sich verständlich
machen muss, zuvörderst der Bürger ist und nicht der
Bundesgerichtshof. Und er darf darauf vertrauen, dass
der Unbestimmtheit verdächtige Begriffe (wie etwa
»Beleidigung« in § 185 StGB) im Laufe der Zeit immer
weniger verdächtig werden, weil Strafrechtsprechung
und Strafrechtswissenschaft in Tausenden von Fällen
an ihnen lernen, feilen, ordnen, unterscheiden und daraus ein übersichtliches, durchsichtiges und leicht zu-

gängliches System formen, das wir »Dogmatik« nennen und das ein späteres Verständnis konkretisiert und
erleichtert.

cc. Analogie

Diese Strafrechtsprechung ist es auch, an die sich die
zweite konkrete Ausformung des Gesetzlichkeitsprinzips unmittelbar wendet: das Analogieverbot. Es ist die
konsequente Verlängerung des Bestimmtheitsgrundsatzes in die Arbeit der Strafjustiz und ordnet an: Keine erweiternde Auslegung strafgesetzlicher Begriffe zu Lasten des Betroffenen im Wege der Analogie!

Der Quadrupes

Die Eselsbrücke, die zu seinem Verständnis führen soll,
wurde früher so gezimmert (und sie trägt auch heute
noch): Ein etwas kurzsichtiger Gesetzgeber hat bei
Strafe verboten, in bestimmte Räume »Vierfüßler« mit-
zubringen, um die Leute dort vor Dreck, Gestank und
noch Schlimmerem zu bewahren; gedacht hat er vermutlich an Elefanten oder Schweine. Jemand schafft
nun einen Vogel Strauß in einen solchen Raum mit dem
schnöseligen Argument, der habe ja nur zwei Beine.

Auf das Gegenargument, dieser Vogel sei mindestens
so schrecklich wie jeder Vierfüßler, und deshalb gelte das
Verbot auch für ihn, wird er sich auf das Analogieverbot
zurückziehen: Der Vogel werde in diesem Gegenargument zu einem Vierfüßler allein kraft des *tertium com-*
parationis, also des Übereinstimmenden, das den Vergleich zwischen Vierfüßler und Vogel ermöglicht, und
der *ratio legis*, des Gesetzeszwecks (dem Schutz vor
Dreck und Gestank), der – zugegeben – für seinen Vo-

gel genauso wie für den normalen Vierfüßler gelte; eben das aber sei ein Schulbeispiel für Analogie, und die sei hier verboten: Die Gesetzesanwendung dürfe den ungeschickten Gesetzgeber, der seine Ziele falsch in Begriffe übersetzt hat, nicht zu Lasten der Betroffenen zuvorkommend korrigieren und auch Handlungen bestrafen, die das Gesetz gar nicht bezeichnet hat. Und auf das dann folgende Argument der Gegenseite, sein Vorschlag sei aber doch ganz unvernünftig, wo doch klar sei, dass der Gesetzgeber eigentlich auch den Strauß gemeint habe, wird er endgültig Oberwasser bekommen und replizieren: Gerade diese seine Art »Unvernunft« sei die Voraussetzung dafür, dass der strafende Staat, der Leviathan, an der Kette bleibe, an die er gehöre, gerade diese Unvernunft beharre darauf, dass der Gesetzgeber seine Arbeit nicht getan habe und dass es nicht Sache des Richters sei, diese Nachlässigkeit im Nachhinein nachzubessern.

Der Schnösel hat recht. Wünschen wir ihm also nur noch einen Strafrichter, der sein Handwerk versteht, der nicht Genauigkeit durch eine servile Art von Vernunft ersetzt, sondern den Gesetzeswortlaut ernst nimmt und freispricht.

Ästhetik und Rechtsschutz

Das Ziel des Analogieverbots ist sonnenklar: Wenn schon der Strafgesetzgeber von Verfassungs wegen (Art. 103 II GG) gehalten ist, sich so genau wie möglich auszudrücken, um Klarheit und Vorhersehbarkeit von Strafbarkeit und Strafdrohung zu gewährleisten, dann darf die Strafrechtsprechung dieses Anliegen nicht dadurch vermasseln, dass sie mit genauen Begriffen ungenau umgeht. Denn der Bestimmtheitsgrundsatz hat ja kein sprachästhetisches, sondern ein strafrechtspraktisches Interesse, für dessen Verwirklichung er auch die Strafrechtspraxis braucht, die das Strafgesetz anzuwenden hat: Klarheit und Vorhersehbarkeit der Verbrechenskontrolle. Das bestätigt sich auch daran, dass eine analoge Gesetzesanwendung, wenn sie sich zugunsten des Betroffenen auswirkt, durchaus zulässig ist; es geht eben um den Schutz seiner Rechte. Die Genauigkeit der Rede ist nicht Selbstzweck, sondern Voraussetzung dieses Schutzes.

Analogie und Auslegung

Die Probleme des Analogieverbots liegen nicht in seiner Struktur und nicht in seinem Ziel. Sie liegen in seiner praktischen Anwendung. Sie laufen auf die alte Juristenfrage hinaus: Wie viel Körner ergeben einen Haufen? Auf Deutsch: Wie weit reicht eine (natürlich erlaubte) »erweiternde Auslegung« eines Gesetzesbegriffs, und wo beginnt die verbotene Analogie?

Darf man den heißen Ofen, auf den man sein Gegenüber setzt und festhält, nicht als ein gefährliches »Werkzeug« nach § 224 StGB verstehen, weil er doch nicht beweglich ist und deshalb nicht gegen das Opfer »geführt« werden kann und deshalb dem Begriff »Werkzeug« nicht genügt, oder ist das eine übertriebene Förmelei – angesichts des Verletzungspotentials, über das der Ofen verfügt? Und sind Schreckschusspistolen »Waffen« im Sinn dieser Vorschrift, und kommt es darauf an, ob sie geladen sind? Verletzt man das Analogieverbot, wenn man einem Autofahrer, dem man nicht widerlegen kann, dass er von dem Unfall nichts mitbekommen hat, und der in einem zeitlich und räumlich nahen Zusammenhang von dem Unfall erfährt, die Pflichten des § 142 II, III StGB auferlegt und ihn bestraft, wenn er sich einfach davonmacht, oder hat man den Tatbestand damit überdehnt, um dem mutmaßlichen Willen des Gesetzgebers gegenüber dem Wortlaut der Norm unerlaubt recht zu geben?

Man sieht die Hintergründe der Argumente: Der besorgte Freund des Analogieverbots besteht auf der Strenge des gesetzlichen Begriffs, sein hemdsärmeliger Gegner neigt dazu, diese Strenge zugunsten vernünftiger Ergebnisse bisweilen zu lockern. Nur der Erste, so meine ich, hat begriffen, was Klarheit und Genauigkeit in einem formalisierten Strafrecht wert sind.

Schon diese Beispiele, die von der Rechtsprechung entschieden und von der Wissenschaft diskutiert wurden, zeigen jedenfalls klar, dass es eine säuberliche Linie zwischen Auslegung und Analogie beim besten Willen nicht geben kann. Und warum nicht? Jede Auslegung sei Analogie, sagen die Klügeren, weil Auslegung immer nach dem Prinzip des *tertium comparationis* verfährt und fragt, ob derjenige Gegenstand (der Ofen, die Schreckschusspistole), um dessen Zuordnung zu einem Gesetzesbegriff (»Werkzeug«, »Waffe«) es geht, vom Sinn, vom Zweck des Gesetzes, von seiner *ratio* umfasst wird oder nicht. Wenn ja, sei der Analogieschluss (*argumentum a similibus ad similia*, der Schluss aus der Ähnlichkeit) eröffnet, wenn nicht, ende das Ganze in einem Umkehrschluss (*argumentum e contrario*, der Schluss aus dem Gegensatz). Wenn die Auslegung der Gesetzesbegriffe also gar nicht anders als analogisch vonstattengehen könne, dann gehe es dem Analogieverbot nicht theoretisch um einen Gegensatz von (erweiterter) Auslegung und Analogie, sondern praktisch um eine Grenze, ab der eine Auslegung sich vom Wortlaut und vom Wortgebrauch so weit entferne, dass sie den Bürger überrasche, ihn gleichsam überfalle. So verhilft das klare Ziel des Analogieverbots – die Klarheit und Vorhersehbarkeit der genauen Strafgesetze in der

Wirklichkeit der Strafjustiz nicht zu verspielen – auch dazu, den unklaren Maßstab dieses Verbots wenigstens zu konkretisieren.

Was möglich ist

Das mag ein ernüchterndes Ergebnis sein; es ist aber sachgerecht, und es ist nicht aufgeplustert durch Versprechen, die das Prinzip nicht halten kann. Mehr als ein starkes Argument in den Auseinandersetzungen der Strafjuristen um die Grenzen zulässiger Auslegung ist das Analogieverbot nicht. Aber auch nicht weniger. Und dieses Schicksal teilt es mit vielen anderen fundamentalen rechtlichen und moralischen Schranken innerhalb und außerhalb des Strafrechts, wie wir in unserem argumentierenden Alltag und auch hier in diesem Buch immer wieder sehen. Dass, wie tatsächlich geschehen, für einen Strafsenat des BGH, unseres höchsten Fachgerichts, ein PKW für ein »bespanntes Fuhrwerk« (wie ein älteres Gesetz aus dem 19. Jahrhundert formuliert hatte) durchgehen konnte, ohne dass das Gericht auch nur ein Wort über das Analogieverbot verloren hätte (BGHSt 10, 375): Diese Skurrilität wird sich faktisch nie ausschließen lassen. Aber sie lässt sich skandalisieren – wenn das formalisierte Strafrecht ein Analogieverbot im Köcher hat.

dd. Gewohnheitsrecht

Der dritte Spross des Gesetzlichkeitsprinzips kommt bescheiden daher. Das Verbot, eine Strafbarkeit oder eine Strafverschärfung auf Gewohnheitsrecht zu stützen, mutet wie ein Ruf aus fernen Zeiten an, deren Alltag noch nicht durch flächendeckende Strafgesetze so zugepflastert war wie unserer; dass man angesichts dieser Normenflut eine Strafbarkeitslücke gewohnheitsrechtlich schließen müsse, ist dann eine eher fernliegende Befürchtung. Außerdem folgt das Verbot gewohnheitsrechtlicher Strafbarkeitsbegründung doch schon aus dem Bestimmtheitsgebot, das nur förmliche Gesetze – und eben nicht bloß eine verbreitete, ständig beachtete und für verbindlich gehaltene, aber eben nicht formalisierte Übung, wie die Juristen das Gewohnheitsrecht von jeher definieren – als Grundlage einer Strafbarkeit anerkennt.

Ganz so einfach ist es freilich nicht. Auch das Verbot von Gewohnheitsrecht hat seine Tücken. Die gefährlichste liegt in der Abgrenzung von Gewohnheitsrecht und Richterrecht.

Richterrecht

Dass man Strafbegründung und Strafverschärfung nicht auf Gewohnheitsrecht stützen darf, haben wir eingesehen. Dass man sie auch auf Richterrecht (also auf diejenigen Rechtssätze, die bei der richterlichen Gesetzesauslegung im Lauf der Zeit anfallen) nicht stützen dürfe, würde uns nach allem, was wir wissen und glauben, sehr überraschen: Es gibt ja keine Gesetze, die zugleich eindeutig und vollständig sind, und also gibt es keine Richter, die als »Subsumtionsautomaten« funktionierten könnten, und also gibt es keine Rechtsordnung ohne Richterrecht. In einer solchen Lage kommt alles darauf an, eine klare Abgrenzung zwischen Gewohnheitsrecht und Richterrecht zu ziehen, damit wir die Grenze zwischen dem zugänglichen und dem verbotenen Gelände deutlich markieren können. Die Suche nach einer solchen Abgrenzung führt uns vor dieselben Probleme, in die wir gerade bei der Abgrenzung von ver-

botener Analogie und erweiternder Auslegung geraten
waren:

Richterrecht kann man nicht verbieten, auch wenn es
sich strafbegründend oder straferschwerend auswirkt:
Da die Ergebnisse der Anwendung eines Gesetzes auf
einen Fall nicht fix und fertig von diesem Gesetz vorgehalten werden, und da Gesetzesanwendung deshalb unausweichlich ein auch inhaltlich produktives Verfahren
ist (siehe schon S. 127 ff.), ist Richterrecht unausweichlich, das ist meine feste Überzeugung.

Was aber ist Richterrecht genau? Wenn man, was ja
vernünftig ist, die Ebene des Gesetzes als das Abstrakte
ansieht und die Ebene des Einzelfalls als das Konkrete –
das für alle Fälle dieser Art geltende Gesetz soll auf diesen Einzelfall angewendet werden –, so lässt sich Richterrecht bestimmen als ein Bestand an Auslegungsergeb-
nissen auf einer Mittelhöhe der Abstraktion zwischen
Gesetz und Einzelfall. Dieser Bestand sammelt sich im
Lauf der Zeit bei einer konsistenten und ihrer selbst be-
wussten Rechtsprechung an, er wird veröffentlicht, in
einer Dogmatik geordnet und in Gesetzeskommentaren
aufbewahrt. Natürlich beeinflusst dieses Richterrecht
die spätere Rechtsprechung – nicht zwingend als Nach-
ahmung, aber doch als Vorgabe, von der mit Gründen
abgewichen werden darf und manchmal auch abgewichen wird. Das ist Richterrecht.

Es ist nicht selten, dass der Gesetzgeber richterrechtli-
che Dogmatiken, die sich in langer Arbeit von Justiz und
Wissenschaft herangebildet und in der Praxis bewährt
haben, in Gesetzesform überführt, und das scheint ja
auch vernünftig zu sein. Beispiele sind etwa § 13 StGB,
der eine Strafbarkeit des Nichtstuns begründet (also anordnet, dass Eltern, die sich um ihre Kinder nicht kümmern, sich genauso einer Körperverletzung schuldig ma-

chen können wie Eltern, die ihre Kinder mit Gewalt anfassen), und § 46 StGB, der die Grundsätze aufführt, die den Richter bei der Zumessung der Strafe im Einzelfall leiten sollen; so oder so ähnlich, wie dort dann später formuliert, hatten die Strafgerichte jahrzehntelang judiziert, und die Strafrechtswissenschaft hat sie dabei mit Kritik und Vorschlägen unterstützt. Beide Normen sind in Existenz und Inhalt heute nicht umstritten. Aber was war, bevor sie Gesetz wurden? War ihr Inhalt verbotenes strafbegründendes Gewohnheitsrecht? Und wenn nicht: Wie lässt sich nachweisen, dass das Gelände nicht verboten war – immerhin war ein »Begehen durch Unterlassen«, das in § 13 StGB nunmehr förmlich unter Strafe gestellt wurde, zuvor doch offenbar vom Gesetz nicht erfasst und deshalb straflos?

Solche Fragen zielen in die offene Flanke des Verbots von strafbegründendem Gewohnheitsrecht. Mit § 46 StGB kommt man ja noch ganz gut zurecht; man kann immerhin darauf verweisen, dass dort nur Grundsätze festgehalten sind, ohne die keine richterliche Strafzumessung auskommt – ob es dafür nun ein Gesetz gibt oder nicht. Unter § 13 StGB aber lässt sich nicht leugnen, dass dort eine Strafbarkeit eingeführt wird – oder doch?

Ein windiger Ausweg

Die meisten – nicht alle – Strafjuristen haben sich auf einen etwas windigen Ausweg eingelassen, dessen Wegweiser auf die konkreten Deliktstatbestände des Besonderen Teils des StGB (also etwa Totschlag, § 212, Betrug, § 263, oder Meineid, § 154) gezielt haben: § 13 StGB habe nicht eine Strafbarkeit des Unterlassens eingeführt, so lernt man auf diesem Ausweg, sondern nur klargestellt, was unter diesen konkreten Tatbeständen schon immer als Tathandlung – richterrechtlich – judiziert worden war: dass man töten könne auch dadurch, dass man sein Kleinkind verhungern lässt, statt es zu ersticken, betrügen und falsch schwören auch dadurch, dass man Wichtiges verschweigt – also durch Unterlassen. Diese Strafbarkeit sei folglich nicht durch die allgemeine Anordnung des § 13 StGB, sondern durch die ständige Auslegung der jeweiligen Tathandlung bei den konkreten Deliktstatbeständen begründet worden, und das sei nun mal formalisiertes Richterrecht und nicht bloß irgendeine allgemeine Übung gewesen. (Und überdies habe § 13 I StGB – wie jeder sofort sieht, der die Norm liest – zwei Einschränkungen der Unterlassensstrafbarkeit eingeführt und § 13 II StGB allgemein Strafmilderung eröffnet, also den Bereich der Strafbarkeit und der Bestrafung reduziert – na ja.)

Ich finde, dass man so gerade noch argumentieren kann – auf der sicheren Grundlage immerhin, dass es nicht um formloses Gewohnheitsrecht, sondern um Richterrecht gegangen ist.

ee. Rückwirkung

Auch die letzte Regel aus dem Gesetzlichkeitsprinzip, das Verbot rückwirkender Anwendung von Strafgesetzen zum Nachteil des Betroffenen, lässt sich aus Sinn und Grundsätzen einer Formalisierung der Verbrechenskontrolle (oben C.II.1.) leicht ableiten. Ihr Sinn ist ganz einfach:

Auf Augenhöhe
Wer ein verschärfendes Strafgesetz anwendet, das erst nach der Tat, um die es geht, in Kraft getreten ist, überfällt den Betroffenen, begegnet ihm nicht auf Augenhöhe,

legt ihn herein und nimmt ihm überdies die Chance, sich vor der Tat durch die einschlägige Strafrechtslage abschrecken, sich zum Unterlassen dieser Tat motivieren zu lassen. Es ist unfair, den Täter bei der sanktionierenden Antwort auf seine Tat mit einem Verbot zu konfrontieren, das diese Tat, als er sie geplant und begangen hat, gar nicht kennzeichnen konnte; dieses Verbot nämlich gab es damals noch nicht. Zugunsten des Täters hingegen hat rückwirkende Gesetzesanwendung gerade die gegenteilige Konsequenz – sie entlastet den Täter ja (vgl. § 2 III StGB); es geht im formalisierten Strafrecht eben um seine Rechte, wie man sieht.

Das Rückwirkungsverbot hat seine Probleme nicht in seinem Sinn, sondern in seiner Reichweite; Wissenschaftlern und vor allem Praktikern, denen insbesondere an einem effektiven Einsatz des Strafrechts liegt, geht das Rückwirkungsverbot viel zu weit. Diese Probleme verschärfen sich in einer Zeit wie der unseren, der die Stringenz dieses Verbots nicht mehr einleuchtet, weil sie der Verdacht anwandelt, ein rückwirkendes Verbot reiche von vornherein zu weit, weil es in sich unvernünftig ist, weil es jedenfalls zu den Tendenzen nicht mehr passt, die unsere Zeit kennzeichnen: weil es dem Täter viel zu weit entgegenkommt. Zwei Stichworte sollen diesen Verdacht verständlich machen: Opferorientierung und Prävention. Beide haben heute einen vorzüglichen Klang, und in ihrer Kombination haben sie eine große Überzeugungskraft.

Opferorientierung und Prävention

Es ist die Logik des Rückwirkungsverbots, den Bereich einer Strafbarkeit um dasjenige Teilstück zu kappen, das in der Zeit zwischen der Begehung der Tat und ihrer Aburteilung hinzugekommen ist. Es ist die Logik der Opferorientierung, einer normativen Entlastung des Täters kritisch entgegenzutreten; gerade in dieser Entlastung könnte nämlich ein Teil der Antwort enthalten sein, die das Opfer vom Strafrecht erwartet: dass ihm Unrecht geschehen ist. Es ist die Logik des Präventionsparadigmas, sich nicht auf alte, sondern auf aktuelle Normbestände zu stützen; nur diese können zeitgerechte Anweisungen zur Resozialisierung des Täters oder zur Abschreckung der Verbrechensgeneigten enthalten. Wer will, kann das auch an § 2 VI StGB studieren. Diese Vorschrift unterwirft die Maßregeln der Besserung und Sicherung – ganz im Gegensatz zu § 2 I, III StGB hinsichtlich der Strafen – nicht dem Gesetz, das zur Tatzeit gegolten hat, sondern der aktuellen Gesetzeslage. Die Erklärung dieses Unterschieds ist einfach und lehrreich: Die Maßregeln sind präventiv orientiert: auf die Besserung des Verurteilten und die Sicherung der gefährlichen Person. Sie sind nicht auf die Vergangenheit, sondern auf die Zukunft ausgerichtet, und deshalb gilt für sie die aktuelle Gesetzeslage.

Für das Rückwirkungsverbot ist es ungemütlich geworden. Den herrschenden Rücksichten auf das Verbrechensopfer kommt es ins Gehege, weil es eindeutig auf das Entlastungsinteresse des Täters konzentriert ist (§ 2 III StGB); dem Präventionsparadigma macht es sich verdächtig, weil es Urteile über Strafbarkeit und Strafe auf Gesetzeslagen von gestern stützen will.

In der Praxis lassen sich die Kraftlosigkeit des Rückwirkungsverbots, die Beschränkung seiner Reichweite plastisch beobachten. Zwei Beispiele, eines aus dem Alltag des Straßenverkehrs, das andere aus der Verjährung von Straftaten aus der NS-Zeit:

Promille im Straßenverkehr

Man mag noch gutheißen, dass die Strafjustiz sich weigert, das Verbot auszudehnen auf Gesetzesauslegungen, die praktisch und jedenfalls für die Betroffenen so bombenfest sind wie das Gesetz selbst. So hat die Strafjustiz sehr präzise Vorstellungen darüber, welche Art Betäubungsmittel ab wann schon als »nicht geringe Menge« (§ 30a I BtMG) zu gelten haben. So wird etwa die »Promille-Grenze«, die die Rechtsprechung unter dem ganz allgemein formulierten § 316 StGB (übrigens immer enger) zieht und die den Autofahrern besser bekannt ist als Einzelheiten des Nötigungstatbestands (§ 240 StGB – obwohl auch der den Autofahrern das eine oder andere zu sagen hat), vom Rückwirkungsverbot nicht umfasst, weil sie eben nicht auf einem Gesetz, sondern nur auf ständiger höchstrichterlicher Auslegung beruht – obwohl sie doch in der Praxis des Straßenverkehrs wie ein Gesetz gilt. Wer sich also angewöhnt hat, sich vor der Heimfahrt an diese Grenze heranzutrinken, sollte wenigstens aktuell informiert sein.

Die Entscheidung, das Rückwirkungsverbot auf solche »gesetzesähnlichen« Festlegungen der Strafrechtsprechung nicht auszuweiten, hat die alltägliche Wirklichkeit gegen sich, aber immerhin die systematische Begrifflichkeit für sich: Obwohl die meisten Autofahrer über die von der Rechtsprechung gezogene Promille-Grenze viel genauer orientiert sind als über so viele gesetzliche Vorschriften zum Straßenverkehr, ist diese Grenze eben wirklich nicht gesetzlich, sondern richterrechtlich bestimmt; aber es steckt in der Nichtanwendung des Rückwirkungsverbots auf diese Konstellationen doch ein gutes Stück juristische Förmelei – und das ausgerechnet auf einem Feld, wo die Betroffenen gut mitreden können.

Verjährung von NS-Verbrechen

Anders sieht die Sache aus hinsichtlich der Erstreckung des Rückwirkungsverbots auf förmliches Strafrecht, auf verfahrensrechtliche Gesetze. Hier hatten wir in der Bundesrepublik eine heftige Auseinandersetzung, aus der man viel über die Formalisierung des Strafrechts und deren Grenze lernen konnte. Die Situation setzte sich aus den folgenden Elementen zusammen:

Ein formalisiertes Strafrecht wie unseres enthält das Institut der Verjährung der Strafverfolgung (§ 78 StGB) und auch der Strafvollstreckung. Über deren Sinn streiten die Strafjuristen. Man kann die Verjährung der Strafverfolgung prosaisch begründen: Im Lauf der Zeit gehen eben Beweismittel verloren oder werden brüchig (Preisfrage: Wie erklärt man dann § 78 II StGB?). Man kann aber auch, etwas anspruchsvoller und näher am Formalisierungskonzept, vortragen, Strafverfolgung sei nicht um jeden Preis vernünftig; nach einer langen Zeit, die seit der Tat vergangen ist, dürfe man erwarten, dass Rechtsfrieden eingetreten sei, und den solle man nicht durch neue Ermittlungen stören.

Mit diesem Verständnis von Verjährung kann sich das Argument vertragen, die Verjährungsfrist dürfe jedenfalls nicht zu laufen beginnen, solange in einem Unrechtsstaat eine mögliche Strafverfolgung gerade aufgrund dieser Unrechtsordnung verhindert wird. So konnten, in der Sicht unseres Rechtsstaats, während der Nazi-Zeit »normale« Diebstähle oder Verstöße gegen die Straßenverkehrsordnung normal zu verjähren beginnen, nicht aber Gewalttaten in den Konzentrationslagern; die Ersteren wurden normal verfolgt und bestraft, die Letzteren wurden systematisch vom Staat gedeckt, eine Strafverfolgung war hoheitlich ausgeschlossen. Das leuchtet den meisten unter uns ein.

Problematisch wird die Situation freilich dann, wenn die Ermittlungen nach dem Ende der Gewaltherrschaft nicht so zügig voranschreiten, wie die Verjährungsvorschriften das eigentlich erwarten: wenn die massenhafte Strafverfolgungsverjährung schwerer Gewalttaten droht, von denen man weiß, dass sie begangen wurden, aber auch, dass sie wegen des Ablaufs der Verjährungsfrist nicht mehr rechtzeitig ermittelt werden können. Dann gerät das Strafrecht in eine normative Zwickmühle, aus der es nicht ohne Schaden wieder herauskommt. Es gibt zwei Auswege: Man hält sich an die gesetzlich angeordneten Verjährungsfristen und verzichtet damit auf Strafverfolgung, oder man verlängert diese Fristen rückwirkend und hält sich damit eine Verfolgung offen. Entweder entsteht der Schaden beim Institut der Verjährung, welches nicht konsequent verwirklicht wird, wenn Verjährungsfristen »rückwirkend« verlängert werden, oder er entsteht beim Rechtsfrieden, der – im Inland und auch, wie in unserem Fall, unter aufmerksamer Beobachtung durch das Ausland – massiv gestört wird durch staatliches »Wegsehen«, weil zwischenzeitlich Verjährung eingetreten ist.

Der Ausweg aus dem Dilemma könnte in den strengen Augen rechtsstaatlich denkender Bürger den alten Vorwurf juristischer Rabulistik begründen: Verjährung, so die Antwort, muss man streng verfahrensrechtlich verstehen; dieses Institut hat nichts mit der Strafbarkeit einer Tat, sondern nur mit deren Verfolgbarkeit zu tun. Und das Rückwirkungsverbot erfasst nur die Strafbarkeit, nicht aber auch die Verfolgbarkeit: Jeder darf sich von Rechts wegen darauf verlassen, dass seine Tat (normativ) nach dem Tatzeitrecht beurteilt wird; dabei soll (und muss!) es ja auch bleiben. Aber, so geht es weiter, die Verjährungsfrage hat es nicht mit der Strafbarkeit zu tun, sondern mit der Verfolgbarkeit, und darauf bezieht sich das Rückwirkungsverbot nicht. Denn niemand kann sich von Rechts wegen darauf verlassen, dass seine Tat (faktisch) unverfolgt bleibt, selbst wenn in den Verjährungsvorschriften des StGB genaue Fristen stehen, die eigentlich verstrichen sind; diese Fristen darf man also rückwirkend ändern, ohne mit dem Gesetzlichkeitsprinzip in Konflikt zu geraten. – Klar?

ff. Zusammenfassung

Die Anordnung des Grundgesetzes, wonach eine Begründung von Strafbarkeit und eine Androhung von Strafe ein Gesetz voraussetzen, das sich möglichst genau ausdrückt, dient der Formalisierung der strafrechtlichen Sozialkontrolle: Klarheit der Strafrechtslage für alle Bürger als Voraussetzung gesetzestreuer Motivation und als Voraussetzung einer wirkungsvollen Kritik an der Anwendung des Strafrechts im Einzelfall.

Dieses Bestimmtheitsgebot gegenüber dem Strafgesetzgeber wird flankiert und verlängert durch drei Verbote gegenüber der Strafjustiz: die Gesetzesbegriffe analog oder rückwirkend anzuwenden oder eine Strafbarkeit auf Gewohnheitsrecht zu stützen. Alle diese Regeln haben ein klares Ziel; sie lassen sich aber nicht schlicht umsetzen. Sie werfen tiefdringende, jeweils unterschiedliche Probleme in der rechtspolitischen und der strafrechtlichen Praxis auf; sie sind aber starke Argumente in der Auseinandersetzung um die jeweiligen Grenzen des Strafrechts.

b. Schonung und Hilfe

Der zweite Typ von Formalisierungsleistungen im rechtsstattlichen Strafrecht lässt sich zwanglos ordnen mit Hilfe einer Struktur, die uns schon vom Konzept der sozialen Kontrolle her (A.III., S. 32 ff.) vertraut ist: der Unterscheidung von Norm, Sanktion und Verfahren. Schonung impliziert Zurückhaltung des Gesetzgebers beim Erlass seiner Verbote und Strafandrohungen, der Normen und der für ihre Verletzung vorgesehenen Sanktionen. Hilfe impliziert Unterstützung der Betroffenen in der Ausgestaltung und der Durchführung der Strafverfahren – der Betroffenen, also nicht nur des Beschuldigten, sondern etwa auch des Zeugen (vgl. § 57 StPO), des Privatklägers (§ 374 StPO) oder des Nebenklägers (§ 395 StPO). Dabei lässt sich zweierlei verstehen: Nicht für alle Beteiligten kann »Hilfe« dasselbe bedeuten; was für den Beschuldigten hilfreich ist, ist es noch lange nicht für die Angehörigen des Tatopfers. Und: Das Strafrecht kommt beim Aspekt der Hilfe alsbald an seine systemische Grenze; gerade bei den Hilfen für das Opfer, insbesondere seiner Entschädigung, werden sozialrechtliche Instrumente wichtiger.

aa. Schonung: Norm und Sanktion

Seit den entschlossenen Versuchen der Strafrechtswissenschaft, aber auch der Strafgesetzgebung und der Strafjustiz etwa seit dem Anfang des 19. Jahrhunderts, in der Tradition der politischen Philosophie der Aufklärung ein rechtsstaatliches Strafrecht auf den Weg zu bringen, das sich an Prinzipien bindet, das auf die Wirklichkeit des Menschen Rücksicht nimmt, das seine Ziele und seine

Anordnungen der öffentlichen Kritik aussetzt, kurz also: seit der Entstehung eines formalisierten Strafrechts, schwebt ein Begriff über dem Hin und Her der strafrechtlichen und der kriminalpolitischen Diskurse: Rechtsgut. Heute ist das Konzept des Rechtsguts niemandem mehr eine feste Größe; einigen ist es ein Leitstern (zu denen zähle ich mich), anderen ist es eine Fata Morgana.

aaa. Rechtsgut

Das Rechtsgut (vorläufig: das von der Norm geschützte Interesse) hatte und hat zwei ganz verschiedene Aufgaben: Es soll die konkreten Deliktstatbestände im Besonderen Teil des Strafgesetzbuchs ordnen (systematische Funktion), und es soll die Regelungsmacht des Strafgesetzgebers binden (systemkritische Funktion).

Ordnung im Strafgesetzbuch

Ordnung lässt sich in einem modernen Strafgesetzbuch leicht herstellen, man hat das seit Jahrhunderten geübt, und es funktioniert bis heute in Einzelheiten bisweilen etwas holprig, im Ganzen aber hinreichend. Die Rechtsgüter, deren Verletzung oder Gefährdung strafrechtlich verboten ist, teilen die vier Titel und 30 Abschnitte im Besonderen Teil des StGB übersichtlich auf: Landfriedensbruch und Volksverhetzung als Straftaten gegen das Rechtsgut der öffentlichen Ordnung, Menschenhandel und Zuhälterei gegen die sexuelle Selbstbestimmung, Verleumdung und Üble Nachrede gegen die Ehre, Totschlag und Abtreibung gegen das Leben, Diebstahl und Unterschlagung gegen das Eigentum, Betrug und Untreue gegen das Vermögen, Vorteilsannahme und Bestechung gegen die Lauterkeit des öffentlichen Dienstes und das Vertrauen der Allgemeinheit in diese Lauterkeit.

Man wird sagen können: Je näher die Rechtsgüter (bestimmen wir sie einmal so: die begründeten Interessen des Individuums und der Gesellschaft an strafrechtlichem Schutz) dem Menschen sind, desto klarere Konturen haben sie und desto entschiedener wird man sie zum Kern des Strafrechts rechnen dürfen. Das »Universalrechtsgut« Lauterkeit des öffentlichen Dienstes ist in einer komplexen und verletzlichen Gesellschaft wie der unseren lebenswichtig; aber so wichtig wie das »Individualrechtsgut« Leben dürfte es denn doch nicht sein.

Und wer, wie ich das tue, den Staat und die Gesellschaft, vom Menschen her konzipiert, wer deren Rechtfertigung vom Individuum her ableitet und mit den Altvorderen unseres Grundgesetzes behauptet, der Staat sei um des Menschen willen da und nicht umgekehrt, der wird die individualen Rechtsgüter sowieso hoch schätzen und die universalen nicht als solche zu Schutzgegenständen des Strafrechts promovieren, sondern nur als notwendige Voraussetzungen eines guten Lebens der Menschen: Echte Urkunden und Geldscheine, Sicherheit der Versorgungseinrichtungen, das Funktionieren des Subventionswesens bis hin zur sauberen Luft – diese universalen Rechtsgüter sind nur dem schnellen Blick Schutzgegenstände aus eigenem Recht, sind nur auf den ersten Anschein Interessen »der« Gesellschaft oder »des« Staates. Genau betrachtet sind sie am Ende nichts anderes als begründete Interessen der vergesellschafteten Menschen an strafrechtlichem Schutz derjenigen Institutionen, die heute für sie lebenswichtig sind; sie sind letztlich Schutzgegenstände aus dem Interesse der Menschen.

Bevor wir uns in Begeisterung reden: Jedenfalls muss einem die systematische Funktion des Rechtsguts nicht

den Schlaf rauben; das System funktioniert und ist eher
die Domäne der Strafrechtsprofessoren und der Kom-
mentatoren, eine eher einteilende als eine wertende Tätigkeit. Sie ist wichtig, steht für uns aber nicht im Vordergrund.

Bindung des Strafgesetzgebers

Die Bindung des Strafgesetzgebers aber, also die systemkritische Funktion des Rechtsguts, wie wir sie vorhin
bezeichnet haben, ist die ungleich schwierigere Aufgabe; die Systemkritik ist eher die Domäne der Bürger,
der Rechts- und Staatsphilosophen sowie der Kriminalpolitiker. An dieser Aufgabe trägt das Rechtsgutskonzept bis heute schwer. Eine Bindung des Strafgesetzgebers kann man ja nicht so einfach postulieren; sie setzt
eine Schicht normativer Anweisungen voraus, die den
Normen des Strafgesetzbuchs normativ überlegen, die
den strafgesetzlichen Normen ein Maßstab sind; sonst
könnten sie den Strafgesetzgeber, der das Recht zur
Normsetzung hat, bezüglich dieser Normsetzung ja
nicht inhaltlich anweisen, bestimmte Normen zu verordnen und von anderen die Finger zu lassen. Man muss
eine Ahnung davon haben, was das sein soll, woran der
Gesetzgeber gebunden ist. Und man muss dann auch
zeigen können, dass die »höheren« normativen Anweisungen als der Gegentand der Bindung richtig sind und
gerecht. Aber woher diese vor- und übergesetzlichen
Anweisungen nehmen und nicht stehlen?

Naturrecht

Eigentlich müssten wir solche maßstäblichen Normen
im Naturrecht suchen, also in einer – zumeist unge-
schriebenen – Rechtsordnung, welche die fundamentalen Normen enthält, die für jeglichen Gesetzgeber und

für jegliche Justiz heute und morgen und überall auf der Erde verbindlich sind. So hat man das auch lange Zeit gemacht: in einem Bestand von Normen, die für immer und für alle gelten, ohne Rücksicht auf die jeweilige Kultur einer Gesellschaft. Solche fundamentalen Normen hat man, je nach Blickrichtung, im Willen Gottes, in der Natur oder in der allgemeinen Vernunft des Menschen gefunden: unverrückbare Maßstäbe jeglichen Rechts, dem menschlichen Gesetzgeber vorgegeben aus Quellen, über die er nicht verfügen, sondern aus denen er nur schöpfen kann – und muss.

Für uns heute wäre das zu schön, um wahr zu sein. Der alte Traum von einem immer und überall geltenden Recht ist uns abhandengekommen, er ist ausgeträumt. Selbst wenn es ein solches Recht irgendwo geben sollte – wir haben jedenfalls keinen Zugang zu seinen Anweisungen:

Wir beginnen sofort (und mit Recht!) untereinander zu streiten, wenn ein Gebot oder Verbot uns einen Inhalt befehlen will, wir erkennen eine überirdische, überzeitliche und überkulturelle Geltungskraft von Normen nicht an, seit Erkenntnistheorie und politische Philosophie der Aufklärung den Glauben zertrümmert haben, wir hätten Zugang zu fraglosen Wahrheiten. Tue das Gute, meide das Böse, jedem das Seine – diese Anweisungen tragen nur so lange den naturrechtlichen Schein des Immer und Überall, solange man offenlässt, aus was denn das Gute, das Böse und das Seine konkret bestehen soll.

Wenn wir nach den Inhalten einer Norm, nach ihren konkreten Anweisungen zu fragen beginnen, wird uns sofort klar, dass es keine Über-Norm in Geschichte und Geographie gibt, die naturrechtliche Geltung beanspruchen kann, sondern immer nur kulturelle Varianzen –

von der Sklavenherrschaft über das Frauenwahlrecht bis zur »Rettungsfolter«; all dies wurde und wird hie und da irgendwann einmal fraglos als Recht, einmal fraglos als Unrecht erlebt. Man braucht sich nur ein wenig umzusehen, um das Vertrauen in die Existenz immer und überall geltender – also: naturrechtlicher – Normen zu verlieren. Keine Norm hält sich durch in Geschichte und Gegenwart, jede hat schon ihre Widerlegung erfahren. Maßstäbe für richtige Gesetze stehen nicht um uns herum und regnen nicht auf uns herab, wir müssen sie schon selber machen.

War's das schon? Hat also der Gesetzgeber, wenn er verbietet und Strafe androht, nach dem Ende des Naturrechts wirklich den blauen Himmel über sich, kann er machen, was er will, wenn er nur die erforderlichen Mehrheiten im Parlament zusammenbekommt? Gibt es keine Normen, Regeln oder auch nur Anständigkeiten oder Rücksichtnahmen, die selbst den Strafgesetzgeber binden?

Verfassung

Doch, es gibt natürlich die Anweisungen des strafrechtlichen Verfassungsrechts, denen der Gesetzgeber unter Strafe der Kassation seiner Gesetze durch das Bundesverfassungsgericht folgen muss: Die »verfassungsmäßige Ordnung« bindet ohne jeden Zweifel auch die Gesetzgebung (Art. 20 III GG). Aber diese Anweisungen des Grundgesetzes helfen nicht weit, sind karg und äußerst selektiv, sie sind von einem systematischen Regelsystem weit entfernt. So darf der Gesetzgeber nicht die Todesstrafe androhen (Art. 102 GG), kein Mensch darf wegen derselben Tat mehrmals bestraft (Art. 103 III GG) und niemand darf nach seiner Festnahme körperlich oder seelisch misshandelt werden (Art. 104 I 2 GG).

Das sind ziemlich klare Verbote, aber sie sind doch nur kleine Wölkchen am großen Himmel gesetzgeberischer Freiheit; und vor allem: Das Rechtsgut gehört nicht dazu.

Rechtskultur

Das strafrechtliche Verfassungsrecht ist jedoch – in meinen Augen jedenfalls – noch nicht das Ende der normativen Fahnenstange, auf die der Strafgesetzgeber achten muss, wenn er Gesetze macht. Es gibt, so meine ich, fundamentale Regeln, die nicht ausdrücklich in der Verfassung stehen, die jedoch unsere Rechtskultur ausmachen, an der unser Herz hängt: Regeln, deren systematische Verletzung uns in eine andere Art von Alltagswelt und Gesellschaft katapultieren würde und die die allermeisten von uns deshalb nicht ertragen könnten.

So sind wir, auch wenn einige Diskutanten (bisher glücklicherweise erfolglos) fordern, eine »Rettungsfolter« bei bestimmten Konstellationen von Entführungen oder bei »ticking bomb scenarios« zuzulassen (S. 28 ff.), doch himmelweit von einem Folterstaat entfernt, in dem dieser Eingriff zu den üblichen Ermittlungsinstrumenten gehört (vgl. § 136a StPO). So wäre die Zulassung einer Versklavung von Menschen in unseren Breiten derzeit unvorstellbar, und so könnte heute keiner mit dem Argument des Kaiphas im Prozess gegen Christus durchdringen: wenn ein überbordender Volkszorn drohe, so dürfe man ausnahmsweise einen Unschuldigen hinrichten, um diesen Zorn zu befrieden.

Es gibt, wie man an diesen Beispielen sehen kann, normative Gewissheiten, an die wir uns halten, auch wenn sie in der konkreten Konstellation (wie etwa im Entführungsfall Gäfgen) zu schmerzlichen, kaum erträglichen Konsequenzen führen. Sie kennzeichnen unsere normative Kultur, tragen sie und unterscheiden sie von anderen Kulturen. Wir – oder doch die meisten unter uns – haben begriffen, dass wir ohne diese Gewissheiten in einer anderen Welt leben würden, in der wir nicht leben wollen. Wir sehen, dass diese Gewissheiten nicht immer und überall gelten, sondern mit einer bestimmten Kultur verbunden sind, mit ihr bestehen und mit ihr untergehen in ihrer Zeit und an ihrem Ort. Wir erleben, dass wir uns des Umfangs, aber auch des Fortbestands dieser Gewissheiten niemals sicher sein können (denken wir nur an die Folter-Diskussion), aber wir erleben auch, dass sie uns ans Herz gewachsen sind, dass wir sie brauchen, ja dass wir für sie kämpferisch einstehen. Wir haben Angst vor der Korrumpierung des Staates, und wir sind darauf angewiesen, ihm und seinen Institutionen zu trauen – in der Regel jedenfalls.

Entrümpelung des Strafrechts

Das hat Konsequenzen auch für das Konzept des Rechtsguts. Es verdankt sich einem Denken, das den Strafgesetzgeber und die Strafjustiz, um es vorsichtig auszudrücken, aus zuerst ängstlicher und dann aggressiver Distanz betrachtet hat, so, als wäre denen so gut wie alles zuzutrauen. Dieses Denken hat die Strafgesetze seiner Zeit nicht akzeptiert, sondern au fond kritisiert, auch wenn sie nach den jeweiligen Regeln formell gültig zustande gekommen waren. Dieses Denken beruhte auf Erfahrung: Geheimjustiz, überbordende Verbote, grausame Strafen, überraschende Verurteilungen und Gnadenerweise, Rechtlosigkeit der armen und einfachen Leute. Seine Antwort war: wirksame Grundrechte gegen den Leviathan, den zugleich nährenden und bedrohlichen Staat, Öffentlichkeit der Justiz und die Chance ihrer Kontrolle, Meinungs- und Pressefreiheit, Bindung des Strafgesetzgebers an den Schutz allgemeiner und handhafter Interessen.

Das Konzept des Rechtsguts hat seine besten Zeiten, solange der Eindruck verbreitet ist, man müsse das Strafrecht – allgemein gesagt – kurz halten oder es – konkret gesagt – entrümpeln. Das waren etwa die sechziger und die siebziger Jahre des vorherigen Jahrhunderts, als das liberale und strafrechtskritische Argument, das Strafrecht dürfe nur die zentralen Interessen des Einzelnen und der Gesellschaft unter seinen Schutz stellen und müsse sich von bloß moralischen und tabuisierten Überzeugungen fernhalten, vielen eingeleuchtet hat. Damals wurde das »politische« Strafrecht zurückgeschnitten, und abweichende, aber nicht interessenverletzende Verhaltensweisen wie homosexuelle Liebe, Ehebruch oder Unzucht mit Tieren (»Kavalleriedelikt« hieß das einmal) wurden entkriminalisiert.

Diese Zeiten sind vorbei. Der Staat – auch und gerade der strafende Staat – ist in unserer alltäglichen Wahrnehmung und im heutigen Diskurs nicht mehr der freiheitsbedrohende Leviathan, gegen den die Grundrechte als Abwehrrechte in Stellung gebracht werden müssten. Er ist uns vielmehr zum Partner geworden im »Kampf« gegen das Verbrechen, gegen die unabsehbaren Risiken der Moderne. Zwar fordert derzeit niemand, sexuelle Handlungen wieder unter Strafe zu stellen, die weder die Rechtsgüter der sexuellen Selbstbestimmung noch des Kinder- und Jugendschutzes angreifen; in diese muffigen Vergangenheiten weisen die Zeichen der Zeit glücklicherweise nicht. Aber die heute absehbare Zukunft macht die Verfechter eines ans Rechtsgutskonzept gebundenen Strafrechts auch nicht gerade hoffnungsfroh. Diese Zukunft kann mit diesem Konzept nichts Rechtes anfangen, es passt scheinbar nicht in unsere Art von

Moderne, und dafür sind zwei handfeste Gründe sichtbar, unter den Stichworten Komplexität und Kontrollbedürfnisse:

Komplexität

Unsere Gesellschaft trägt, wie viele andere in der modernen Welt, das Kennzeichen der Komplexität. In einer globalisierten, ihre Normen, Routinen und Kommunikationen ausdehnenden und verallgemeinernden Wirtschaft und Kultur werden die Dinge und die Relationen komplex, sie werden weniger gut überschaubar, sie gewinnen an Schub und verlieren an Verlässlichkeit. Universalrechtsgüter wie etwa die Sicherheit der Verkehrs- und der Kommunikationswege gewinnen tendenziell an Bedeutung im Verhältnis zu Individualrechtsgütern wie etwa Eigentum und Vermögen. Gewiss, das Eigentum war und ist ein Rechtsgut, das in jedes menschenfreundliche Strafrecht gehört – gestern, heute und morgen. Die Sicherheit der Kommunikationswege hingegen hat den Glanz von Modernität, von heute und morgen. Dieses Universalrechtsgut bezieht seine Bedeutung aus der Komplexität der modernen Gesellschaft, aus der Wichtigkeit von Kommunikation; ist deren Sicherheit nicht mehr gewährleistet, so bricht in solchen Gesellschaften vieles zusammen – auch der Schutz des Eigentums.

Diese Tendenz belastet das Konzept des Rechtsguts, das auf handgreifliche, auf sichtbare Interessen ausgerichtet ist. Die Rechtsgüter der Allgemeinheit sind weniger stark konturiert als die klassischen Rechtsgüter des Einzelnen, ihre Verletzung ist eher papieren als schrecklich. So verblasst das strafrechtliche Unrecht, das Verbrechen; die Gefährdung des Kapitalmarktverkehrs ist von anderem Kaliber als die Gefährdung der Gesundheit –

aber sie ist eben eine moderne Form der Gefährdung
von Interessen; das verschafft ihr Plausibilität.

In der modernen, komplexen Welt wächst freilich
nicht nur die Bedeutung der modernen Universalrechtsgüter gegenüber den herkömmlichen Individualrechtsgütern; es ist auch die besondere Verletzlichkeit komplexer Gegenstände und Zusammenhänge, die zu den
Traditionen des Rechtsguts nicht so recht passen will.
Anschläge auf lebenswichtige zentrale Versorgungseinrichtungen oder auf Wege des Massenverkehrs, die verheerend, aber kaum vorauszusagen sind, stärken die
Bedrohungsgefühle moderner Menschen und Gesellschaften, denen immer weniger einleuchtet, dass man
die Strafrechtskontrolle auf den Schutz handfester
Rechtsgüter beschränken sollte. In der Logik dieser Entwicklung liegt viel eher der Wunsch nach permanenter,
umfassender und wirksamer Kontrolle von Gefahrenherden als der nach einem zurückhaltenden, fragmenta-
rischen Strafrecht.

Kontrollbedürfnisse

Durch Kontrollbedürfnisse ist denn auch die jüngste Gesetzgebung und justizielle Praxis im öffentlichen Eingriffsrecht, vor allem im Strafrecht und im Polizeirecht,
gekennzeichnet. Erweiterung der Strafbarkeit, Verschärfung der Sanktionen, Vermehrung der Ermittlungsmaß-
nahmen und Eingriffsinstrumente sind das Panier der
Innen- und der Kriminalpolitik seit mehreren Jahrzehnten. Sie sind die Antwort auf Risikofurcht und Kontrollbedürfnisse einer Gesellschaft, der die sichere Orientierung in einer globalisierten Moderne verlorengegangen
ist und der eine Zurücknahme staatlicher Kontrollen
antiquiert, ja gefährlich vorkommt.

So hat sich, fast unmerklich, im Laufe der Jahre auch

die Funktion des Konzepts vom Rechtsgüterschutz im strafrechtlichen Diskurs gewandelt, ja in sein Gegenteil verkehrt. War dieses Konzept in seinen Anfängen und in seinen Wurzeln gegenüber dem Strafrecht negativ und kritisch konzipiert, so hat es nun das Gewand des Positiven und der Aufforderung um die Schultern: Aus dem strafrechtstheoretischen Verbot gegenüber dem Gesetzgeber, Straftatbestände aufzustellen, für die sich ein Rechtsgut nicht finden lässt, ist nach und nach ein kriminalpolitisches Gebot geworden, alles unter Strafe zu stellen, was ein Rechtsgut gefährdet oder verletzt. Aus funktionaler Kritik wird funktionale Rechtfertigung – eine erstaunliche und folgenreiche Karriere, aber ganz in Übereinstimmung mit dem Geist der Zeit.

Was bleibt

Was also bleibt? Es bleibt nicht viel mehr als die Botschaft des Rechtsgutskonzepts, den Strafgesetzgeber an einschränkende und freiheitsschonende Prinzipien zu binden und mit dem Strafrecht nicht verschwenderisch umzugehen. Es bleibt die Überzeugung, dass diese Bindung umso besser gelingt, je konkreter und wirklichkeitsnäher sich die Gegenstände fassen lassen, zu deren Schutz das Strafrecht da ist: die Rechtsgüter. Und es bleibt die Einsicht, dass in einem Rechtsstaat, dem die Würde des Menschen sein Ein und Alles ist, die Individualrechtsgüter den Kern des Schutzes ausmachen, von dem sich die Universalrechtgüter ableiten lassen müssen: als Bedingungen des Schutzes von Rechtsgütern der Person in komplexen Gesellschaften.

Dieses Erbe des Rechtsgutskonzepts trifft heute auf das dringende und weitverbreitete Bedürfnis, gerade das Strafrecht mit seinen scharfen Instrumenten (C.I., S. 115 ff.) zur Kontrolle und präventiven Eindämmung von Risiken und Gefährdungen flächendeckend einzusetzen. Gerade die zunehmende Schärfe der Instrumente aber, die den Betroffenen tief und unheilbar verletzen können, fordert weiter und immer dringlicher eine strenge Bindung des Strafgesetzgebers an die Schranken des unbedingt Erforderlichen.

bbb. Verhältnismäßigkeit

Das unbedingt Erforderliche als rechtfertigender Maßstab einer Strafdrohung: Könnte das eine angemessene Reformulierung des klassischen Rechtsgutskonzepts sein – jedenfalls desjenigen Teils seiner Botschaft, der in unsere Zeit passt? Man könnte doch formulieren: Der Strafgesetzgeber darf nur dasjenige Verhalten mit Strafe bedrohen, dessen Strafbarkeit unbedingt erforderlich ist, um fundamentale Interessen des Einzelnen und der Allgemeinheit vor Gefährdung oder Verletzung zu schützen.

Das wäre, genau wie der Gedanke des Rechtsgüterschutzes, eine Bindung des Strafgesetzgebers (von der hier immerzu die Rede ist) in Richtung einer Einschränkung des Strafrechts (von der hier ebenfalls die Rede ist). Da bahnt sich doch ein breiter Ausweg aus den vielen Dilemmata der Lehre vom Rechtsgut an: Könnte die Erforderlichkeit strafrechtlicher Eingriffe zum Schutz von Rechtsgütern das Rechtsgutskonzept ersetzen und es einsichtiger formulieren, könnte der Grundsatz der Erforderlichkeit der legitime Erbe des Rechtsgutsprinzips sein?

Die kleine Familie

Jedenfalls nicht der Erbe zur rechten Hand und schon gar nicht der Alleinerbe, so einfach geht es nicht. Der Maßstab der Erforderlichkeit hoheitlicher Eingriffe als deren rechtfertigende Voraussetzung könnte zwar durchaus vor heutigen Ohren das zum Ausdruck bringen, was das Rechtsgutskonzept unseren Vorvätern sagen wollte. Die Erforderlichkeit steht als Rechtsprinzip aber nicht allein; sie ist Mitglied einer kleinen Familie. Die Familie heißt Verhältnismäßigkeit und hat noch zwei andere Kinder: Geeignetheit und Zumutbarkeit. Alle drei zusammen aber könnten vielleicht das zuwege bringen, woran sich das Rechtsgutskonzept so lange abgemüht hat: eine einsichtige Schranke strafrechtlicher Eingriffe im Interesse einer Schonung der Betroffenen.

Auf dem Thron

Schaut man näher hin, dann scheint dieses Prinzip dafür wirklich famos geeignet zu sein, und man müsste es erfinden, wäre es nicht schon da:

Dem Grundsatz der Gleichheit ähnlich, siedelt das Prinzip der Verhältnismäßigkeit so nahe am Herzen des Leitsterns allen Rechts, der Gerechtigkeit, dass man meinen könnte, es sei nur eine andere Formulierung von Gerechtigkeit: Wie mit Gleichbehandlung Gerechtigkeit steht und fällt, wie ein Handeln nicht gerecht sein kann, das Gleiches ungleich behandelt oder Ungleiches gleich, so kann doch auch kein Eingriff gerecht sein, der sein Maß verloren hat, der sich nicht an die Schranken der Angemessenheit hält – eben maßlos ist. Verhältnismäßigkeit scheint, zusammen mit Gerechtigkeit und Gleichheit, auf dem höchsten Thron fundamentaler Prinzipien des Rechts zu sitzen – jedenfalls viel, viel höher als das konkretistische, ja kleinkarierte

Konzept des Rechtsgüterschutzes, das mit seiner dürf-
tigen Beleuchtung nur einen geringen Teil derjenigen
rechtlichen Konstellationen erreicht, über die das Prinzip der Verhältnismäßigkeit wie selbstverständlich sein
helles Licht ergießt.

Damit nicht genug. Dem Maßstab der Verhältnismäßigkeit gelingt eine geradezu geniale Verbindung empirischer und normativer Elemente rechtlicher Beurteilung. Gerade diese Verbindung von Wirklichkeit
und Bewertung macht ihn für die strafrechtliche Betrachtung attraktiv und knüpft augenscheinlich an
eine zentrale Hoffnung des Denkens aus dem Rechtsgut an: Rechtsgüter in der Wirklichkeit zu verankern,
Rechtsgüterschutz als Schranke strafrechtlicher Eingriffe nicht gänzlich der arbiträren Beurteilung des Gesetzgebers zu überantworten, sondern diese Beurteilung
so weit wie möglich an Sichtbares zu binden und ihre
Kontrollierbarkeit damit zu verbessern oder gar sie erst
zu schaffen. Je wolkiger und abstrakter, je weiter entfernt von der Wirklichkeit ein Rechtsgut formuliert ist,
desto schwieriger ist die strafrechtskritische Kontrolle
seiner Verwendung, desto leichter hat es der Gesetzgeber, seine Strafdrohung damit zu rechtfertigen, dass sie
ein Rechtsgut schütze. Das Rechtsgut »Gesundheit« als
Grundlage der Strafbarkeit von Körperverletzung erfüllt
diese Erwartungen, beim Rechtsgut »Volksgesundheit«
als Grundlage der Strafbarkeit von Handel mit Betäubungsmitteln sieht die Sache ganz anders aus.

Dass das Prinzip der Verhältnismäßigkeit auch über
das Strafrecht hinaus im gesamten Recht hoheitlicher
Eingriffe vom Steuerrecht über das Beamtenrecht bis
zum Polizeirecht Einfluss hat, ergibt sich schon aus der
gerade betrachteten Fundamentalität seiner Ansied-
lung auf der Ebene von Gerechtigkeit und Gleichheit

und der daraus folgenden Weite seines Lichtkegels. Es nimmt deshalb nicht wunder, dass es auch in anderen Rechtsordnungen gern gesehen und zunehmend anerkannt wird. Nimmt man die drei Schwestern der Familie, Geeignetheit, Erforderlichkeit und Zumutbarkeit, ein wenig unter die Lupe, so stellt sich alsbald die verwunderte Frage ein, wie anders als mit dem Maßstab der Verhältnismäßigkeit man die Rechtfertigung hoheitlicher Eingriffe denn sonst beurteilen sollte; diese Schwestern tragen nämlich ein zugleich vollständiges, wirklichkeitsnahes und fein austariertes Prüfprogramm in sich:

Moderne Rationalität: Geeignetheit

Die – erste – Voraussetzung der Geeignetheit des eingesetzten Mittels zur Erreichung eines definierten Ziels ist Ausdruck einer modernen Rationalität des Rechts. Sie ist auf die Vorstellung einer empirisch begründeten Kausalität gestützt und verlangt, dass die Entscheidung über die Rechtfertigung eines Eingriffs mit dieser Vorstellung von der Wirklichkeit eng verbunden wird: Wenn eine bestimmte Bedingung gesetzt wird (etwa die gesetzliche Bedrohung eines bestimmten Verhaltens mit Strafe), so darf erwartet werden, dass gerade dadurch ein bestimmter Zustand eintritt (etwa ein Rückgang dieses Verhaltens in der Bevölkerung). Nach diesem Muster müssten die Strafbarkeit des Autofahrens ohne Gurt oder des Telefonierens während der Fahrt geeignet sein, ein solches Verhalten zu minimieren und dadurch die Unfallstatistik zu verbessern.

Der Gesetzgeber, der die Geeignetheit seiner Strafdrohung in Anspruch nimmt, steht damit vor zwei Aufgaben: genau hinzuschauen auf die Wirklichkeit, die er mit seinem Gesetz zum Besseren wenden will, und eine

Prognose darüber anzustellen, auszuführen und zu verantworten, dass sein Ziel auf gerade dem Weg auch erreicht werden kann, den einzuschlagen er entschlossen ist.

Diese Aufgaben lassen sich nicht erfüllen durch bloße Beredsamkeit oder engagierte Werbung für einen Standpunkt, wie die Politik, auch die Rechtspolitik, das gewöhnlich für hinreichend hält. Sie verlangen viel mehr: Erkenntnisse über Tatsachen, die die Kriminologie als die empirische Wissenschaft von Verbrechen und Strafe zur Verfügung stellt, und eine doppelte Verknüpfung der konkreten Entscheidung des Gesetzgebers mit diesen Erkenntnissen. Die Geeignetheit einer Strafdrohung zur Verbesserung der Welt lässt sich nur belegen, wenn sowohl die Gegenwart – in der Diagnose ihrer Fehlsamkeit – als auch die Zukunft – in der Prognose ihrer Besserungsfähigkeit – kriminologisch erforscht sind und mit der beabsichtigten Strafdrohung in eine einsichtige Verbindung gebracht werden. Der Strafgesetzgeber muss unter dem Maßstab der Geeignetheit vortragen können, dass die Situation den Einsatz strafrechtlicher Mittel nötig macht, und er muss belegen können, dass und wie diese Mittel die Situation bessern werden. Er muss dabei etwa zu der Frage Stellung nehmen, warum der Gewässerschutz Strafdrohungen verlangt und nicht nur hinreichende Vorkehrungen der Verwaltung, oder ab wann Beamtenrecht, Steuerrecht oder konkrete Maßnahmen der Verwaltungsorganisation nicht mehr hinreichen, um Korruption zu verhindern, und man jetzt strafrechtliche Instrumente braucht, um dieser Pest Herr zu werden.

Dabei ist klar, dass die Anforderungen an die Darlegung der Geeignetheit einer Strafdrohung, je nach Gegenstand und Konstellation, außerordentlich verschieden sein können. So werden wenige hörbar bezweifeln, dass die Strafbarkeit der Körperverletzung (§ 223 StGB) am Ende dem Schutz der Gesundheit dient – was sollte der Gesetzgeber bei diesem im Kern simplen und klassischen Delikt auch anderes vorsehen als eine solche Strafdrohung, der man höchstens den Generalverdacht einwenden kann, das Strafrecht (und somit auch § 223 StGB) sei sowieso zu nichts nutze (näher dazu S. 85 ff.)? Anders wird das etwa bei Delikten gegen die Umwelt (vgl. etwa § 324 StGB) oder bei Korruption (vgl. etwa § 331 StGB) aussehen. Dort ist das Gelände unübersichtlich, die Transaktionen sind komplex. Deshalb darf man annehmen, dass eine Strafdrohung alleine zur Eindämmung dieser Kriminalität nicht hinreichen wird; sie braucht Unterstützung etwa aus dem Steuerrecht, dem Beamtenrecht, dem Datenschutzrecht oder der Verwaltungsorganisation. Also wird der Strafgesetzgeber feststellen und darlegen müssen, dass seine Strafdrohung auch deshalb geeignet ist, weil er sie mit der sonstigen Rechtslage klug abgestimmt hat.

Alles in allem: ein wunderbares Programm, das Wirklichkeit und Wertung in ein einsichtiges, ein durchsichtiges und produktives Verhältnis bringt. Ein klarer Weg für den Strafgesetzgeber – steinig zwar und lang, aber doch mit der Zusage der Zielerreichung in schwierigem Gelände. Und eine bare Selbstverständlichkeit für jedes rationale System von Zweck und Mittel: Wenn du ein Ziel erreichen willst, so lass die Finger von untauglichen Instrumenten.

Klassische Moralität: Erforderlichkeit

Die – zweite – Voraussetzung der Erforderlichkeit des eingesetzten Mittels zur Erreichung eines definierten Ziels ist Ausdruck einer klassischen Moralität des

Rechts. Diese Voraussetzung besagt, dass unter mehreren Mitteln, die das Ziel des Eingriffs erreichen können, dasjenige gewählt werden muss, das den Betroffenen möglichst wenig belastet. Sie verlangt Beachtung nicht nur vom Gesetzgeber, sondern auch vom Gesetzesanwender.

So darf beispielsweise eine Durchsuchung von Räumlichkeiten im strafrechtlichen Ermittlungsverfahren (§ 102 StPO) nicht angeordnet werden, wenn die gesuchten Gegenstände, etwa durch eine gewisse Mitwirkung des Betroffenen, auf eine Weise beschafft werden können, die weniger in das Grundrecht auf Unverletzlichkeit der Wohnung (Art. 13 GG) eingreift als die Durchsuchung. So muss man zur Eindämmung unerlaubter Telefonwerbung nicht schnurstracks zu einem strafrechtlichen Verbot greifen; der erweiterte und erleichterte Widerruf dort geschlossener Verträge wird dem lästigen Wirtschaftszweig den Schlag versetzen, auf den es dem Gesetzgeber ankommt. Maßnahmen »technischer Prävention« wie etwa intelligente Wegfahrsperren in Autos oder das Vorrätighalten nur geringer Geldbeträge in Bankfilialen haben der Erforderlichkeit besonderer strafrechtlicher Maßnahmen gegen Autoschieberei oder Banküberfall den Boden ein Stück weit entzogen. Eine schöne und einsichtige Formulierung des Grundsatzes schonender Behandlung hat der Gesetzgeber selber ausgeführt, wenn er in § 116 StPO den Richter nach Wegen suchen lässt, die den Zweck der Untersuchungshaft erreichen, ohne den Beschuldigten in Haft zu nehmen, den Richter (in § 116 IV) zugleich aber auch davor bewahren, sich auf der Nase herumtanzen zu lassen.

Der Maßstab der Erforderlichkeit verführt – trotz seiner menschenfreundlichen Aufforderung zur Schonung – nicht zu Permissivität und Traumtänzerei. Er besteht darauf, dass das Ziel des Eingriffs beim Einsatz des leichteren Mittels genauso erreicht werden kann wie beim Einsatz des schwerer wiegenden Instruments; er ändert also nichts an der Effektivität der Rechtsverwirklichung, und er rüttelt auch nicht an deren Ziel. Und deshalb löst er das eingriffsrechtliche Prüfprogramm auch nicht in normatives Wohlgefallen auf und zwingt nicht zu einem Wettlauf nach der billigsten Lösung. Er verlangt, wenn man ihn ernst nimmt, eine genaue – und auch empirisch fundierte – Prüfung der Wege, die überhaupt zur Verfügung stehen, und sieht erst auf der Grundlage dieser Prüfung die Entscheidung vor, welcher der zielführenden Wege der am wenigsten belastende ist und deshalb eingeschlagen werden muss.

Auch dieser Maßstab ist eine pure Selbstverständlichkeit – freilich nicht in einem empirisch-rationalen Sinn von Folgerichtigkeit wie bei der Geeignetheit, sondern in einem normativen, vielleicht sogar moralischen Sinn von Zurückhaltung. Man wird sich kein Rechtssystem vorstellen können, das ohne diesen Maßstab auskommt, solange es den Anspruch erhebt, es achte auf die Menschen, die in ihm leben. Die Erforderlichkeit eines Eingriffs in diesem Verständnis ist die zwingende Konsequenz aus dem Grundsatz, dass die Person mit ihren Rechten im Mittelpunkt des Rechtssystems steht, dass sie, so weit es geht, geschont werden muss.

Immerwährender Schutz: Zumutbarkeit

Die – dritte – Voraussetzung der Zumutbarkeit des eingesetzten Mittels zur Erreichung eines definierten Ziels ist Ausdruck eines Prinzips von Schonung der Person, das so alt ist wie das systematische und anspruchsvolle Nachdenken über das Recht und das in jüngster Zeit, nicht zuletzt durch das Bundesverfassungsgericht, neu belebt worden ist. Diese Voraussetzung besteht darauf, dass selbst diejenigen Eingriffe, denen eine rechtliche Prüfung bestätigt hat, dass sie ein legitimes Ziel mit geeigneten und möglichst milden Mitteln erreichen wollen, noch einer dritten Prüfung unterworfen werden: ob der beabsichtigte Eingriff, wie man sagt, nicht außer Verhältnis steht zur Bedeutung der Sache, deretwegen er geplant ist.

Schon dass man sich über den Namen der dritten Stufe der Verhältnismäßigkeitsprüfung nicht einigen kann (einige nennen diese Stufe farblos »Verhältnismäßigkeit im engeren Sinn«, aber »Zumutbarkeit« ist ja auch nicht das Gelbe vom Ei), deutet an, dass dieses dritte Kind sich in der Familie noch nicht so richtig eingelebt hat. Auch welche konkreten Konstellationen sich mit dem Maßstab der Zumutbarkeit verbinden, ist – in krassem Gegensatz zu Geeignetheit und Erforderlichkeit – alles andere als klar. Bisweilen hat man den Eindruck, das dritte Kind der Familie sei nichts anderes als ein Statthalter: als jemand, der eine letzte Position der Verhältnismäßigkeitsprüfung freihält in der Erwartung, irgendwann werde der große Fisch auftauchen, den die Maßstäbe der Geeignetheit und der Erforderlichkeit nicht haben einfangen können und der nun dem Maßstab der Zumutbarkeit ins Netz geht. Man sollte doch meinen, wenn ein Eingriff den Voraussetzungen der Geeignetheit und der Erforderlichkeit genügt, wenn er also zugleich vernünftig und schonend ist, dann sei das in Ordnung. Was will man noch verlangen?

Die gerade zitierte und weitverbreitete Meinung, der Maßstab der Zumutbarkeit gebiete bloß, dass der Eingriff zur Bedeutung der fraglichen Sache in ein Verhältnis gebracht werde, ist viel zu matt und eng; er ist zwar einleuchtend und aussagekräftig im Verbot des Grundgesetzes, jemanden wegen derselben Tat »auf Grund der allgemeinen Strafgesetze« mehrmals zu bestrafen (Art. 103 III GG, *ne bis in idem*), oder in der Vorstellung der »limitierenden Kraft« des Schuldprinzips der Vergeltungstheorie: dass die Strafe das Maß der Schuld nicht überschreiten darf. Diese Kraft reicht aber bei weitem nicht – vor allem nicht in einer Strafrechtsordnung, der, wie der unseren (dazu ausführlich unter S. 67 ff.), die Theorie der Vergeltung als Ziel der Strafe nicht mehr einleuchtet. Und dass einige das dritte Kind der Verhältnismäßigkeit etwas flapsig mit der Lebensweisheit in Verbindung bringen, man solle nicht mit Kanonen auf Spatzen schießen, hilft einem frommen Gemüt vielleicht auf, ist aber kaum imstande, dem Kind den Platz einzuräumen, der ihm gebührt.

Wir dürfen nämlich froh und dankbar sein, dass es überhaupt da ist. Seine Botschaft ist im Kern genauso fundamental und selbstverständlich wie der Sinn von Geeignetheit und Erforderlichkeit, und sie lautet nach meinem Verständnis: Es gibt Räume, in die der Staat selbst mit geeigneten und überdies milden Mitteln nicht eindringen darf. Halten wir kurz inne: Es ist doch angestrengter Überlegung wert, warum der Grundsatz der Verhältnismäßigkeit drei anstatt zwei Voraussetzungen braucht, warum er sich nicht damit zufriedengibt, dass die eingesetzten Mittel vernünftig und milde sind. Was kann man denn darüber hinaus noch verlangen?

Die Antwort kann nur sein: Man kann verlangen, dass der eingreifende Staat bestimmte Grenzen auch in bester Absicht und größter Vorsicht nicht überschreitet, dass er bestimmte Eingriffe unterlässt, auch wenn sie angezeigt, wenn sie vernünftig und passend wären. Schauen wir genauer hin:

Dass der Rechtsstaat den Bürgern Räume absolut

und unter allen Umständen freihält, ist Zeichen seiner Reife und eine bemerkenswerte Errungenschaft im Prozess der Formalisierung eines verhältnismäßigen Eingriffsrechts. Dieses Zeichen ist schon mit der zentralen Rolle der Person in unserer Rechtsordnung gesetzt und verpflichtet andere Rechtsordnungen, die auch einer personalen Grundstruktur folgen, in gleicher Weise – überall und von jeher. Der Person müssen Räume zur Verfügung stehen, in denen sie sie selbst sein kann – frei von Beobachtung und sonstiger Intervention: Räume privater Lebensgestaltung und Lebensäußerung. Das hat Konsequenzen für intime Gespräche im privaten Kreis, für Tagebücher, für die Telefonüberwachung und für die Auswertung der Festplatten von Computern.

Jenseits dieses Kerns der »Zumutbarkeit« liegen, in unserer Rechtskultur, noch andere Zonen, die der Staat unter keinen Umständen betreten sollte. Dazu gehört in meiner Sicht beispielsweise der Einsatz von Folter auch dann, wenn sie (wie bei der »Rettungsfolter«, S. 29f.) zum Schutz eines hohen Rechtsguts dringend nötig wäre. Dazu sollte auch die Verwendung polizeilicher und geheimdienstlicher Erkenntnisse gehören, die woanders aus Folter und Misshandlung gewonnen worden sind.

Am letzten Beispiel sieht man, dass – natürlich – auch der Maßstab der Zumutbarkeit Ränder hat, an denen der Streit über seine Anwendung beginnt. Das aber tut seiner Bedeutung keinen Abbruch. Er ist ein Leuchtturm.

Die Schwere der Hand

Jetzt haben wir den Grundsatz der Verhältnismäßigkeit strafrechtlicher Eingriffe ein wenig angesehen und auseinandergelegt und uns dabei der Antwort auf die Frage genähert: Ist dieser Grundsatz eine gültige Reformulierung des alten Konzepts vom Rechtsgut, ist er dessen à jour gebrachte Botschaft, dessen legitimer Nachfolger?

In einer für das Denken aus dem Rechtsgut wichtigen Hinsicht ist er es jedenfalls nicht: Rechtsgüter und Rechtsgutsverletzungen, so haben wir immer wieder gesagt (etwa S. 114 ff.), sind für dieses Denken ein Teil der Wirklichkeit, sie lassen sich an der Wirklichkeit messen und kontrollieren. Sie sind konkret vorhanden, lassen sich anfassen und einschätzen: der falsche 50-€-Schein, der durch Karikaturen beleidigte Politiker. Ob ein Eingriff verhältnismäßig ist, steht dagegen vollständig in der Beurteilung des Urteilenden. Gewiss, es gibt unbestrittene Begriffskerne und Prüfprogramme, es gibt verbindliche Rechtsprechung. Aber es gibt eben auch die schwere Last der Abwägung im Einzelfall, welche die Gewichte der einzelnen Voraussetzungen bestimmen und gegeneinanderhalten muss – mit regelmäßig ungewissem Ergebnis, weil abhängend von der Schwere der Hand, die auf diesen Voraussetzungen jeweils liegt.

Für die Antwort auf unsere Frage, ob und wie weit eine Bindung des Strafgesetzgebers durch Konzepte gelingt, die ihm vorgegeben sind, ist noch ein zweiter Umstand wichtig: Die Gerichte, allen voran das Bundesverfassungsgericht, gewähren dem Gesetzgeber, gerade auch im Strafrecht, regelmäßig weite Spielräume der Entscheidung. Das ist richtig. Recht und Aufgabe des Gesetzgebers ist die politische Gestaltung unserer Welt, sind Richtung und Inhalt der Gesetze, unter denen wir leben. Recht und Aufgabe der Gerichtsbarkeit ist es dann, bei der Gesetzesanwendung Rechtsverletzungen zu prüfen und zu korrigieren. Und es ist vernünftig. Die schwierigen empirisch-normativen Entscheidungen, die die Gesetzgebung heutzutage verlangt, sind in der Hand der Legislative, die sich exekutiver Unterstützung bedient, gut aufgehoben – jedenfalls viel besser als bei den Gerichten.

Große Entscheidungsspielräume des Gesetzgebers sind freilich natürliche Feinde seiner Bindung an Konzepte, die ihm vorgegeben sind; Bindung gelingt umso besser und ist auch umso besser kontrollierbar, je kleiner die Spielräume sind, innerhalb deren die Entscheidung sich bewegen muss. So müsste es schon faustdick kommen, bevor ein Verfassungsgericht einem Strafgesetzgeber in dessen Beurteilung hineinredet, ein bestimmtes Gesetz sei geeignet, die Belastung mit Kriminalität hinreichend zu senken; ein solches Urteil verlangt ja eine hochkomplexe und treffliche Bewertung zahlreicher empirischer Zusammenhänge und zugleich eine verlässliche Prognose. Man denke nur an die ganz unterschiedlich strukturierten Abschätzungen, welcher Strafandrohung es bedarf, um Stalker wirksam davon abzuhalten, ihren Opfern nachzustellen (§ 238 StGB), oder ob man den Geschwisterinzest mittels Strafrecht eindämmen könne (§ 173 II 2 StGB). Wie will man das verlässlich oder gar eindeutig beurteilen, wann darf man die Einschätzung des Gesetzgebers korrigieren, weil sie unhaltbar sei?

Mag sein, dass zu solchen Bewertungen und Prognosen auch der Gesetzgeber heute nicht mehr so ganz imstande ist – die Gerichte sind es mit Sicherheit noch weniger.

bb. Hilfe: Verfahren

Nicht nur Schonung brauchen die, die von einem mächtigen und stark eingreifenden Strafrecht betroffen sind – vom Beschuldigten und Verurteilten über die Opfer und die Zeugen bis hin zu uns allen, die wir das Strafrecht

und seine Spuren im unserem Alltag beobachten, begrü-
ßen, fürchten, kritisieren oder ablehnen. Sie bedürfen
auch der Hilfe. Schonung macht Sinn und ist notwendig; das Strafrecht braucht Grenzen und wirksame Kriterien der Grenzziehung. Aber Schonung reicht nicht
hin; sie ist ein bloß abwehrendes, ein schützendes Konzept, ihr fehlt eine aktivierende Komponente, eine In-
standsetzung zum Handeln.

aaa. Hilfsbedürftigkeit

Ich kenne keine strafrechtliche Verfahrensordnung –
nicht in unserer Geschichte, nicht in der internationalen Gegenwart –, in der die betroffenen Menschen nicht
der Hilfe bedürften, um zu bestehen. Das sieht für komplexe Strafverfahren wie das unsere jeder ein: Wie soll
ein normaler Mensch beispielsweise wissen, unter welchen Voraussetzungen er den Richter wegen Befangenheit ablehnen (vgl. § 24 StPO), wann er welchen Beweisantrag anbringen darf (vgl. § 244 StPO) oder wann
seine Revision Aussicht auf Erfolg hat (vgl. § 337, § 338
StPO)? Wenn er Fehler macht, kann das schwerwie-
gende Folgen haben (vgl. etwa § 26a StPO); also muss
er gut informiert sein über das Gelände, in dem er sich
notgedrungen bewegt, über Regeln, Fallen und Folgen.
   Und ein formalisiertes Strafrecht, das den Beschuldigten oder den Zeugen von Rechts wegen nicht als blo-
ßes Objekt des Strafverfahrens akzeptieren kann, sondern – auch mit Blick auf Art. 1 GG – verlangt, dass der
Betroffene sich aktiv einmischen und dabei verantwortlich handeln kann, hat dem Betroffenen gegenüber eine
Bringschuld hinsichtlich der Orientierung darüber, was
in seinem Strafverfahren los ist – was denn sonst? Und

so ist es auch: Unsere Strafprozessordnung ist voll von Belehrungspflichten, die die Justizorgane gegenüber den Betroffenen zu erfüllen haben (Beispiele § 136 StPO, § 268c StPO, § 57 StPO; vgl. auch die fürsorglichen Anordnungen in Art 6 III EMRK).

Aber auch simple Verfahrensordnungen – oder vielleicht sogar: gerade sie – rufen nach Hilfe für die Betroffenen. Gerade dann, wenn sie, wie nicht selten, ein brutales materielles Strafrecht exekutieren oder wenn die Lücken der prozeduralen Regulierung gute Chancen für zufällige Ergebnisse schaffen, wird von der Art und Weise, wie der Betroffene sich im Verfahren präsentiert und was er tut, viel abhängen; denn dort kommt es auf den Eindruck an, den er hinterlässt. Simplizität ist im Strafverfahren keine Schwester von Durchsichtigkeit und Beherrschbarkeit dessen, was da abläuft. Und die alte Juristenweisheit, dass auch der beste Strafverteidiger tunlichst davon Abstand nehmen sollte, sich in einem Strafverfahren gegen ihn selbst zu verteidigen, gilt mir als Beleg der Bedeutsamkeit und Dringlichkeit fremder professioneller Hilfe im Strafrecht.

Dass sich das formalisierende Konzept der Hilfe nicht, wie das Konzept der Schonung (vgl. oben S. 146 ff.), auf die beiden ersten Komponenten sozialer Kontrolle, nämlich auf Norm und Sanktion bezieht, sondern auf die dritte Komponente, das Verfahren, konzentriert ist, lässt sich leicht durchschauen: Schonung ist Begrenzung strafrechtlicher Eingriffe, Hilfe soll zu vernünftigem Handeln aktivieren; der Schonung geht es im Kern um ein materielles Strafrecht, das sich in der Bestimmung des deliktischen Raums und in der Sanktionierung seiner Verletzung zurückhält und sich kontrollierbar macht, der Hilfe geht es im Kern um die Ausstattung der im Verfahren Handelnden mit Handlungskompetenz. Beides ist nötig zur Formalisierung strafrechtlicher Sozialkontrolle, aber beides richtet sich auf unterschiedliche Felder des strafrechtlichen Systems.

Weniger leicht durchschauen lässt sich das System aktivierender Hilfe im Verfahren. Das liegt wohl vor allem daran, dass dieses System sich nicht einer systematischen Einführung durch eine Strafrechtsreform verdankt, sondern der punktuellen, politisch immer umstrittenen, die Hilfe ausdehnenden und dann wieder zurücknehmenden Novellierung der Gesetze und Rechtsprechung der Strafjustiz. Das ist in der Kriminalpolitik eine ganz normale Geschichte, hinterlässt aber regelmäßig eine gewisse Unübersichtlichkeit. Auch die schiere Menge von Hilfsinstrumenten und deren bunter Strauß von Funktionen auf allen möglichen Gebieten des Verfahrens machen es ganz unmöglich, sie so vollständig und geordnet zu präsentieren wie die Instrumente der Schonung.

Aus dieser Klemme befreie ich mich jetzt auf einem nicht sehr originellen Weg: Zuerst kommt, zur groben Orientierung, ein kurzer und bei weitem nicht vollständiger Überblick über die verschiedenen Hilfsinstrumente im Strafverfahren, und danach werden, zum vertieften Nachdenken, einige dieser Instrumente an einem Faden aufgereiht und aus der Nähe betrachtet. Der Faden ist: Einmischung in die Wahrheitsfindung.

bbb. Interessen

Wir haben schon einen Blick darauf geworfen: Wie ein roter Faden durchziehen Belehrungspflichten gegenüber allen Personen, die erfahrungsgemäß der Belehrung bedürfen, unsere StPO und die anderen strafverfahrens-

rechtlichen Gesetze. So soll es sein, es ist die Mindest-
ausstattung eines an der aktiven Person orientierten
Verfahrens. Wer nicht genug weiß über mögliche Inhalte, Formen, Typen und Folgen seines Handelns, kann
nicht verantwortlich handeln; zu diesem Wissen muss
ihm das formalisierte Strafrecht verhelfen.

Die vernünftige Sozialperson

Damit das Handeln auch Folgen hat, sieht das strafrechtliche Verfahren eine Reihe von Hilfen vor. Dazu
gehört die Regel, dass die Hauptverhandlung grundsätzlich nur in Anwesenheit des Angeklagten stattfindet und dass dies sogar durch Vorführung und Haftbefehl sichergestellt werden kann (§ 230 StPO). Das ist
eine – nicht in allen Rechtskulturen anzutreffende – bemerkenswerte Hochschätzung der unmittelbaren Kommunikation zwischen dem Beschuldigten und den anderen Verfahrensbeteiligten, aus der sich ein wichtiger
Einblick in die Bedeutung von »Hilfe« gewinnen lässt
und von der ich denke, dass sie zu unserem *ordre pu-
blic*, also zum Corpus derjenigen Rechtsgrundsätze gehört, auf die wir auch im internationalen Austausch
und Angleich mit anderen Rechtskulturen und Rechtsordnungen nicht verzichten wollen.

Der Einblick: Es wäre ein Missverständnis, diese
Hochschätzung beim Interesse des Beschuldigten zu
verbuchen; diese Buchung wäre nur korrekt, wenn der
Beschuldigte die vernünftige Sozialperson wäre, wie sie
von einer zukunftsfrohen Philosophie immer wieder
entworfen wird, eine Person, welche die wohlbegründe-
ten Allgemeininteressen auch zu ihren eigenen macht.
Da der Beschuldigte aber, wie wir alle, eine reale Indi-
vidualperson ist, gehört er zu der Mehrheit derjenigen,
die, aus einsichtigen Gründen, an der Teilnahme an ei-

ner – regelmäßig öffentlichen (vgl. § 169 GVG, § 172 GVG) – Hauptverhandlung überhaupt nicht interessiert sind; ihnen wäre es lieber, die Sache ginge schnell und schmerzlos über die Bühne, eine Bühne, die am besten noch verdunkelt wäre; so wie sich auch wenige zu einem Täter-Opfer-Ausgleich (§ 155a StPO) drängen, um dem Verletzten die Hand zu reichen und ihn um Vergebung zu bitten – auch wenn das Vorteile verspricht (§ 153a 2 Nr. 5 StPO, § 46a StGB). Sie schreiben ihre Bitte lieber mit spitzen Fingern auf oder lassen sie von ihrem Strafverteidiger erklären – in der Hoffnung, die Gerichte meinten, so hätte sich der Gesetzgeber einen Ausgleich zwischen Täter und Opfer vorgestellt.

Faire Ausstattung

Nein, mit »Hilfe« zielt das formalisierte Strafrecht nicht nur und nicht immer auf das reale Interesse des Betroffenen. Es bedient beim Anwesenheitsverfahren vielmehr das objektive Interesse des Rechtsstaats an größtmöglicher Vollständigkeit der Wahrheitssuche, so wie es auch, wenn eine Verteidigung wegen der Schwere des Vorwurfs oder wegen der Schwierigkeit der Sach- und Rechtslage »notwendig« ist (§ 140 StPO), notfalls gegen den Willen des Beschuldigten, der sich eigentlich selbst verteidigen will, die Bestellung eines »Pflichtverteidigers« (oder böse formuliert: eines »Zwangsverteidigers«; § 141 StPO) erlaubt. »Hilfe« ist kein Gemischtwarenladen, aus dem man sich nach Gusto bedienen kann; sie folgt vielmehr genauen Vorstellungen von einer fairen Ausstattung der Betroffenen bei ihren Bewegungen im verminten Feld des Strafverfahrens.

Die – an sich ja vernünftige – Unterscheidung objektiver und subjektiver Interessen trägt also im Strafverfahren nicht weit. Dies liegt schon daran, dass im formellen

Strafrecht jeglicher Schutz subjektiver Interessen ein objektives Interesse an bestimmten Formalisierungen voraussetzt. Nur weil und soweit die subjektiven Interessen –
auch – ein objektives Interesse bedienen, sind sie in den
Gesetzen verbürgt (in der Strafprozessordnung, im Gerichtsverfassungsgesetz oder im Grundgesetz) und sind
sie mit Zwangsmitteln wie Vorführungs- und Haftbefehl in § 230 II StPO flankiert. Objektive und subjektive
Interessen sind – in jeweils unterschiedlicher Dichte –
ineinander verwoben. Das zeigt sich auch an anderen
Typen formalisierender Hilfe im Strafverfahren:

So mag man die Anordnung, der Angeklagte habe immer das Recht auf das letzte Wort, und das müsse ihm
auch klar vermittelt werden (§ 258 StPO), als wohlmeinende, aber naive Psychologie abtun, muss aber
zur Kenntnis nehmen, dass, wenn der Strafrichter an
dieser Stelle Fehler macht, bei erfolgreicher Revision
das Verfahren wiederholt werden muss; die Anordnung ist ernst gemeint. So mag man beklagen, dass
das Verbot bestimmter Methoden der Vernehmung
(§ 136a StPO) wegen Schwierigkeiten der semantischen Abgrenzung (»Ermüdung«, »Quälerei« oder »Täuschung«) und wegen der typischen Probleme der Beobachtung und Aufklärung durch dritte Personen in den
Vernehmungsräumen an Wirkungskraft verliert, muss
aber zur Kenntnis nehmen, dass der Gesetzgeber dieses Verbot mit besonderer Strenge als ein absolutes
ausgestattet, seine Verletzung mit Verwertungsfolgen
gestärkt (§ 136a III StPO) und damit zum Ausdruck gebracht hat, dass er nicht nur die Person schützen will,
die vernommen wird, sondern auch den Prozess der
Wahrheitssuche, die durch erzwungene Geständnisse
vergiftet wird, und vor allem das Konzept und die Praxis des formalisierten Strafverfahrens, wo Folter und

folterähnliche Methoden der Ermittlung nichts zu suchen haben.

Genau dasselbe Muster verfolgt das Strafprozessrecht
in einem ganz anderen Kontext, wenn es gefährdete
Zeugen in einer besonderen Weise schont (§ 58a, § 247a
StPO). Diese Vorschriften, die ehrwürdige Traditionen
der Hauptverhandlung wie Öffentlichkeit und Münd-
lichkeit einschränken, reagieren auf Versuche, Zeugen
einzuschüchtern und dadurch die Ermittlung der Wahrheit zu behindern. Sie tragen die Handschrift des Schutzes der gefährdeten Personen, machen aber kein Hehl
daraus, dass sie ihren Schutz im objektiven Interesse
einer möglichst ungestörten Wahrheitserforschung im
Strafprozess gewähren.

Und endlich lässt sich – sachlich weit entfernt vom
Strafverfahren – auch eine Hilfe des formalisierten
Strafrechts im Bereich des Strafvollzugs als Beispiel für
das Zusammenwirken subjektiver und objektiver Interessen studieren. Der Gesetzgeber verpflichtet die Voll-
zugsbehörde, nachdem der Strafgefangene eine »Behandlungsuntersuchung« hinter sich gebracht hat (was
das ist und was es soll, steht klar und umfänglich in § 6
StVollzG), zur Erstellung eines recht detaillierten »Voll-
zugsplans«, der Einzelheiten der Unterbringung, der Arbeit und Ausbildung, der Teilnahme an Veranstaltungen
bis hin zur Entlassungsvorbereitung festlegt, mit Fristen versieht und aktualisierende Anpassungen anordnet
(§ 7 StVollzG). Dieser Plan ist die eigentlich zwingende
Konsequenz aus dem überragenden Ziel des Strafvollzugs: den Gefangenen zu befähigen, »künftig in sozialer Verantwortung ein Leben ohne Straftaten zu führen«
(§ 2 S. 1 StVollzG).

Dieses Ziel der Resozialisierung der Gefangenen –
oder sollen wir angesichts der Wirklichkeit des Straf-

vollzugs nicht eher sagen: der Verhinderung ihrer weiteren Desozialisierung? – ist die zentrale verfassungsrechtliche Rechtfertigung des Strafvollzugs unter dem Gebot der Achtung der Menschenwürde (Art. 1 GG). Und damit dieses Ziel nicht bloß ein frommer Wunsch ist, sieht das Strafvollzugsgesetz auch eine organisatorische Implementierung der Schritte vor, die zu diesem Ziel führen sollen: natürlich im Interesse der Gefangenen, aber am Ende auch im Interesse eines formalisierten Strafrechts.

ccc. Einmischung

Zu meinen aktiven Zeiten an der Universität habe ich mich eigentlich fast immer für einen liberalen und studentenfreundlichen (so durfte man sich damals noch ausdrücken in der sicheren Erwartung, auch die Studentinnen angesprochen zu haben) Professor gehalten. Jedenfalls sollte die Strafprozessordnung mich in solcherlei Eigenschaften nicht übertreffen, jedenfalls dann nicht, wenn ich das Vergnügen hatte, »Strafrecht IV« zu lesen; das war das strafrechtliche Verfahrensrecht, Vorlesung und Übungen. Ein Grundsatz des strafrechtlichen Verfahrensrechts hat mich und meine Selbstbilder freilich einmal so richtig ins Schleudern gebracht: das Verbot der *reformatio in peius*.

Reformatio in peius
Das ist ein seltsam weitgehender, ein richtig spendabler Grundsatz, wie man sofort bemerkt, wenn man, wie ich damals, versucht, ihn in den außerstrafrechtlichen Alltag zu übertragen. Er heißt auf Deutsch »Verbot der Schlechterstellung«, zieht sich in dieser oder

jener Formulierung durch das gesamte Rechtsmittel-
recht der StPO – von der Berufung (s. als Beispiel § 331
StPO) über die Revision, die Wiederaufnahme eines ab-
geschlossenen Verfahrens bis hin zu Zahlungserleich-
terungen und Kostenfestsetzungen – und hat zur Folge,
dass der Angeklagte, der sich gegen eine Entscheidung
wehrt, die ihn belastet, davor gefeit ist, dass die neue,
auf seine Intervention hin ergangene Entscheidung für
ihn noch schlechter ausfällt als die von ihm angegrif-
fene; es handelt sich eben wirklich um ein Verbot der
Schlechterstellung.

Voraussetzung ist freilich, dass nur der Beschuldigte
das Rechtsmittel eingelegt hat oder die Staatsanwaltschaft zu seinen Gunsten; die Möglichkeit des Staatsanwalts, über sein eigenes Rechtsmittel zuungunsten
des Angeklagten eine *reformatio in peius* zu erreichen,
wenn er will, bleibt ihm wegen dieser Voraussetzung erhalten; das muss ja wohl auch so sein, wenn das Verfahren einen praktischen Sinn haben soll: Der Staatsanwalt
muss die Chance haben, seine Beurteilung durchzusetzen, wenn er meint, der Beschuldigte sei von Rechts wegen zu gut bedient worden.

Wieso ich wegen eines so freundlichen Grundsatzes
ins Schleudern kam? Ganz einfach: Ich habe, in blin-
dem Überschwang, das Verbot der Schlechterstellung
aus dem Strafverfahren in die Universität transportiert
und den Studierenden (so heißt es heute schrecklich,
so ist es aber allgemein verbreitet) zugesichert, eine
schlechtere Note würden sie jedenfalls nicht bekommen, wenn sie sich gegen eine Bewertung wehrten. Der
Rest war absehbar: Auf meinem Tisch stapelten sich Arbeiten, die von den Tutoren mit, sagen wir, acht Punkten vorzensiert, von mir so unterschrieben, aber bei genauerem Hinsehen bestenfalls vier Punkte wert waren.

Und da die Studenten damals nicht gehalten waren, ihre
Beschwerde sachlich zu begründen (was, da nicht ganz
einfach, zu einer natürlichen Auswahl der Beschwer-
den geführt hätte), wird man verstehen, warum ich in
jenen Tagen kurz vor einem Berufswechsel stand. – Ich
habe dann in der Vorlesung die Gelegenheit wahrgenommen, die Besonderheiten des Strafrechts und seines
Verfahrens im Vergleich mit anderen Normen, Sanktionen und Verfahren etwas genauer zu besprechen und
das Verbot der *reformatio in peius* dann auf dieser Basis für meine Veranstaltung zu revozieren, um es strikt
dem Strafverfahren vorzubehalten. (Ob und unter welchen konkreten Voraussetzungen das irgendwie dem
Rückwirkungsverbot in die Quere kam, können Sie selber einmal überlegen: S. 139 ff.; es ist nicht einfach!)

Jedenfalls habe ich am eigenen Leibe erfahren dürfen,
wie tief das Verbot der Schlechterstellung in die Struktur von Verfahren eingreift. Das Verbot bringt diese
Verfahren in eine Schieflage; die Konkurrenten haben
nicht dieselben Chancen auf Erfolg ihres Rekurses, einer der beiden Parteien wird das Risiko des Scheiterns
erspart unter der Voraussetzung, dass die andere Partei
mitmacht und kein Rechtsmittel zuungunsten der re-
kurrierenden Partei anbringt. Das ist, im Strafprozess,
nichts anderes als eine hörbare Aufforderung an den Beschuldigten, sich nicht einschüchtern zu lassen und
sich gegen eine Entscheidung zur Wehr zu setzen, durch
die er sich in seinen Rechten verletzt sieht: sich einzumischen.

Nemo tenetur se ipsum prodere

Noch mal Latein – wie immer mit der unterschwelli-
gen Botschaft, was so ehrwürdig daherkommt, müsse ja
wohl stimmen. Aber auch wenn man, wie viele Straf-

rechtler, in dieser Formel *prodere* durch *accusare* aus-
tauscht, stimmt der Grundsatz, wonach niemand gehalten ist, sich selbst preiszugeben oder zu beschuldigen,
doch nur im Kern – aber dort stimmt er mit Nachdruck.
Freilich ist dieser Kern nicht leicht auszumachen; hat
man ihn aber gefunden, dann ist man im Besitz eines
Passepartouts für Einmischungen jeglicher Art im deutschen Strafverfahren. Ein komplizierter Zugang.

Fangen wir mit dem Äußerlichen an; dann wissen wir
wenigstens, worauf sich *nemo tenetur* nicht erstreckt.

Mieser Auftritt

Auch bei bestem richterlichen Willen, das Strafverfahren formalisiert zu betreiben, und bei strengster Beachtung unseres Grundsatzes, dass im Strafprozess niemand
gezwungen werden darf, sich selbst zu belasten, ist jeder
und jede immerzu in der Lage, sich in oder auch außerhalb der Hauptverhandlung durch einen richtig miesen
Auftritt ans Messer zu liefern; die Gerichtsreporter achten auf solche Szenen und berichten darüber, weil wir
Leser uns bei solchen Berichten richtig aufregen können
und weil diese Aufregung der Zeitung ja aufhilft. Dass
ein Mensch, auch im Strafverfahren, bisweilen einen
schlechten Eindruck hinterlässt, aus dem andere dann
ihre Folgerungen ziehen, ist eine pure Selbstverständlichkeit, und dazu gibt es keine Alternative.

Der anwesende Beschuldigte oder Zeuge ist ja nie nur
Subjekt des Verfahrens, er ist immer auch Objekt – des
Augenscheins, des Zuhörens –, wie wir alle, wenn wir
mit anderen Menschen zusammen agieren. Diese bilden
sich aus unserem Auftritt ein Urteil über uns, und das
ist für uns manchmal, gar im Strafverfahren, folgenreich,
bisweilen gar verheerend. Daran kann das bestgemeinte
Gesetz nichts ändern. Und deshalb sollten die Strafjuris-

ten dieses Problem nicht auf dem dogmatischen Wege umgehen und so tun, als ob der Strafrichter von diesen Eindrücken, wenn er es nur ganz fest wolle, in seiner Beurteilung handelnder Personen absehen könne.

Scheitert *nemo tenetur* also schon, wegen Praxisferne und Naivität, an dieser Selbstverständlichkeit menschlicher Kommunikation? Nein, so schnell scheitert es nicht; so dumm waren seine Erfinder nämlich nicht, sich die Akteure im Strafverfahren als blasse Engel vorzustellen und zu glauben, das Strafprozessrecht könne – oder solle auch nur – dem Strafrichter untersagen, einen schlechten Eindruck für einen schlechten Eindruck zu halten. Nein, die Botschaft von *nemo tenetur* ist nicht so simpel, und sie ist nicht so äußerlich.

Die Mutter

Zugegeben, es braucht ein wenig formende Gewalt, und zugegeben, diese meine Melodie wird nicht auf allen Straßen gepfiffen – aber ich möchte Ihnen den Grundsatz *nemo tenetur se ipsum accusare* als nichts Geringeres denn die Mutter der Einmischungsrechte im formalisierten Strafverfahren vor Augen führen und plausibel machen. Aus seiner schmal und bescheiden daherkommenden Formulierung, das Strafverfahren dürfe jemanden nicht dazu anhalten, sich selber zu belasten, lassen sich, wenn man will, die drei kräftigen Erscheinungsweisen strafverfahrensrechtlicher Einmischung einsichtig herleiten: die Beweisantragsrechte, das Recht auf Verteidigung und das Recht auf Schweigen. Am Ende wird man sehen, dass sie alle nur Varianten des gesetzlichen Entschlusses sind, eine Einmischung so effektiv und zugleich so gefahrlos auszugestalten wie möglich, des Entschlusses, den Beschuldigten und die anderen Beteiligten wirklich und wahrhaftig zu Subjekten des Verfahrens zu machen. (Sollten Sie in meinen Lobgesang auf Glanz und Glorie des *nemo-tenetur*-Prinzips nicht einstimmen können, so verschlägt das nichts auf dem weiteren Leseweg: Die drei nächsten Schritte – über das System der Beweisanträge, den Sinn der Strafverteidigung zum Recht zu schweigen – können Sie auch dann mitgehen, wenn Sie *nemo tenetur* einen anderen Platz unter den Rechten auf Einmischung zuweisen. So ist eben Rechtsdogmatik: Nicht immer ist sie folgenreich; aber das ist vielleicht ja auch nicht ihre einzige *raison d'être*.)

Vorkehrungen gegen Vorverständnisse: Beweisantragsrechte

Das Recht, Beweisanträge zu stellen und bei ihrer Ablehnung eine Begründung zu erfahren, ist – auch wenn noch andere Verfahrensbeteiligte wie der Staatsanwalt, der Nebenkläger oder der Privatkläger dieses Recht haben – das wirksamste Instrument in der Hand des Beschuldigten, sich in die Phase der Wahrheitsfindung im Strafprozess so einzumischen, dass seine Intervention eine gute Aussicht auf Erfolg hat. Dieses Instrument ist so scharf, dass ein normaler Beschuldigter es mit eigener Hand nicht kundig führen kann (und viele Strafverteidiger übrigens auch nicht). Das Beweisantragsrecht gehört zu den besonders dicht ausformalisierten Institutionen des Strafverfahrens. Sie werden gleich sehen, warum.

Warnung

Jetzt wird es zuerst einmal steinig, steil und beschwerlich. Der Weg ins Reich der Beweisantragsrechte, den wir jetzt gehen wollen, ist für diejenigen ein Vergnügen, die schon immer der Meinung waren, die Juristen hät-

ten ein verknäultes Gehirn, mit dessen Ergüssen kein
normaler Mensch zurechtkommen kann, und die für
diese Wahrheit noch kein so richtig schlagendes Beispiel gefunden hatten, und er ist ein Vergnügen für diejenigen, die Freude daran haben, ein komplexes System
zu durchschauen, seinen Sinn zu verstehen und, gewissermaßen nebenbei, den Juristen bei ihrer Arbeit an einer Norm einmal über die Schulter zu sehen.

Die zweite Gruppe heiße ich herzlich willkommen und freue mich auf eine Wanderung in einer kleinen Schar – *privatissime et gratis*, wie früher die ehren-
volle Einladung in ein anspruchsvolles Seminar lautete.
Wir werden eine für die Praxis hochwichtige Norm
des Strafverfahrensrechts etwas genauer als sonst anschauen, sie in ihrer Struktur erläutern und auf ihren
Sinn befragen. Das ist eine komplizierte Aufgabe, wie
die zweite Gruppe sogleich schmerzlich erleben wird.
Es ist die Vor-Arbeit für das, was die Juristen »Subsumtion« nennen: die Anwendung einer Norm auf die Besonderheiten des konkreten Falls.

Die erste Gruppe soll ruhig mitlaufen, abstürzen wird
niemand. Ich will aber meine leise Hoffnung nicht verhehlen, dass der eine oder die andere aus dieser Gruppe
am Ende des Wegs den Eindruck gewonnen hat, so
schlimm sei es ja nun auch wieder nicht.

Der Rest der Leser mag sich eine Zeitlang am Weges-
rand ausruhen. Wir werden sie dort auf S. 196 wieder
abholen, wenn es um das zweite Instrument zur Ermöglichung und Sicherung einer Einmischung geht: um
die Strafverteidigung als professionellen Beistand. Wir
werden ihnen dann, wenn wir uns wieder zusammen-
finden, erzählen, was wir unterwegs gesehen haben:
dass die Beweisantragsrechte ein kompliziertes, aber
recht wirksames Mittel sind, das Gericht konkret mit

der Möglichkeit zu konfrontieren, im angeklagten Fall habe sich alles doch anders zugetragen als bis zu diesem Zeitpunkt angenommen; und warum sie derzeit unter schwerem politischen Beschuss liegen.

Alsdann: Wenn man § 244 StPO, die normative Zentrale der Beweisantragsrechte, sorgsam durchgelesen und sich das Schwindelgefühl so weit beruhigt hat, dass man mit dem Nachdenken beginnen kann, so könnten sich Überlegungen wie die folgenden einstellen:

Facetten

§ 244 StPO ist ein bunter und facettenreicher Paragraph, der ganz unterschiedliche Typen von Anweisungen unter einem Dach zusammenfasst.

Er ist streng mit dem Gericht (Abs. 3 und 6), er öffnet ihm aber auch Wege, die zu beschreiten es selber entscheiden kann (Abs. 4 und 5). Er verbindet eine läppische äußerliche Anordnung zum Fortgang des Verfahrens (Abs. 1) im sofort folgenden Absatz mit einer weitreichenden Pflichtenbindung. Er spricht in den Absätzen 1 und 6 in einfacher Form von zwei Selbstverständlichkeiten – wobei die höhere Hürde für eine Ablehnung des Beweisantrags (und deren Begründung!) nach Absatz 6 trotz ihrer Simplizität dem hellhörigen Verfahrensbeteiligten bisweilen wertvolle Aufschlüsse über die Einschätzung des Gerichts liefern kann. Absatz 2 scheint hingegen so etwas wie ein Fundamentalprinzip zu zitieren, Absatz 3 würde man ob seiner Komplexität gerne noch einmal in Ruhe durchlesen, und in den Absätzen 4 und 5 bekommt das Gericht weitreichende Entscheidungsmöglichkeiten eingeräumt, die mit der Stringenz der anderen Teile der Norm kaum vergleichbar sind.

Stimmt's?

Verführungskraft

Freundinnen und Freunde des analytischen Denkens und einer gewissen Folgerichtigkeit kommen in Absatz 3 auf ihre Kosten. Dort lassen sich bei genauerem Hinsehen fünf Prinzipien ausmachen, die – jedenfalls für ein Strafgesetz – von hoher Verführungskraft sind:

Folgerichtigkeit: Was woanders (etwa in dem uns bekannten § 136a StPO) verboten ist, darf nicht im Beweisrecht exekutiert werden. Diese Zurückweisung ist zwingend und deshalb auch strikt formuliert (»ist abzulehnen«). Beispiel: Beweisantrag zum Inhalt von Mitteilungen des Mandanten an seinen Verteidiger – die sind vom Mandantengeheimnis streng geschützt (§ 148 StPO).

Pragmatik: Wenn eine Verbindung zwischen Beweismittel und Beweisbehauptung nicht hergestellt werden kann (weil das Beweismittel unerreichbar oder für diese Behauptung ungeeignet ist), so macht eine Beweiserhebung keinen Sinn; sie führt zu keinem Ziel. Das ist, wie die weiteren Typen von Zurückweisung in § 244 III StPO, offener formuliert (»darf abgelehnt werden«). Beispiel: Beweisantrag auf Vernehmung eines Zeugen, der aufgrund einer Krankheit die in sein Wissen gestellte Wahrnehmung gar nicht machen konnte.

Logik: Wenn eine Beweistatsache offenkundig, schon erwiesen oder ohne Bedeutung ist, so braucht man sie nicht ein weiteres Mal zu ermitteln. Woraus das Gericht nichts lernen kann, das darf es vergessen. Beispiel: Beweisantrag dahin, dass in den Konzentrationslagern des Zweiten Weltkriegs kein Massenmord an Juden begangen worden sei; dazu ist in Strafverfahren hinreichend oft Beweis erhoben worden.

Ökonomie: Wenn ausgeschlossen werden kann, dass der Verzicht auf eine Beweiserhebung dem Antragenden schadet, so darf der Beweisantrag abgelehnt – und Zeit eingespart – werden, wenn die behauptete Tatsache als wahr unterstellt wird. Erneut ein sprechender Beleg für unsere These, dass es im Strafverfahren nicht um die systematische Erforschung der Wirklichkeit geht, sondern um den Schutz von Rechten. Die als wahr unterstellte Tatsache »ist« nicht wahr, sondern sie »gilt als« wahr, wird als wahr behandelt; das reicht uns, und dafür hat jeder Einzelfall seine eigenen Beispiele. Aber: Das Gericht muss die als wahr unterstellte Tatsache dann auch konsequent als wahre behandeln.

Selbstschutz: Ein jegliches Verfahren, das externe Gründe für sein unabwendbares Scheitern zulässt oder selber generiert, meint sich nicht ernst und widerspricht seiner Einrichtung. Dieser Aspekt von Wehrhaftigkeit trägt den Ablehnungsgrund der Verschleppungsabsicht. Dass Verfahren scheitern, dass sie abgebrochen werden müssen oder sonst hängenbleiben, kommt vor. Dass jemand ein Verfahren gegen die Wand fahren kann, ohne dass dagegen ein Kraut gewachsen wäre, darf nicht vorkommen; es wäre sinnwidrig und ungerecht. Das Recht, einen Beweisantrag wegen der Absicht der Verfahrensverschleppung abzulehnen, ist dieses Kraut. Das gilt natürlich für alle Verfahren innerhalb und außerhalb des Strafrechts; für das mit einem nachdrücklichen Beschleunigungsgebot ausgestattete Strafverfahren (vgl. etwa § 121 StPO, Art. 5 EMRK) gilt es aber mit besonderem Nachdruck. Beispiel: eine Kaskade von einander ähnlichen Beweisanträgen. Achtung: Das Gericht darf die Verschleppungsabsicht nicht einfach unterstellen; es muss sie aus den äußeren Umständen sorgfältig schließen und begründen.

Konfrontation

Und ein Letztes unter § 244 StPO, das Wichtigste. Es ist im System der Norm nur oberflächlich verborgen und steckt im Verhältnis von § 244 II StPO zum Institut des Beweisantragsrechts allgemein; vielleicht haben Sie es ja schon entdeckt. Es lässt sich in der Frage formulieren: Wenn sich die Aufklärungspflicht des Gerichts nach § 244 II StPO »von Amts wegen auf alle Tatsachen und Beweismittel zu erstrecken (hat), die für die Entscheidung von Bedeutung sind«, was soll dann noch ein Beweisantragsrecht der anderen Beteiligten? Kann man das schlechthin Vollständige noch vervollständigen? Man kann – und nicht nur beim Beweisantragsrecht, sondern, wie wir gleich sehen werden, auch etwa beim Institut der Strafverteidigung.

Die richtige Antwort auf diese Frage ist nicht: Das Beweisantragsrecht ist die Folgerung eines mit allen Wassern gewaschenen Gesetzgebers, dem klar ist, dass seine in § 244 II StPO verordnete umfassende Amtsaufklärungspflicht in der Praxis des richterlichen Alltags normalerweise nicht so umfassend gehandhabt werden wird; also könne es nicht schaden, diese Pflicht durch ein stärker formalisiertes Beweisantragsrecht hilfreich zu ergänzen. Diese Antwort ist deshalb falsch, weil sie den Sinn einer gesetzlichen Regelung im rechtsstaatlichen Strafverfahren verfehlt: Der Gesetzgeber, der eine Verletzung seiner Anordnung einkalkuliert und antizipierend auffängt, läutet das Totenglöcklein seines Gesetzes. Wenn nicht der Gesetzgeber auf strikten Gesetzesgehorsam der Richter setzt – wer dann?

Vorverständnis und Sinnerwartung

Nein, die richtige Antwort ist: Das Beweisantragsrecht ist eine sinnvolle, ja notwendige Ergänzung der umfassenden richterlichen Aufklärungspflicht, und das Stichwort, um diese Antwort zu verstehen, heißt »Vorverständnis«. Das Recht anderer Verfahrensbeteiligter, Beweisanträge zu stellen, ist nichts anderes als die gesetzlich verbriefte Möglichkeit, ihr eigenes Vorverständnis von den Gegenständen, die dort verhandelt werden, an die Stelle des gerichtlichen Vorverständnisses zu setzen oder, anders formuliert, das gerichtliche Vorverständnis mit ihrem eigenen zu konfrontieren.

Auch diese Erklärung ist der Spross einer Erkenntnis, die uns hier in mancherlei Formen immer wieder begleitet hat (etwa unter S. 127 ff.) und die sich in einfachen Schritten so beschreiben lässt: Die Welt ist uns nicht unmittelbar zugänglich. Erkenntnisse der Wirklichkeit, um die es im Strafverfahren ja geht, sind nicht Ergebnisse schlichter und klarer Beobachtungen. Sie werden vermittelt durch Vorverständnisse, Sinnerwartungen, die unserer Wahrnehmung zugrunde liegen, die wir nicht einfach abschütteln, sondern die wir nur reflektieren, die wir uns klarmachen können. Vorverständnisse sind kulturell geprägt, folgen aus professioneller Erfahrung, haben ihre Wurzeln aber auch in unserer jeweiligen Lebensgeschichte. Und weil das so ist, ist das Verfahren der Ermittlung von »Wahrheit« in rechtlichen Prozessen nicht nur die Beobachtung, sondern die Abstimmung, die einen Streit beendet und entscheidet (S. 44 ff.).

Falls Ihnen noch nicht einleuchtet, dass wir die Welt nicht mit unbewaffnetem Auge, sondern nur durch das Medium unserer Vorverständnisse und Sinnerwartungen beobachten können, lade ich Sie zu einem kleinen

Gedankenexperiment ein, das von der Behauptung ausgeht (und wiederum zu ihr zurückkehrt), jegliche Wahrnehmung sei selektiv, berücksichtige nur einen ver-
schwindend kleinen Teil der möglichen Informationen,
lasse die anderen außer Betracht und benötige deshalb
zwingend einen Maßstab, der über die Relevanz und die
Irrelevanz der jeweiligen Informationen entscheidet.

Wenn Sie dieses Buch, Sie Glückspilz, im sonnigen
Garten lesen, dann stehen Ihnen nicht nur die Buchstaben auf dieser Buchseite 190 als Information zur Verfügung, sondern auch Farbe und Form des Einbands und
die Art, wie er sich anfühlt, das Licht, das Sie umgibt,
die Vögel, die Sie sehen könnten, wenn Sie nicht auf das
Buch konzentriert wären, jedes einzelne der Gräser, der
Blätter, jede Bewegung von jedem im Wind: eine Myri-
ade von Teilen der Wirklichkeit, die vollständig wahrzunehmen jedenfalls uns Menschen nicht gegeben ist.
Wenn Sie dieses Buch, Sie Glückspilz, gemütlich unter
einer Lampe lesen, während das Zimmer um Sie herum
im warmen Dunkel liegt, dann ist Ihre Situation keinen
Deut anders: Sie denken schon gar nicht an die kleinen
Staubfäden unter Ihrem Sessel oder an die Zeichen, also
an die Buchstaben, Anmerkungen, Anstreichungen auf
S. 344 des dritten Buchs von links oben in Ihrem Bücher-
schrank; all das und noch viel, viel mehr entgeht Ihnen:

Unsere »Wirklichkeit« setzt sich aus Informationen
zusammen, die nur einen verschwindenden Teil derjenigen Informationen ausmachen, welche die »wirkliche« Wirklichkeit für uns bereithält, welche die wirkliche Wirklichkeit »sind«. Gewiss könnten wir unsere
Aufmerksamkeit auch auf die verdrängten, vergessenen oder gar unterdrückten Informationen richten (oder
doch auf einen Teil von ihnen) – ein Zugang zu allen
aber, zur »wirklichen vollständigen Wirklichkeit«, ist

uns nicht eröffnet. Wir können nur den Maßstab verändern, der über die Bedeutsamkeit der Informationen
entscheidet, die unsere Welt konstituieren und die sie
»ausmachen«, und über die Irrelevanz der vielen anderen, die »man« vergessen kann. Diesen Maßstab nun
nennen wir Vorverständnis oder Sinnerwartung. Mit
ihm nähern wir uns der überwältigenden Fülle der wirklichen Wirklichkeit, er lenkt unsere Aufmerksamkeit
und konzentriert unsere Anschauung auf diejenigen Gegenstände, die uns vertraut sind, die wir deshalb erwarten und die Sinn machen, er ist uns Führer durch das
Chaos, er zeigt uns, wo es langgeht.

Was ist das für eine »Wirklichkeit«, die sich so schief
zusammensetzt, die auf so dünnen Beinchen daherkommt? Wir haben keine andere. Ohne Vorverständnisse würden wir ertrinken in der unendlichen Fülle der
Welt. Sie zu beseitigen ist deshalb keine gute Idee. Wir
sollten sie betrachten wenn sie in Aktion sind, sie verstehen, wenn sie uns leiten, sie stutzen, wenn sie ins
Kraut schießen. Sie sind ein Teil unserer Alltagskultur;
sie bestimmen über die Existenz von Feindbildern, wie
etwa Hexen, über die rote oder gelbe »Flut« aus dem
Osten, sie legen Plausibilitäten fest wie etwa die physi-
sche Schädlichkeit von Elektrosmog oder die Unfähigkeit von Frauen, Auto zu fahren oder gar Naturwissenschaften zu studieren.

Sie sind ein Teil unserer persönlichen Lebensgeschichte, unserer Lebensängste und Freudenquellen,
und sie bestimmen bis in einzelne Situationen hinein,
wie wir die Welt sehen: Der fröhliche Wandersmann
sieht »dieselbe« Landschaft ganz anders, sieht in »derselben« Landschaft ganz anderes als der Straßenbauin-
genieur, der Landschaftsmaler oder der Beifahrer, der ob
der Geschwindigkeit, mit der seine Freundin das Auto

in die Kurve legt, vor Angst schlottert. Und jeder sieht sie richtig – oder?

Ein kleiner Witz kann illustrieren, was Vorverständnisse und Sinnerwartungen so treiben:

Zu einer Zollstelle kommt immer wieder ein Mann, mehrmals die Woche. Vor den Zöllnern hält er brav an und steigt vom Fahrrad. Auf die Frage, ob er etwas zu verzollen habe, schüttelt er den Kopf. Die Zöllner wissen aus langer Erfahrung, dass da etwas nicht stimmt. So hat er auf seinem Gepäckträger jedes Mal einen anderen Karton oder Koffer, aber nichts drin als alte Kleider, Zeitschriften oder gar nichts. Die Zöllner schauen alles genau durch, kontrollieren seinen Ausweis, schauen ihm in Portemonnaie und Jackentaschen, verwickeln ihn in kriminalistische Gespräche, finden aber nichts, absolut nichts. Sie sind verzweifelt und gekränkt in ihrer Berufsehre. – Irgendwann trifft einer der Zöllner den Mann in einer Kneipe. Da sie sich ja gut kennen, trinken sie einen oder zwei miteinander. Als sie fünf oder sechs hinter der Binde haben, fasst sich der Zöllner ein Herz und erzählt dem Mann von seiner Verzweiflung und Kränkung. Er verspricht dem Mann hoch und heilig, nichts gegen ihn zu unternehmen, wenn er ihm nur erzählt, was er denn nun schmuggelt. Der Mann denkt kurz nach, dann sagt er: »Nun gut. Fahrräder.«

Offenhalten

Weil unser Verhältnis zur Wirklichkeit so beschaffen ist, ist ein Erkenntnisverfahren, dessen Schritte allein das Gericht bestimmt und bewertet, nicht vollständig. Es exekutiert die Sinnerwartungen des Gerichts, nicht aber die Vorverständnisse der anderen Beteiligten, die typischerweise andere Zugänge zum Geschehen haben, andere Erinnerungen, andere Vorstellungen über Wichtiges und Randständiges, über das, worauf es ankommt und was man vergessen kann. Sie bekommen vom Strafverfahrensrecht die Chance, ihre Sicht einzubringen und sie fremder Sicht entgegenzustellen.

Deshalb gilt in unserem Beweisrecht auch ein grundsätzliches Verbot der Antizipation von Beweisergebnissen. Das Gericht darf künftige Beweiserhebungen nicht mit dem Argument ablehnen, die brächten ja eh nichts; eine solche Beurteilung würgt die offene Zukunft mit Hilfe der vielleicht falsch aufgefassten Gegenwart ab. Es muss vielmehr versuchen, bis zum Ende der Beweisaufnahme in seiner Beurteilung offen zu bleiben. Solche Antizipation der offenen Zukunft auf der Basis derzeitiger Einschätzung gehört freilich zu unserem Alltag, und sie macht pragmatisch auch Sinn; der Gesetzgeber hat in § 244 IV, V StPO, ebenfalls aus pragmatischen Gründen, in bestimmten Konstellationen eine Antizipation von Beweisergebnissen hingenommen, nicht aber für den Kernbereich des § 244 StPO.

Das Offenhalten der Beurteilung verlangt viel von der richterlichen Praxis, und diese Leistung des Gerichts ist auch kaum präzise überprüfbar; etwas Besseres, etwa Wirksameres ist uns bislang aber noch nicht eingefallen. Dass die Strafgerichte diese Offenheit in der Regel nicht vortäuschen, sondern zu ihr wirklich imstande sind, ist ein Teil unserer Rechtskultur – und unserer Hoffnung auf ein wirkliches Funktionieren der formalisierten Strafrechtskontrolle.

Zuschreibungen und Absprachen

Es gibt, wie immer, vieles einzuwenden, und es gibt viele offene Fragen; das wäre nicht weiter der Rede wert. Beim Beweisantragsrecht freilich ist der Streit besonders heftig und – für die Theorie wie für die Praxis –

besonders weitreichend und lehrreich. Deshalb ein kurzer Blick auf seine Hintergründe.

Auch beim Beweisantragsrecht lassen sich die streitenden Gruppen ideologisch zuordnen: einer eher grundrechtsorientierten und einer eher effizienzgeprägten Ausrichtung.

Das Banner der Grundrechte weht über der Besorgnis, das Beweisantragsrecht der StPO lasse – trotz seiner schönen Strenge und Präzision – der Praxis in Wahrheit zu viele Hintertürchen, um Rechte des Beschuldigten auf Einmischung im Einzelfall ins Leere laufen zu lassen. So sei der Dispositionsbegriff der »Absicht« beim Zurückweisungsgrund der Prozessverschleppung ein Einfallstor für Zuschreibungen anstelle von Feststellungen. Solche Begriffe bezögen sich ja – wie auch etwa »Vorsatz«, »Verdachtschöpfung« oder »Glaubwürdigkeit« – auf Dispositionen eines Menschen, also auf Neigungen und Einstellungen, die hinter seiner Stirn verborgen seien und nicht unmittelbar beobachtet werden könnten. Man könne auf sie nur in einem komplizierten und fehleranfälligen Verfahren aus äußeren, beobachtbaren Umständen schließen. Das begründe die Gefahr, dass einem engagierten Beschuldigten, der sich hartnäckig und mit allen – eigentlich legalen – Mitteln gegen den Tatvorwurf wehrt, zu Unrecht eine Verschleppungsabsicht zugeschrieben und ihm sein Beweisantragsrecht abgeschnitten wird, weil er einfach nicht lockerlässt. Auch seien die Möglichkeiten, nach § 244 IV und § 244 V StPO einen Beweisantrag abzulehnen, viel zu schwach formalisiert; die Justiz könne in solchen Konstellationen – ganz anders als in denen des § 244 III StPO – praktisch unkontrolliert wursteln. Vor allem lüden diese Vorschriften dringlich dazu ein, bestimmte Beweisergebnisse vorwegzunehmen und damit das Verbot der Beweisantizipation auszuhöhlen; denn wie anders als durch eine Vorwegnahme des beantragten Beweises könne das Gericht behaupten, dessen Erhebung sei »nicht erforderlich« (§ 244 V StPO)?

Das Banner der Verfahrenseffizienz weht über der Besorgnis, § 244 StPO sei, besonders in seinem Absatz 3, überformalisiert und mache das Strafgericht deshalb zur Beute findiger Strafverteidiger. Wie sich an durchaus nicht seltenen Konstellationen zeige, könnten solche ausgefuchsten Störenfriede manche Verfahren nach Lust und Laune in die Länge ziehen oder gar scheitern lassen. Weil der Gesetzgeber nicht den Mut aufbringe, die Stolpersteine des Beweisantragsrechts aus dem Wege zu räumen, die Ablehnungsgründe zu entformalisieren und dem Gericht flexiblere Entscheidungen zu ermöglichen, hätten wir mittlerweile die Pest der Absprachen im Strafverfahren, den »Deal«: die verbreitete Praxis, die formalisierten gesetzlichen Hürden zu umgehen, das Beweisverfahren einverständlich abzukürzen und im Gegenzug eine Strafmilderung jenseits der öffentlichen Hauptverhandlung auszuhandeln. Ausgerechnet die übertriebene Formalisierung des § 244 III StPO treibe die Praxis in den Deal: in eine radikal entformalisierte Form des Gemauschels über den Fortgang und das Ergebnis eines Strafverfahrens.

Man sieht, hier geht es ans Eingemachte. Das Beweisantragsrecht ist immer noch ein Bollwerk gegen die Kritik, der Gesetzgeber habe es sich, zugunsten eines »kurzen Prozesses«, bei der Wahrheitsfindung zu einfach gemacht. Vielmehr hält er, vor allem dem Beschuldigten, ein breites Tor zur Einmischung offen. Wie lange das Tor freilich noch so offen bleiben wird, ist schwer vorherzusagen; die Scharmützel dauern an.

Professioneller Beistand: Strafverteidigung

Dieser Eindruck vertieft sich, wenn man das zweite Instrument nunmehr wieder gemeinsam – der steinige, steile und beschwerliche Weg ins Reich des Beweisantragsrechts ist zu Ende, die Ebene liegt wieder vor uns ausgebreitet – anschaut (S. 183 ff.), das die Subjektstellung des Beschuldigten im Strafverfahren garantieren soll: die Strafverteidigung. Dass jeder sich in jeder Lage des Verfahrens des Beistands eines Verteidigers bedienen kann (§ 137 I 3 StPO), gehört zum strafrechtlichen Verfassungsrecht. Dass der Staat dem Beschuldigten notfalls (§ 140 StPO) einen Verteidiger bestellt (§ 141 StPO), gehört heute zum ebenfalls verfassungsrechtlich abgesicherten Grundsatz des fairen Verfahrens, unterstützt durch das Sozialstaatsprinzip (Art. 20 I GG). Alle diese Normen stellen, auf unterschiedlichen Ebenen und mit unterschiedlichen Mitteln, sicher, dass jeder Beschuldigte, wenn die Sachlage nicht ganz einfach ist, die Hilfe eines sachverständigen Beistands bekommt.

Die kritische Frage nach der Funktion des Strafverteidigers im Gesamt der verfahrensrechtlichen Rollenverteilung müsste denjenigen, denen das Klima des deutschen Strafverfahrens schon ein wenig vertraut ist, eigentlich auf der Zunge liegen. Sie berührt sich eng mit der kritischen Frage nach dem Sinn des Beweisantragsrechts und lautet: Was hat ein Strafverteidiger in einem Verfahren zu suchen, in dem schon der Richter zur umfassenden Kognition (§ 244 II StPO) und zur gerechten Bewertung sämtlicher bedeutsamen Umstände verpflichtet ist und in dem überdies der Staatsanwalt – ganz im Gegensatz zu dem verbreiteten Bild eines Anklägers, der gegen die Interessen des Beschuldigten agiert – von Gesetzes wegen (§ 160 II StPO) »auch die zur Entlastung (ergänze: des Beschuldigten, W. H.) dienenden Umstände zu ermitteln« hat? Was will man denn noch mehr?

Wiederum läge die Erklärung, die auf ein Misstrauen des Gesetzgebers gegenüber Strafrichter und Staatsanwalt setzt, diese könnten die gesetzlich verordnete Schonung des Beschuldigten vielleicht nicht immer zum Nennwert nehmen und deshalb sei eine Strafverteidigung als ergänzende und korrigierende Instanz vonnöten, neben der Sache (s. schon S. 188). Gewiss gehört es nicht nur zur Alltagspsychologie, sondern auch zur professionellen Erfahrung der Strafjuristen, dass die Neigung von Staatsanwälten, auch auf die entlastenden Umstände zu achten, mit der Güte und der Bissigkeit einer Strafverteidigung abnimmt. Daran etwas Grundlegendes ändern zu wollen würde mich an Don Quijote gemahnen, und die erwähnte Neigung nimmt den Staatsanwälten nicht das Recht, sich stolz der »objektivsten Behörde der Welt« zugehörig zu fühlen: Sie tragen – zugunsten des Beschuldigten – wirklich auf beiden Schultern. Das aber verschärft unsere Frage doch nur: Was soll ein Strafverteidiger noch ausrichten in diesem eh schon beschuldigtenfreundlichen Setting, hat er da überhaupt noch einen Platz?

Er hat. Zuerst einmal gilt das Argument aus der Einrichtung von Beweisantragsrechten auch für die Einrichtung einer Strafverteidigung: Selbst wenn Strafrichter und Staatsanwalt, wie das Gesetz es befiehlt, auch die Belange des Beschuldigten getreulich mitbeachten und mitbedienen, so reicht das einem formalisierten Strafverfahren wie dem unseren nicht aus. Denn auch der beschuldigtenfreundliche Richter und Staatsanwalt wendet seine Aufmerksamkeit dem Beschuldigten und dessen Belangen in der Weise zu, wie es der richterlichen und der staatsanwaltlichen Sozialisation, Erfahrung und Sichtweise entspricht; diese Weise blendet einen anderen Teil der Wirklichkeit aus als eine andere Sichtweise (etwa die des Beschuldigten), sie sieht ihn einfach nicht und setzt die anderen Teile der Welt anders zusammen.

Der Beschuldigte muss deshalb die Möglichkeit haben, die Vorverständnisse der Justizpersonen mit seinen eigenen Vorverständnissen zu konfrontieren – und zwar auf Augenhöhe. Diese Augenhöhe ist es, aus der sich die Einrichtung einer Strafverteidigung im Kern rechtfertigt: die Professionalität, die den Anwalt befähigt, die Sicht seines Mandanten in den Strafprozess einzubringen, seine Botschaft in die Juristenrede zu übersetzen und sie auf dem Niveau des gerichtlichen Diskurses verständlich und starkzumachen.

Um diesen Kern herum lagern noch andere Erwartungen an den Strafverteidiger. Er muss – von Fall zu Fall unterschiedlich – den Mandanten in die komplexe Struktur des Strafverfahrens begleitend einführen, ihn warnen, ihm raten, ihn orientieren. Er darf, für den Mandanten, Rechte wahrnehmen, etwa das auf Akteneinsicht (§ 147 StPO) oder auf Begründung der Revision (§ 345 II StPO). Er muss mit ihm zusammen besprechen und entscheiden, ob eine »Konfliktverteidigung« angezeigt ist, die die Rechte des Beschuldigten auf Einmischung ausschöpft, ein Geständnis oder Teilgeständnis, eine Verteidigung nur hinsichtlich der Rechtsfolgen, er muss überlegen, ob es besser sei, wenn der Beschuldigte schweigt oder wenn er redet und zu welchem Punkt, kurz: Der Strafverteidiger muss ein umfassendes Vertrauensverhältnis zum Mandanten aufbauen, das sich nicht (nur) auf Sympathie und Einverständnis, sondern auf Gründe und Erfahrung stützt – und auch auf Professionalität.

Dieses Vertrauen ist das Ein und Alles im Mandantenverhältnis, und der Gesetzgeber hat gut daran getan, dieses Verhältnis zu schützen und abzuschirmen (§ 148 StPO).

Schutz in der Not: Schweigerechte

Beweisantragsrechte und Strafverteidigung sind Stärkungsmittel für den Beschuldigten. Sie statten ihn mit Instrumenten aus, die seine Interessen auf Einmischung in die Suche nach der Wahrheit und in die Findung eines gerechten Ergebnisses großzügig bewaffnen. Ohne diese Rechte wäre er – in einem halbwegs komplexen Strafverfahren – eine armselige Figur: schlecht orientiert und auf das Wohlwollen der anderen Verfahrensbeteiligten angewiesen.

Stärkung ist aber nicht das einzige Mittel, um den Beschuldigten zu einem Subjekt des Strafverfahrens zu machen statt zu einem bloßen Objekt justizieller Ausforschung und um den anderen handelnden Personen möglichst wirksam und möglichst schonend unter die Arme zu greifen. Eine umfassende Hilfe bedeutet auch, die Not, die mit einem Strafverfahren und gar mit einer öffentlichen Hauptverhandlung normalerweise einhergeht, im Rahmen des Möglichen und des Vernünftigen zu lindern. Diesem Ziel dienen die Rechte, zu schweigen, das Zeugnis oder die Auskunft zu verweigern. Diese Rechte sind gleichsam Korrelationshilfen zum Schutz von Menschen, die sich in einem Strafverfahren um Kopf und Kragen reden könnten, wenn man sie nicht warnte. Soweit diese Hilfen wirken, helfen sie zugleich dem formalisierten Diskurs auf, den ein rechtsstaatliches Strafverfahren braucht; sie machen ihn möglich, erleichtern ihn, reinigen ihn von unnötigen Gefährdungen. Und ganz am Ende schützen sie auch den Beschuldigten vor der Aufdeckung von Geheimnissen, auf deren Verborgenbleiben er vertrauen durfte.

Nemo tenetur se ipsum accusare – diesen Grundsatz hatten wir als Mutter der Einmischungsrechte im formalisierten Strafverfahren gerühmt, und dahin kehren wir jetzt am Ende einer langen Reise wieder zurück. Niemand ist im Strafverfahren von Rechts wegen gehalten, sich strafrechtlicher Verfolgung auszusetzen, könnte man etwas ausführlicher und präziser übersetzen. Daraus hat der Gesetzgeber, unterstützt von der Rechtsprechung und der Theorie des Strafprozessrechts, eine fein abgestufte und durchweg gut begründbare Skala von Schweigerechten gemacht.

Dass der Beschuldigte zum Tatvorwurf schweigen darf, bestreitet angesichts des *nemo-tenetur*-Grundsatzes niemand (§ 136 I 2 StPO). Ausgemacht ist damit natürlich auch, dass man aus seinem Schweigen keine Schlüsse zu seinem Nachteil ziehen darf, weil man damit sein Schweigerecht desavouieren würde (»Wäre der wirklich unschuldig, so könnte er doch einfach erzählen, wie es war.«). Die interessanten – und natürlich unterschiedlich beantworteten – Fragen fangen erst unterhalb dieser Ebene an, wie etwa die nach einem »Teil-Schweigen« und dessen Konsequenzen für die Beweiswürdigung des Richters (vgl. § 261 StPO): Lässt sich der Beschuldigte selektiv ein oder hält er nach einem spontanen Geständnis fürderhin den Mund, so muss man die Frage beantworten, ob er sich auch dann auf sein Schweigerecht berufen kann oder ob ihm eingewendet werden darf, er habe »sich aus freiem Entschluss selbst zu einem Beweismittel« gemacht, wie der BGH einmal eindrücklich formuliert hat. Man kann sich ausmalen, welche Kaskaden von einzelfallorientierten Abgrenzungen und Beurteilun-

gen den Strafjuristen zu diesen Konstellationen eingefallen sind.

Schutz in der Not endet nicht an der Person des Beschuldigten; der Schutz strahlt auch in sein soziales
Umfeld aus. § 52 StPO räumt diesem Umfeld das Recht
ein, das Zeugnis zu verweigern, und der Grund ist im
Grunde klar: Die Angehörigen des Beschuldigten sollen nicht in die Zwangslage kommen, mit ihrer wahren Aussage dem ihnen nahen Beschuldigten Schaden
zuzufügen. Und hinter diesem Grund darf man jedenfalls als Folge der Norm vermuten, dass sie in der Praxis viele Belastungen des Beschuldigten abblockt. Diese
Vorschrift spielt, wie man sich denken kann, eine ent-
scheidende Rolle in denjenigen Konstellationen, in denen es außer den beiden Beteiligten, außer Täter und
Opfer, keine Zeugen gibt: bei Vergewaltigungen, beim
Kindesmissbrauch. Gibt es dann auch wenige Indizien,
so liegt die Entscheidung über die Verurteilung und Bestrafung des Beschuldigten ausgerechnet beim Angehörigen und seinem Entschluss, auszusagen oder nicht –
eine schwere, für viele Angehörige kaum tragbare Last
und eine bittere, aber unvermeidliche Konsequenz einer an sich als Erleichterung und Schonung angelegten
Regelung.

Schutz in der Not erfährt auch der Zeuge. Dem steht
zwar kein umfassendes Schweigerecht zu – wie denn
auch? –, aber doch das Recht, die Auskunft zu verweigern, wenn sie ihm oder einem seiner Angehörigen strafrechtlich zu einem Bumerang werden könnte
(§ 55 StPO). Das ist großzügig, rechtfertigt sich aber
nicht nur, wie selbstverständlich, aus unserem *nemo-
tenetur*-Grundsatz, sondern auch aus der Rolle des Zeugen im Strafprozess, der wichtige, bisweilen unverzicht-
bare Beiträge im Interesse eines zentralen Ziels des

Strafverfahrens leisten muss: die Wahrheit herauszufin-
den. Der Zeuge, die Zeugin tut das nicht selten unter
Gefährdung eigener Interessen, wenn es um Aussagen
geht, die anderen nicht gefallen (vgl. zu diesem Kontext
noch einmal § 247a StPO). Es ist also nicht nur gerecht,
es ist auch klug, den Zeugen zu schützen und ihn nicht
über die Maßen zu strapazieren. Und dass frühere Terroristen der RAF bei den neuerlichen Ermittlungen 2008
im Fall Buback unter den Druck gerieten, sich selbst zu
belasten, war für den BGH Anlass, sie nicht in Beugehaft zu nehmen, um ihre Aussage zu erzwingen.

Ob man auch § 53 StPO dem Schutz in der Not zu-
rechnen darf, ist zu bezweifeln. Zu deutlich steht der
Schutz bestimmter Berufe im Vordergrund, die ohne
Verschweigungsrechte (und Verschweigungspflichten!)
gar nicht überleben könnten: Ärzte, Geistliche, Rechtsanwälte, Journalisten. Der Gesetzgeber hat eine komplexe Regelung mit komplizierten Abgrenzungen in die
Welt gesetzt, die, was natürlich nicht überrascht, keine
drei Tage im Windschatten innenpolitischer Kämpfe
verbringen durfte: strikter Schutz der Informanten als
Voraussetzung journalistischer Investigation im Rahmen des § 53 I Nr. 5, II S. 2 StPO oder der Ausschluss
ehrenamtlich tätiger Berater in Selbsthilfegruppen nach
§ 53 I Nr. 3b. StPO sind nur zwei Beispiele von vielen,
wo man die Grenze auch anders hätte ziehen können.
Gleichwohl: Haben Sie nicht auch die Idee, hinter dem
Schutz geheimnisorientierter Berufe luge unser aller Interesse am Schutz unserer eigenen Geheimnisse oder
gar das Interesse des Beschuldigten hervor, in der Stunde
der Not vor Staatsanwalt und Strafrichter einen inneren
Bereich von Privatheit freihalten zu können?

III. Zusammenfassung

Das Strafrecht ist eine mächtige Institution mit scharfen Instrumenten, die Menschen tief verletzen, ja ruinieren können. Das ist grundsätzlich in Ordnung; das Strafrecht hat die Aufgabe, fundamentale Interessen der Person und der Gesellschaft wirksam zu schützen, und das geht nicht immer mit gutem Zureden.

Die Traditionen des Strafrechts und seiner Wissenschaft, die Verfassung und die strafrechtlichen Gesetzbücher wollen sicherstellen, dass das Strafrecht so wenig Schaden anrichtet wie möglich. Deshalb formalisieren sie die soziale Kontrolle, die das Strafrecht ausübt: Sie machen sie durchsichtig, öffentlich und kontrollierbar. Sie verpflichten das Strafrecht und seine Praxis auf Prinzipien zum Schutz derjenigen, die von ihm betroffen sind – nicht nur des Beschuldigten, sondern auch des Opfers oder der Zeugen. Strafrechtliche Eingriffe in Freiheitsrechte der Bürger müssen möglichst schonend ausfallen, in den gesetzlichen Strafdrohungen wie in der Praxis der Bestrafung. Zur Orientierung der Beteiligten im Strafverfahren und zur Unterstützung ihrer aktiven Mitwirkung stehen zahlreiche Hilfen bereit.

Mit dem Gelingen dieser Formalisierung der sozialen Kontrolle gelingt die Rechtfertigung des Strafrechts.

D. SCHLAGLICHTER

Auf drei Feldern stehen das Strafrecht und seine Politik derzeit unter besonders kritischer Beobachtung der Öffentlichkeit und der Wissenschaften. Auf diesen Feldern liegen die Verbindungen zwischen dem Strafrecht, seiner Politik und den öffentlichen Auseinandersetzungen über Gerechtigkeit und Wirksamkeit des Strafrechts offen zutage. Hier kann man konkret und aktuell verstehen, warum Strafe sein soll und wo sie ihre Grenzen findet. Deshalb richten sich Schlaglichter auf diese Felder.

Die empirischen Wissenschaften vom Menschen haben den ewigen Streit um die Willensfreiheit neu entfacht. Sie tragen vor, wir seien nicht Herr unserer Entschlüsse. Das stellt in Frage, ob der Mensch schuldig werden kann, wie es der strafrechtliche Schuldvorwurf voraussetzt, und führt uns zu Rückfragen nach unserem Selbstverständnis und unserer Alltagskultur.

Das Verbrechensopfer war als Teilnehmer am Strafrechtskonflikt und am Strafverfahren lange Zeit isoliert, ja neutralisiert; das Strafrecht und die Kriminalpolitik waren auf den Täter konzentriert. Das hat sich geändert und die Frage aufgeworfen, ob die Rechte, die dem Opfer in den letzten Jahren zugeteilt wurden, angemessen sind oder ob sie die Verfahrensordnung durcheinanderbringen.

Das Jugendstrafrecht steht in unseren Tagen unter Beschuss. Dieses Recht setzt Vertrauen in die Entwicklungsfähigkeit der jungen Rechtsbrecher, ist deshalb dem Erziehungsgedanken verpflichtet und sieht eine

Reihe ganz unterschiedlicher Sanktionen vor, die den Reifungsprozess befördern sollen. Besonders angesichts von Berichten über jugendliche Intensivtäter leuchtet dieses Vertrauen vielen von uns nicht mehr ein.

I. Schuld

Können Sie sich vorstellen, wegen einer Straftat verurteilt zu werden, die Sie gar nicht begangen haben – etwa weil das Gericht einem falschen Zeugen geglaubt hat? Vermutlich ja: Die Krimis auf Papier und die auf der Mattscheibe sind voll davon, in der Wirklichkeit der Strafjustiz ist damit immer zu rechnen, und wir haben sogar Wörter dafür: Fehlurteil, Justizirrtum. Können Sie sich auch vorstellen, wegen einer Straftat verurteilt zu werden, die Sie zwar begangen haben, für die Sie aber absolut nichts konnten – etwa weil Sie einen Mann angefahren haben, der so plötzlich auf Ihre Fahrbahn getorkelt ist, dass kein Mensch den Unfall hätte vermeiden können? Vermutlich nein: Wofür ich nichts kann, das kann man mir doch nicht vorwerfen, werden Sie sagen; es ist schrecklich, was passiert ist, aber ich war daran doch nicht schuld.

1. Zurechnung

Komisch: Die erste Variante ist doch der schlimmere Eingriff der Strafjustiz in Ihre Interessen, diese Variante liegt von einem gerechten Urteil noch weiter entfernt als die zweite. In der ersten Variante hatten Sie mit der

Sache nichts zu tun, in der zweiten haben Sie immerhin einen Schaden angerichtet. Und dass Ihnen diese erste Variante widerfährt, können Sie sich eher vorstellen? Sie trauen der Strafjustiz wirklich die erste Variante eher zu als die zweite? Haben Sie kein Vertrauen in die »Strafrechtspflege« (wie das manchmal so altbacken heißt – über diese Redeweise könnte man auch einmal nachdenken), rechnen Sie hier immer mit dem Schlimmsten? Vermutlich nein: Hier liegt der Grund Ihrer Option glücklicherweise wohl nicht.

Der Grund liegt, so denke ich, darin, dass Sie dem Strafgericht jeweils unterschiedliche Einstellungen zuschreiben: in der ersten Variante einen Irrtum und in der zweiten Variante volle Absicht. Dass Justizirrtümer passieren, wird man am Ende hinzunehmen haben – auch wenn jede Rechtsordnung alles ihr Mögliche ins Werk setzen muss, damit sie nicht passieren (Mitsprache- und Beweisantragsrechte, Belehrungen, Transparenz, Rechtsmittel, professionelle Sachverständige usw., was wir auf S. 170 ff. ausführlich betrachtet haben). Trotz aller solcher Vorkehrungen: Irren bleibt menschlich – und warum sollte ein Strafrichter davor gefeit sein? Aber sehenden Auges, in Kenntnis aller Tatumstände, wie in der zweiten Variante unterstellt, einen Menschen wegen eines Schadens zu verurteilen, für den er nichts konnte – das geht zu weit, das ist unglaublich. So gesehen, wäre Ihre Option nur auf den ersten Blick überraschend und auf den zweiten ganz vernünftig: Mit der ersten Variante muss man rechnen, die zweite darf einfach nicht vorkommen.

Ein Stück Fleisch

Warum eigentlich? Ganz einfach: Einen Unschuldigen darf man nicht bestrafen; man darf sich vor ihm sichern, solange er gefährlich ist, man darf ihn erziehen, damit er eines Tages oder vielleicht schon beim nächsten Mal kapiert, was er anrichtet, und es dann lässt – aber strafen darf man ihn nur, wenn man ihm seine Untat persönlich vorwerfen kann.

Warum eigentlich? Das nun ist nicht mehr so leicht zu beantworten.

Es soll Strafrechtsordnungen gegeben haben (sogar in unserer germanischen Gegend, aber in grauer Vorzeit), von denen Fachleute sagen, sie hätten eine »objektive Zurechnung«, eine »Erfolgs-Haftung« als Grund einer Bestrafung hinreichen lassen: den Nachweis also, dass der Täter diese Tat begangen, diesen Schaden verursacht hat; eine »subjektive Zurechnung« hingegen, also den Nachweis der persönlichen Verantwortlichkeit für diese Tat, hätten sie nicht verlangt. Ich kann das bis heute nicht so recht glauben, weil ich mir nicht vorstellen kann, welches Bild von der Welt und von den Menschen einer solchen Rechtsordnung zugrunde gelegen haben muss. Es muss ein radikal reduziertes, fast ein magisches Bild gewesen sein, das Körperlichkeit hinreichen lässt und nicht nach Wille fragt, nicht nach Autonomie, nach Dafür-Können, das den Menschen gleichsam wie einen Gegenstand, ein Stück Fleisch ansieht und dann auch so behandelt.

Sollte es solche Rechtsordnungen wirklich gegeben haben oder noch heute irgendwo geben, so können unsere Gefühle uns ein Wegweiser sein, diese Rechtsordnungen zu verstehen und unsere normative Ordnung dagegen abzusetzen: Diesen Rechtsordnungen fehlt ein Rezeptor für Personalität und was mit ihr zusammenhängt:

Autonomie, Willensfreiheit, Schuld, Verantwortlichkeit. Sie behandeln ihre Straftäter wirklich so, wie es Hegel den präventiven Lehren vom Sinn der Strafe vorgeworfen hat (ausführlich S. 70 ff.): wie Hunde, gegen die man den Stock hebt. Und unser Erschrecken verdankt sich der Einsicht, dass, wenn sie ihre Straftäter so gesehen haben, sie sich ja auch selber so gesehen haben müssen; dass ihr Bild vom Menschen, also ihr Selbstbild, den Menschen auf einen Gegenstand reduziert hat, dass es keinen Platz hatte für ein Konzept der Person.

Personalität

Auch wenn das mehr Fragen aufwerfen mag als Antworten geben, so ist doch eines richtig: Unsere Rechtsordnung ist – und nicht erst seit Einführung des Grundgesetzes, Art. 1 I GG – eine vom Konzept der Person durchdrungene, durchwirkte, eine von ihm getränkte Ordnung. Das ist – wenn auch in unterschiedlichen Formen, in unterschiedlicher Intensität und mit historischen Abstürzen – einer der roten Fäden, die unsere Gesellschaft seit Jahrhunderten durchziehen und zusammenhalten, und es ist vielleicht sogar ein Kennzeichen europäischer Kultur. Es gibt keinen Bereich im materiellen und formellen Recht, der das Konzept der Personalität nicht zur Grundlage hätte: vom Wohl des Kindes im Familienrecht bis hin zur Subjektstellung der Parteien in sämtlichen Verfahrensordnungen.

Dass es, etwa im modernen Massenverkehr, auch eine Haftung ohne Verschulden geben kann, ist Ausdruck einer bestimmten Risikoverteilung in einer komplexen Gesellschaft und nicht einer Verletzung des Konzepts der Person. Dass es im angloamerikanischen Haftungsrecht einen Grundsatz der »strict liability« gibt, der ebenfalls behauptet, er knüpfe Sanktionen schon an ob-

jektive Schadensverursachung und lasse die Frage des
Verschuldens dahin stehen, wirkt, wie uns professionelle Rechtsvergleicher versichern, in der Praxis nicht
so heiß, wie es in der Theorie gekocht worden ist: Wie
so oft lässt die Praxis die Theoretiker ruhig abstrakt reden und sorgt im Stillen dafür, dass im Einzelfall das
Prinzip der Personalität nicht unter die Räder gerät.

Zurechnung ist in unserem Alltag der sozialen Kontrolle (wie er unter A.III., S. 32 ff. entfaltet worden ist)
ein fundamental wichtiges, aber kein sehr hell beleuch-
tetes Konzept – wann haben beispielsweise Sie, der Sie
kein Jurist sind, das Wort zum letzten Mal verwendet?
Im Recht aber, und insbesondere im Strafrecht, gehört
Zurechnung zu den Bordmitteln, ist sie schlechthin un-
verzichtbar. Natürlich gehen wir auch im Alltag der Sache nach permanent mit Zurechnungen um, ohne sie
systematisch zu betrachten und herauszustellen – objektiv bei der Frage: Hat sie das denn wirklich getan?,
und subjektiv bei der Frage: Hat sie denn wirklich kapiert, was sie da anrichtet?

Zurechnung ist die Verbindung eines Autors, einer
handelnden Person, mit einem Ereignis in der Welt; sie
wächst aus unserer basalen Überzeugung, dass Ereig-
nisse Ursachen haben (können). Das Ereignis kann eine
Überschwemmung sein, der Tod eines Menschen, auch
eine Symphonie (wobei Letzteres für das Strafen – normalerweise – nichts zu besagen hat und deshalb ab jetzt
außerhalb unseres Blickwinkels verbleibt). Autor kann
»die Natur« sein, der liebe Gott, »die Vorsehung« oder
eben auch ein Mensch. Zurechnung stiftet Beziehungen,
sie befindet über Verursachung und Verantwortlichkeit,
sie gehört zu den Wurzeln unserer Orientierung in der
Welt, auch – oder vielleicht gerade – wenn wir uns das
nur selten klarmachen.

Kultur

Wer als Autor und was als Ereignis einer Zurechnung in Frage kommt, ist relativ zur Kultur einer Gesellschaft.

Dass der liebe Gott als Autor in Frage kommt, setzt voraus, dass man glaubt, dass es ihn gibt. Ob er als Autor einer Überschwemmung in Frage kommt, setzt voraus, dass man glaubt, dass er ein immanenter und nicht bloß ein transzendenter Gott ist: ein Wesen, das sich hier bei uns einmischt und uns nicht nur von ferne amüsiert beobachtet. (Genau diese beiden Annahmen sind übrigens auch die Voraussetzung dafür, dass man »Gottesurteile« wie etwa die »Wasserprobe« für rational halten darf: Der immanente Gott wird den Unschuldigen nicht ertrinken lassen, er wird ihn retten und dabei uns allen seine Unschuld offenbaren.)

Dass die Nazis ein Faible für »die Vorsehung« als Autorin von Ereignissen hatten, verdankt sich ihrem Schlingerkurs zwischen scheinreligiöser Frömmigkeit und völkischer Feierlichkeit; Vorsehung ist so etwas wir Göttlichkeit ohne Gott. Dass »die Natur« als Autorin von Ereignissen herhalten muss, belegt, dass die Zurechnungskultur dieser Gesellschaft nicht sehr ausdifferenziert ist und nur über einfache und stark verallgemeinerte Kriterien verfügt; auch dort können freilich differenzierende Einzelheiten folgen wie etwa die Möglichkeit, über die Natur hinaus nach menschlicher Verantwortung zu fragen: Waren, neben der Natur, nicht auch bestimmte Personen für die Überschwemmung oder wenigstens für ihre Folgen deshalb (mit-)verantwortlich, weil sie nicht rechtzeitig haltbare Dämme gebaut oder weil sie die betroffenen Menschen nicht frühzeitig gewarnt haben? Das wäre dann so etwas wie eine Reserve-Zurechnung gegenüber dem Menschen, der für Naturbeherrschung verantwortlich ist, ein System, das unserer heutigen Kultur der Zuständigkeiten durchaus geläufig ist. So modern und rational muss der Rückgriff auf die verantwortlichen Menschen, die neben oder hinter der Natur handeln, aber nicht immer ausfallen. Er kann uns auch in graue Vorzeiten zurückführen – etwa in Gestalt der Frage, ob die für Naturbeherrschung Zuständigen nicht etwa versäumt hatten, geeignete Deichopfer mit einzumauern, deren Darbringung die Götter milde gestimmt und davon abgehalten hätten, diese verheerenden Wasser zu schicken.

Man sieht: Wenn die dafür notwendigen kulturellen Voraussetzungen existieren, können auch solche Zurechnungen »vernünftig« – nämlich wirklichkeitsnah und folgerichtig – sein, die uns auf den ersten Blick einfach deshalb als abwegig erscheinen, weil uns diese Voraussetzungen fremd sind, weil wir sie nicht (mehr) teilen. Jedenfalls sollte man mit der Beschimpfung einer kulturell genährten Praxis als »irrational« vorsichtig sein. Das »finstere Mittelalter« ist bisweilen nicht viel mehr als unsere kurzsichtige Projektion.

Objektiv und subjektiv

Relativ zur Kultur einer Gesellschaft ist auch die Differenzierung zwischen der objektiven und der subjektiven Zurechnung.

Ohne die Kategorie objektiver Zurechnung würde uns in unserer Welt eine basale Orientierung fehlen. Ohne sie wüssten wir nichts über das System der Verursachung und schon gar nichts über irgendwelche Urheber; unser Bild von der Welt wäre unterkomplex. Wenn es, wie bei der sozialen Kontrolle außerhalb und innerhalb des Strafrechts, um Schäden geht, um Verletzungen und Gefährdungen, verhilft uns das Konzept der objektiven Zurechnung zu einem begründeten Ur-

teil über Autor und Werk, über Täter und tatbestand-
lichen »Erfolg« (wie die Strafjuristen den vom gesetzlichen Tatbestand, der Strafnorm, verlangten Schaden
noch immer gedankenlos nennen: den Tod, den Ge-
sundheits- oder den Vermögensschaden – wahrlich
schöne Erfolge!).

Objektive Zurechnung stiftet den Zusammenhang
zwischen Verhalten und Ereignis. Sie behandelt die
Frage, ob das Ereignis als Folge des Verhaltens angesehen werden darf.

Demgegenüber meint subjektive Zurechnung im
strafenden Alltag und im Strafrecht ein Dafür-Können
des Menschen, dem das Ereignis objektiv zugerechnet
wurde. Subjektive Zurechnung setzt objektive Zurechnung also voraus, würde ohne sie gar keinen Sinn machen, würde ins Leere fragen, wäre eine überflüssige
Bemühung. Subjektive Zurechnung realisiert das Konzept der Personalität, überschreitet eine krude »Er-
folgs«-Haftung, indem sie fragt, ob die Person, die das
Ereignis verursacht hat, dafür etwas konnte, ob sie dafür verantwortlich war (oder genauer: verantwortlich
gemacht werden darf). Oder ob sie daran vielleicht unschuldig war: krank, sinnlos betrunken, total desorien-
tiert.

Subjektive Zurechnung macht noch mehr. Sie ruft
zugleich Grade des Dafür-Könnens auf – im Strafrecht
dogmatisch schön geordnet und definiert, aber auch
im Alltag gespürt und verwendet. Mit abnehmendem
Nachdruck: absichtlich – angezielt – vorsätzlich: nicht
angezielt, aber billigend in Kauf genommen – leichtfer-
tig: nicht beabsichtigt und darauf vertrauend, es werde
schon nichts passieren – fahrlässig: in voller Kenntnis
der Gefahr oder ohne jegliches Bewusstsein einer Gefahr. Das sind alles Wörter aus unserer Alltagssprache,

und sie bezeichnen Zustände, die wir kennen und bewerten, Grade der inneren Beteiligung des Täters an seiner Tat. Es ist eben ein großer Unterschied, ob jemand einen anderen sehenden Auges schädigt oder durch Unachtsamkeit, ob mit kalter Grausamkeit oder im Überschwang des Augenblicks.

Dass wir diesen Unterschied machen, belegt, dass wir auch bei der sozialen Kontrolle aus dem Prinzip der Personalität leben und urteilen: Die Unterscheidung, um die es hier geht, nährt sich ja ausschließlich aus einem personalen Element – der Einstellung des Handelnden zu dem, was er anrichtet. Der Schaden, der »tatbestandliche Erfolg«, etwa die Gesundheitsbeschädigung des Opfers, ist ja allemal derselbe, gleichgültig, ob vorsätzlich (§ 223 I in Verbindung mit § 15 StGB) oder fahrlässig (§ 229 StGB) verursacht. Die Unterscheidung stützt sich ausschließlich auf die Stufen innerer Nähe des Handelnden zu seiner Handlung.

Subjektive Zurechnung stiftet den Zusammenhang zwischen Ereignis und Verantwortlichkeit des Menschen, der dieses Ereignis verursacht hat, für das Ereignis. Sie begründet Schuld.

Dafür-Können

Das hört sich gut an und scheint auch ganz gut zu funktionieren:

In der strafrechtlichen Dogmatik der Schuld ist hinreichend differenziert und wohlbegründet, was etwa unter »Vorsatz« (plakativ: Wissen und Wollen der Tatbestandsverwirklichung) oder unter »Fahrlässigkeit« (plakativ: Verletzung der Sorgfalt, zu der die handelnde Person nach den Umständen der Tat und nach ihren persönlichen Verhältnissen verpflichtet und fähig ist) zu verstehen sei. An lehrreihen Fällen – geschehen oder ausgedacht – lässt sich diskutieren und ersehen, was diese Formeln für konkrete Situationen bedeuten.

Dass sich Wissen und Wollen (ebenso wie etwa Freiwilligkeit eines Rücktritts vom kriminellen Weg oder Ehrlichkeit eines Zeugen) nicht direkt beobachten lassen wie eine Wunde am Hals, eine gefälschte Urkunde oder ein brennendes Haus, sondern, als »Dispositionsbegriffe«, hinter die Stirn eines Menschen verweisen (wir haben das schon einmal S. 193 f. auseinandergelegt), macht das Verfahren der Feststellung von »inneren Tatsachen« kompliziert und deshalb fehleranfällig, macht es aber nicht unmöglich. Man muss die erfragte Disposition eines Menschen dann halt aus äußeren Indikatoren schließen. Aufs Ganze gesehen, kommen die Strafjuristen damit zurecht.

Es hört sich vor allem deshalb gut an, weil es den Eindruck vermittelt, in der Schuld habe das System der strafrechtlichen Zurechnung einen Ort gefunden und ausgebaut, an dem das personale Element des modernen Strafrechts in Ruhe und Sorgfalt gepflegt werden kann. Dass jede strafrechtliche Zurechnung Schuld voraussetzt, dass die Schuld-Dogmatik sich permanent um einen hinreichend bestimmten und zur Zukunft offenen Begriff der Schuld und ihrer Erscheinungsformen bemüht, befriedigt und beruhigt; das stellt dem Strafrecht in Wissenschaft und Praxis ein gutes Zeugnis aus.

Mogelpackung

Diese Definitionen und Einteilungen sind alle nicht falsch, und sie haben auch Bestand. Es erreicht aber bei weitem nicht das Niveau, auf dem die Kategorie der Schuld heute zum Problem wird und auf dem sie diskutiert werden muss.

Dieses Niveau lässt sich in Fragen formulieren, die alle auf dasselbe hinauslaufen: Was eigentlich rechtfertigt die subjektive Zurechnung in der Sache? Unter welchen Voraussetzungen darf man einen Menschen für ein Ereignis verantwortlich machen? Wann genau kann man jemandem vorwerfen, dass er für ein Ereignis »etwas konnte«? Drücken sich Strafrechtswissenschaft und Strafjustiz – gerade angesichts der jüngsten Erkenntnisse der Neurowissenschaften über die äußere Bedingtheit menschlicher Entschlüsse – vor einer Stellungnahme im Streit um Determinismus und Indeterminismus, also vor der Frage, ob es einen freien Willen gibt oder ob der Mensch eben von außen determiniert ist? Ist die Kategorie der Schuld eine strafrechtliche Mogelpackung, die dem kriminell handelnden Menschen zum Vorwurf macht, er hätte auch anders handeln können, ohne doch zu wissen und ihm sagen zu können, warum und wie?

Es wird Sie nicht verwundern, dass über diese Fragen dicke Bücher geschrieben worden sind und dass nicht wenige unter ihnen ein ehrwürdiges Alter haben – aus der Philosophie über die Anthropologie, die Psychologie, die Theologie, die Lebenswissenschaften bis hin zur Rechtswissenschaft, um nur einige zu nennen. Es wird Sie auch nicht wundern, dass dieses kleine Büchlein in Ihrer Hand den Streit um die Willensfreiheit noch nicht einmal im Ansatz angemessen führen kann. Und deshalb wird es Sie ebenfalls nicht wundern, dass ich Ihnen jetzt statt eines bedächtigen Einerseits-Andererseits einen radikalen Quer-Schnitt durch die subjektive Zurechnung im Strafrecht anbiete. Jedenfalls darf sich keine grundsätzliche Äußerung zum Strafrecht um das Problem der Willensfreiheit herummogeln.

Meinen Schnitt lege ich durch die Schichten des Problems der Willensfreiheit in einem Strafrecht, welches das Dafür-Können als eine notwendige Bedingung der Zurechnung anerkennt. Ich spitze den Gedankengang in vier Thesen zu, von deren Richtigkeit ich überzeugt bin und Sie überzeugen möchte.

- Die erste These: Der Streit um die Willensfreiheit ist alt. Er wird zu unseren Lebzeiten nicht entschieden sein. Diese Offenheit hat Konsequenzen für das Strafrecht heute.

Indeterminismus gegen Determinismus

Indeterminismus und Determinismus heißen die Fahnen, unter denen sich die über die Willensfreiheit des Menschen streitenden Lager seit Jahrhunderten versammeln (und unter denen sie sich, wie ich glaube, auch während der kommenden Jahrhunderte weiterhin versammeln werden). Ist der Mensch in seinen Entschlüssen und Handlungen durch ihm äußerliche Bedingungen determiniert oder nicht? Oder ist er wenigstens teilweise indeterminiert – und dann: wo und wie weit? Es lässt sich denken, dass der Streit auch um Begriffe geht (was genau heißt hier »frei«, was »Wille«?), dass der Determinismus den beobachtenden Naturwissenschaftlern eher einleuchtet als den Theologen oder Philosophen oder dass der Streit sich auch erstreckt auf die Bedeutung, die das Votum für oder gegen die Willensfreiheit für die einzelnen Wissenschaften und ihre Praxen wohl habe.

Etwa für die Strafrechtswissenschaft und die Strafjustiz. Man sollte meinen, dass ein Schuldvorwurf nur dann erhoben werden kann, wenn der Indeterminismus recht hat und der Betroffene eine reale Möglichkeit hatte, sich in der Situation, die ihm objektiv zugerechnet wird, rechtstreu zu verhalten. Dieses Anders-han-

deln-Können ist doch wohl die Mindestbedingung subjektiver Zurechnung; es durchzieht die Schulddebatte
wie ein roter Faden.

Menschenvermesser

Die berühmten Menschenvermesser, die – nicht zum
ersten Mal, aber mit besonderem Furor – Ende des 19.
Jahrhunderts den *delinquente nato*, den geborenen Verbrecher, entdeckt (Cesare Lombroso: ungestalte Ohren,
viel krauses schwarzes Haar, schräge Augen, kleiner
Schädel, fliehende Stirn) und gegenüber dem Strafrecht
aufgetrumpft und behauptet hatten, daran sei der arme
Mensch ja nun wirklich nicht schuld (womit sie natürlich recht hatten), haben versucht, dem Schuldstrafrecht
das Wasser abzugraben. Sie segelten mit den Winden, in
denen die Naturwissenschaften Auftrieb erhielten und
den Drang verspürten, nun auch den verstockten Geis-
teswissenschaften zu zeigen, wie die Welt ist. In diesen
Zeiten konnte der Anatom trotz allen Bemühens in der
aufgeschnittenen Leiche keine Spur von einer Seele entdecken (was ich ihm natürlich glaube; nur dass daraus
auch folge, es gebe die Seele nicht, steht auf einem anderen Blatt).

Seitdem hat das Strafrecht sich wieder etwas erholt,
die Winde der Neurowissenschaften wehen lau, und das
Schuldprinzip steht nicht grundsätzlich in Frage. Ängstliche Gemüter trösten sich mit der Erinnerung, dass
auch die radikalsten Deterministen das Schuldstrafrecht nicht haben zu Fall bringen können, oder ziehen
sich als letzte Bastion auf den resignativen Satz zurück,
die Schuld und ihre Voraussetzungen seien, auch wenn
man sie nicht nachweisen könne, im Strafrecht eine
»staatsnotwendige Fiktion«: das Strafrecht könne unter keinen Umständen ohne sie auskommen. Natürlich

haben in der Strafrechtswissenschaft die Auseinandersetzungen um die Willensfreiheit und deren Nachweis
nicht aufgehört, und so wird es auch bleiben. Dennoch
kann man derzeit nicht gerade davon sprechen, wir
führten faszinierende Kämpfe über Schuld und Willensfreiheit im Strafrecht.

Eines aber steht fest: Die Strafjustiz kann den Ausgang des Streits um den Indeterminismus nicht abwar-
ten. Diesen Ausgang werden wir vermutlich erst am
Sankt-Nimmerleins-Tag gemeinsam feiern. Die Strafjustiz aber muss ihre Prozesse führen und zu einem Ende
bringen, sie arbeitet Tag für Tag mit Vorsatz, Fahrlässigkeit und Verbotskenntnis – arbeitet sie auf schwankender Grundlage? Ich meine: nein.

- Die zweite These: Die empirischen Wissenschaften vom Menschen sind zu einer treffenden Kritik
  an der und einer gültigen Antwort auf die subjektive Zurechnung im Strafrecht außerstande. Strafrechtliche Zurechnung beruht nicht nur auf individualen, sondern auch auf sozialen Kategorien.

Wie der Anatom damals die Seele nicht finden
konnte, weil er die falschen Instrumente hatte, so können Neurowissenschaftler, die heute vortragen, nicht
der Mensch entscheide über sein Tun, er sei vielmehr
selbst Gegenstand ihn determinierender Prozesse, das
Niveau einer Begründung subjektiver Zurechnung nicht
erreichen. Der Mensch, den allein sie im Auge haben,
ist nur ein Teilnehmer an dem Geschehen, um das es
der strafrechtlichen Zurechnung geht. Die Annahme
der neuen Humanwissenschaften, sie könnten ein Urteil über die Möglichkeiten strafrechtlicher Schuld fällen, beruht auf einem Kategorienfehler: Sie suchen ihre
Wahrheit mit unzureichenden Instrumenten auf dem
falschen Gelände.

Freispruch für alle

Beginnen wir unsere Überlegungen am schlichtesten Zipfel und stellen uns vor, das Strafrecht lasse sich in Theorie, Praxis und Politik durch die empirischen Wissenschaften vom Menschen überzeugen, dass Menschen nicht Herren ihrer Entschlüsse sind, dass sie und ihr Handeln angetrieben werden von Prozessen, die ihnen äußerlich sind und sie nicht beherrschen können. Dann hätte die subjektive Zurechnung, die Annahme von Dafür-Können, ihre Basis verloren, und das Strafrecht müsste – zur Vermeidung von Freiheitsberaubung und Eigentumsverletzung gegenüber Unschuldigen – schleunigst umgestellt werden. Lassen wir einmal die heikle Frage beiseite, was »Umstellung« konkret bedeuten sollte: Freispruch für alle? Sicherheitsverwahrung für die Gefährlichen? Ersetzung des Strafrechts durch ein Polizeirecht?

Auf diese Frage nach konkreten Folgen kommt es mir hier nur an der Oberfläche an (obwohl sie sicher schwierig zu beantworten wäre). Das Problem liegt tiefer. Es liegt in der Konzeption strafrechtlicher Zurechnung, welche diejenigen leitet, die aus humanwissenschaftlich begründetem Ausschluss der freien Willensbildung folgern, dieser Ausschluss stürze die Möglichkeit und damit auch die Rechtfertigung subjektiver Zurechnung im Strafrecht um. Diese Annahme stützt sich auf einen falschen, auf einen verkürzten Ansatz.

Human- und Sozialwissenschaften

Strafrecht, so haben wir (unter C.II., S. 118 ff.) umfänglich diskutiert, ist formalisierte Sozialkontrolle. Sozialkontrolle, so hatten wir zuvor (unter A.III.) gesehen, ist die Verarbeitung abweichenden Verhaltens durch Normen, Sanktionen und Verfahren. An diesen Prozessen ist der einzelne Mensch (nicht nur der Beschuldigte, der Verurteilte oder der Gefangene, sondern auch das Opfer, der Zeuge oder der Angehörige) zentral beteiligt. Er ist aber eben nur beteiligt, er macht den Gegenstand, dessen Teil er ist, nicht aus, den Gegenstand nämlich, den wir soziale Kontrolle, Strafrecht oder Zurechnung nennen und um den es hier geht. Dieser Gegenstand ist ein soziales, ein institutionelles Phänomen, nicht ein individuales. Individuale Elemente enthält er nur insoweit, wie jedes soziale Geschehen sie enthält: Zurechnung im Strafrecht ist einer jeglichen Humanwissenschaft, arbeite sie empirisch oder nicht, nur teilweise zugänglich, sie reicht weiter und ist komplexer als eine Humanwissenschaft mit den Instrumenten, die ihr zur Verfügung stehen, wahrnehmen kann. Strafrechtliche Zurechnung bedarf sozialwissenschaftlicher Basierung und Aufklärung.

Auch wenn die Naturwissenschaften in der heute herrschenden methodologischen Kultur der Beobachtung eine hohe Überzeugungskraft haben, so halten sie doch nicht den Passepartout in der Hand, der ihnen jeglichen Zugang zur Welt aufschließt. Sie verfügen auch nicht über »den« Begriff von Freiheit oder Wille – falls sie irgendeinen Begriff von Freiheit haben. Sie sind umgeben von anderen Wissenschaften mit anderer Methodologie, anderen Erkenntnisinteressen und anderen Instrumenten. So hat die Psychologie einen eigenen Begriff von Willensfreiheit, wie auch die Theologie, die philosophische Anthropologie, die Psychiatrie oder die Strafrechtswissenschaft. Diese Begriffe stimmen nicht überein, sondern variieren aus den guten Gründen der jeweiligen Gegenstandsbereiche und Erkenntnisinteressen der Wissenschaften. Der Begriff des freien Willens und seine Voraussetzungen sind keine Domäne einer bestimmten Wissenschaft.

Zuschreibung von Verantwortlichkeit

Das führt zu einer abschließenden Überlegung. Wie wir wissen (oben A. und C.), flottieren das Strafrecht, seine Wissenschaft, seine Praxis und seine Politik nicht frei im Raum. Sie sind verbunden mit sozialer Kontrolle, mit gesellschaftlichen Prozessen der Normbildung und Normdurchsetzung, die ihrerseits Spross der jeweiligen Kultur sind. Subjektive Zurechnung, das wissen wir auch (S. 205 ff.), ist ein Stützpfeiler einer aus dem Konzept der Personalität folgenden Praxis der Verantwortlichkeit im Recht, vor allem im Strafrecht.

Zu dieser Praxis haben die Neurowissenschaften keinen wissenschaftlichen Zugang. Ohne diese Praxis aber lässt sich das Strafrecht weder verstehen noch historisch einordnen noch rechtfertigen. Diese Praxis der Verantwortung ist uns auch nicht vorgegeben, und sie ist nicht unwandelbar; wir haben sie entwickelt, und wir setzen uns für sie ein, für ihre Ausdifferenzierung, ihre Begründung, ihr Fortschreiten und auch für ihr Überleben. Sie realisiert einen bestimmten Umgang der Menschen miteinander, den man mit »wechselseitige Anerkennung« umschreiben kann, und sie konnotiert nicht mit »Feststellung«, sondern mit »Zuschreibung« von Verantwortlichkeit. Im Einzelnen:

Neurowissenschaften hin oder her: Wir begegnen einander in der – freilich widerlegbaren – Erwartung, dass jeder von uns für das einstehen kann, was er tut. Wir haben ein ziemlich differenziertes Gefühl dafür, was wir Kindern oder Alten oder Kranken normativ zumuten können und was nicht. Wir machen überraschende, ja kuriose oder erschütternde Erfahrungen mit anderen Leuten, ohne doch generell an fremder Zurechnungsfähigkeit zu zweifeln. Das alles tun wir ohne wissenschaftliche Beratung und regelmäßig ohne eigene

Nachforschungen über das, was der andere ist und was in ihm vorgeht. Wir geben einander Verantwortlichkeit auf Kredit, wir schreiben sie einander zu. Je intensiver die persönliche Erfahrung mit anderen ist, desto differenzierter und besser begründet mag der Eindruck von ihren Fähigkeiten des Dafür-Könnens sein, ohne dass sich doch am System wechselseitiger Anerkennung und zugeschriebener Verantwortlichkeit etwas ändern würde.

Ich habe es nicht erlebt, und ich kann es mir auch nicht vorstellen, dass spektakuläre und in der Öffentlichkeit verbreitete Einsichten der Neurowissenschaften zur Steuerung menschlichen Handelns durch externe Faktoren an dieser Praxis der Verantwortlichkeit irgendetwas geändert hätten: Diese Praxis steht mit diesen Einsichten nicht in Kontakt und hängt schon gar nicht von ihnen ab.

Zu dieser Praxis gehört nicht nur die Zuschreibung von Verantwortlichkeit, sondern auch ihre Tochter: die Bewertung unterschiedlicher Grade des Dafür-Könnens. Kann der Mensch seine Entschlüsse und sein Verhalten nicht selber steuern, so kann er sich an seinen Taten wie an seinen Untaten auch nicht different innerlich beteiligen. Ob der Vater sein Kind tötet, weil er es unachtsam anfasst oder weil er es sehenden Auges verhungern lässt, wäre unter deterministischer Betrachtungsweise normativ dasselbe; das Kind ist tot, und der Rest ist externer Steuerung geschuldet. Das ist nicht unsere Welt (und ich hoffe, so wird sie niemals werden).

Sage nun niemand, strafrechtliche Zurechnung funktioniere nur so lange, wie die Leute keine Ahnung von den tatsächlichen Gegebenheiten im Hirn der Menschen hätten; spräche sich herum, dass wir uns unsere Willensfreiheit nur zuschreiben, während unser »Wille«

in Wahrheit extern gesteuert wird, dann sei es mit dem Traumbild der subjektiven Zurechnung alsbald aus.

Ich weiß zwar so wenig wie Sie, wie die Menschen in, sagen wir, hundert Jahren ihre Welt sehen werden. Vielleicht haben sie dann etwas anderes, vielleicht sogar etwas Besseres als die wechselseitige Anerkennung und die Zuschreibung von Verantwortlichkeit entdeckt und leben damit. Für heute widerspreche ich der These, nur naturwissenschaftliche Unkenntnis erkläre diese Kultur der Zurechnung. Es ist nicht humanwissenschaftliche Unkenntnis, sondern belehrte sozialwissenschaftliche Erfahrung: dass wir, solange der Streit über die Willensfreiheit nicht wirklich entschieden ist, solange wir zur Methodologie der Zuschreibung also gar keine Alternative haben, eher Autonomie zuschreiben sollten als Trieb. Wir leben besser, wenn wir einander in die Augen sehen als der eine dem anderen auf den Scheitel.

- Die vorletzte These: Das Strafgesetzbuch hält eine Lösung bereit, die diesen Gegebenheiten gerecht wird.

Gediegene Vernunft

Auch das mag sich noch vernünftig anhören. Es führt freilich vor die Frage, wie es sich angesichts dieser Gebirge von Unwissen am Ende rechtfertigen lässt, einen Menschen ins Gefängnis zu schicken, nur weil man ihm zuvor Schuld zugeschrieben hat. Ist das nicht in der Sache unbegründet oder doch nur teilbegründet, ja sogar zynisch? Wäre es nicht jedenfalls für die Verurteilten menschenfreundlicher, man schriebe ihnen eine Unfähigkeit zur Selbststeuerung zu, wenn der freie Wille denn so dunkel bleibt?

Nein. Zum einen hielte diese Art von Menschenfreundlichkeit, die einen bestimmten Personenkreis grundlos begünstigt, den Anforderungen nicht stand, die sich an ein Rechtsprinzip richten, das, als Rechtsprinzip, verallgemeinerungsfähig sein muss. Zum anderen ist nach allen Erfahrungen das, was die entmündigten Verurteilten erwartet, nicht menschenfreundlicher als die Situation von Strafgefangenen. Wenn, womit zu rechnen ist, auch eine deterministisch orientierte Rechtsgemeinschaft die wegen einer Straftat Verurteilten nicht nach Hause schickt, sondern irgendetwas Besserndes oder Sicherndes mit ihnen anstellt, dann ist zu befürchten, dass solcher Art Behandlung die ihr Unterworfenen eher unter die Gegenstände des Sachenrechts mengt und sie traktiert wie Hunde, gegen die man den Stock hebt. Zum Dritten haben wir doch in der zweiten These gerade gesehen, dass wechselseitige Anerkennung und Zuschreibung von Verantwortlichkeit – unter den uns derzeit gegebenen Umständen – dem Menschen eher dienen als ihm schaden. Warum sollten strafrechtlich Verurteilte davon ausgenommen werden? Zum Vierten kann ich keine Rechtfertigung dafür erkennen, ausgerechnet diese Verurteilten in der Rechtsgemeinschaft zu isolieren und sie zu entmündigen. Nein, das ist kein Weg.

Es ist, fünftens, auch deshalb kein Weg, weil das StGB eine Lösung bereithält, die den hier erarbeiteten Grundsätzen ganz gut entspricht. Wenn man – bitte! – § 20 StGB sorgfältig liest, wird man gleich sehen, warum er in der Sache zu meinen Überlegungen passt.

Er hat so etwas wie eine gediegene Vernunft, wenn er strafrechtliche Verantwortlichkeit – kumulativ – davon abhängig macht, dass der Mensch in seiner Situation sowohl einsichts- als auch handlungsfähig ist, dass er nicht nur versteht, was er da tut, sondern dieses Verstehen auch umsetzen kann. Er öffnet den empi-

rischen Wissenschaften vom Menschen eine breite Tür,
wenn er – wenn auch in einer Sprache von gestern – die
krankhafte seelische Störung, die tiefgreifende Bewusstseinsstörung und den Schwachsinn als Beispiele der Zurechnungsunfähigkeit aufführt und mit der »schweren
anderen seelischen Abartigkeit« unter diesen Beispielen noch ein Netz ausspannt, in dem sich vergleichbare Beispiele von Schuldunfähigkeit auffangen lassen:
bestimmt genug (vgl. dazu C.II.3.a.bb.), aber doch auch
offen für neue relevante Erkenntnisse der empirischen
Humanwissenschaften.

Vor allem aber – und das ist das Wichtigste – ver-
ordnet § 20 StGB dem Strafrichter ein Programm, dem
dieser auch folgen kann. Die Norm verlangt nicht den
positiven Nachweis irgendeiner Freiheit – einen Nachweis, den auf absehbare Zeit niemand wird führen können. Sie lässt es mit einer doppelten Negierung genug
sein: der Abwesenheit bestimmter Beeinträchtigungen
von Orientierung und Steuerung. Die positive Feststellung eines Zustands und seine doppelte Negation mögen logisch auf dasselbe hinauslaufen – in ihren prak-
tisch-prozessualen Anforderungen sind sie himmelweit
voneinander entfernt, und sie tun der Strafjustiz den
Gefallen, sie nicht zum Bau Potemkin'scher Dörfer zu
verpflichten.

Mit diesem Programm kann die Strafjustiz, wie man
täglich sieht, vernünftig umgehen. Dieses Programm
gibt dem Strafrichter auf, nach den einschlägigen aktuellen Erfahrungen der empirischen Wissenschaften vom
Menschen für diesen konkreten Fall zu fragen, nach
sachverständigem Wissen zu suchen. Und es gibt diesen Wissenschaften den Ort, ihre Erfahrungen zum Vorteil der Strafgerechtigkeit aufzubereiten und zu präsentieren. Das Ergebnis verantworten muss das Gericht.

Aber die empirischen Wissenschaften spielen eine immer größere Rolle bei seiner Belehrung. Und genau hier ist nach dem bewährten Programm strafrechtlicher Zurechnung auch der Ort, an dem die wissenschaftlich bestätigten Ergebnisse der Neurowissenschaften ihre Wirkung für die subjektive Zurechnung entfalten werden.

- Und endlich die letzte These: Was Dafür-Können, was Schuld und Schuldvorwurf im Strafrecht bedeuten, hängt auch davon ab, welche Feststellungen zur Verantwortlichkeit des Handelnden im Strafverfahren überhaupt möglich sind. Diese Möglichkeiten reichen für einen persönlichen Vorwurf typischerweise nicht hin.

Die strafrechtswissenschaftliche Doktrin und, ihr folgend, die strafrechtliche Nomenklatur halten daran fest, die strafrechtliche Konzeption von Schuld impliziere, dass der Täter die Möglichkeit gehabt hätte, in seiner Situation anders – nämlich rechtstreu – zu handeln, und deshalb bedeute seine Verurteilung einen persönlichen Schuldvorwurf. Damit überheben sie sich gewaltig. Und zugleich laden sie dazu ein, die strafrechtliche Konzeption der Schuld als zu voraussetzungsvoll zu kritisieren.

Unsere Möglichkeiten der Erkenntnis im Strafverfahren reichen bei weitem nicht hin, einen solchen Vorwurf zu tragen; und außerdem gibt es, wie wir gerade an § 20 StGB gesehen haben, keinen Grund, in der normativen Belastung des Verurteilten so weit zu gehen und ihm auch noch den Packen konkreter, situativer personaler Verfehlung aufzuladen. Warum soll es für den strafrechtlichen Schuldbegriff nicht ausreichen festzustellen, der Verurteilte könne sich auf einen der gesetzlichen Gründe für einen Schuldausschluss nicht berufen? Das wäre nicht mehr und nicht weniger als das,

was der Strafrichter, dem Gesetz folgend, im Strafverfahren festgestellt hat. An dieser Stelle jedenfalls ist das
Gesetz klüger als die Doktrin.

Stellvertretendes Gewissensurteil

Mein Lehrer Arthur Kaufmann ist in seiner Habilitati-
onsschrift über das Schuldprinzip zu dem Schluss gekommen, Schuldfeststellung im Strafrecht sei ein »stellvertretendes Gewissensurteil« des Richters über den
Täter. Das ist schön formuliert, es ist richtig, und es
zeigt eindringlich, dass ein solches Urteil in einem
Strafverfahren nicht erreichbar ist und deshalb auch im
Ergebnis nicht verantwortet werden kann.

Ich will mich gar nicht auf den Zeitdruck der Strafgerichte stützen, der Abkürzungen der Strafverfahren und Absprachen provoziert (wir haben uns das auf
S. 195 ff. näher angeschaut). Auch wenn das Gericht
sich Zeit nimmt, selbst wenn es sich für den Angeklagten wirklich interessiert und seine persönlichen Umstände weiträumig und penibel aufklärt, so herrscht
in einem Strafverfahren doch nun wirklich alles Mögliche – nur nicht eine Atmosphäre stellvertretender
Gewissenserforschung. Ich möchte ganz einfach Sie
fragen, unter welchen Voraussetzungen nach Ihrer Le-
benserfahrung ein Mensch ein »stellvertretendes Gewissensurteil« über einen anderen Menschen verantworten kann und was er über diesen Menschen wissen
muss, um ihm vorwerfen zu dürfen, er habe die Möglichkeit gehabt, anders zu handeln, und habe sie ver-
spielt? Reicht ein Jahr, reicht ein Leben dafür aus?
Geht das in einer öffentlichen Verhandlung? Setzen
eine Diagnose des Anders-handeln-Könnens, ein per-
sönlicher Vorwurf des Dafür-Könnens nicht Vertraut-
sein und Vertrauen, ja wohlwollende und zugewandte

Intimität voraus? Von so etwas sind wir im Strafverfahren Lichtjahre entfernt.

Das werden vermutlich auch viele Strafrichter so sehen. Dann sollten sie freilich die Konsequenz ziehen
und strafrechtliche Schuld nicht so hochtrabend konzipieren, wie die herrschende Doktrin ihnen das emp-
fiehlt.

2. Zusammenfassung

Ob der Mensch Herr seiner Entschlüsse ist, ob er überhaupt etwas »wollen« und es dann frei ins Werk setzen
kann oder ob er durch fremde Einflüsse determiniert ist –
darüber streiten wir seit eh und je. Die Neurowissenschaften haben den Streit jüngst wieder neu entfacht. Es
ist nicht absehbar, dass dieser Streit irgendwann einmal
beigelegt sein wird. Die Strafjustiz aber urteilt Tag für
Tag, hält den einen für schuldunfähig, erhebt gegen die
andere einen Schuldvorwurf und wertet eine absichtli-
che Schädigung als schwerer wiegend denn eine aus Unachtsamkeit.

Schuld im Strafrecht ist keine Hirnfunktion, sondern das Ergebnis eines Prozesses, an dem viele beteiligt sind. Dieser Prozess ist – innerhalb wie außerhalb
des Strafrechts – durch die Kultur unseres Zusammen-
lebens geprägt. Wir üben uns in wechselseitiger Anerkennung, wir stellen Verantwortlichkeit nicht fest, sondern schreiben sie zu, wir geben sie einander gleichsam
als Kredit. Erst wenn Anzeichen einer Beeinträchtigung
in Einsichts- oder Steuerungsfähigkeit sichtbar werden,
fragen wir nach.

Auch das Strafgesetz verlangt keinen Nachweis,
dass der Beschuldigte bei seiner Tat in seinem Willen

frei war. Es lässt genügen, dass er frei von Willensmängeln war. Das ist ein bescheidener Anspruch, der den
Strafrichter nicht überfordert, die Strafjustiz nicht zu
Sprechblasen zwingt und den empirischen Wissenschaften vom Menschen eine starke Chance einräumt, zu
der Aufklärung von Willensmängeln beizutragen. Dann
aber sollten auch die Strafrichter und ihre Wissenschaften bescheiden sein und nicht so tun, als hätte man dem
Verurteilten nachgewiesen, er habe anders handeln können, und als verdiene er einen persönlichen Vorwurf.
Das können sie nämlich nicht verantworten, weil sie es
gar nicht wissen.

II. Opfer

1. Regulierungen

a. Konstellationen

Aus dem Alltag der Strafjustiz:
Ein Angestellter zweigt jahrelang immer wieder klei-
nere Beträge, die seinem Arbeitgeber zustünden, in die
eigene Tasche ab, so dass am Ende ein schöner Batzen
Geld zusammengekommen ist; das hat er freilich ausge-
geben. Erwischt, sorgt er nach einem Gespräch mit seinem Chef dafür, dass das Geld in Raten, aber mit Zin-
seszins wieder an den Arbeitgeber zurückfließt. Dieser
möchte die Sache nicht an die große Glocke hängen. Er
ist von der zukünftigen Rechtstreue seines Mitarbeiters

fest überzeugt, schätzt dessen Arbeit und befürchtet, ein Strafverfahren werde ihn aus der Bahn werfen – und vielleicht aus dem Beruf.

Eine Frau leidet seit Jahren unter ihrem alkoholabhängigen Lebensgefährten. Wenn er nüchtern ist, ist er eine Seele von Mensch. Wenn er getrunken hat, ist er nicht mehr wiederzuerkennen, schreit herum und prügelt seine Frau. Die ist in Angst und Panik schon mehrere Male ins Frauenhaus gezogen, aber immer wieder zu ihm zurückgekommen. Als Nachbarn den Mann bei der Polizei anzeigen, kann die Frau nicht verstehen, warum jetzt gegen ihn wegen Körperverletzung ermittelt wird; das sei schließlich ihr privates Problem und gehe sonst niemanden an, am allerwenigsten den Staat.

Verbrechensopfer und Staat

In unterschiedlicher Dringlichkeit stellen beide Konstellationen dieselbe Frage: Warum lässt der ermittelnde, verurteilende und strafende Staat die Leute ihre Probleme nicht selber lösen, wenn sie das wollen? Ist das Paternalismus, ist das aufgedrängte Fürsorge, ist das eine »Enteignung der Konflikte«, wie ein kritischer Kriminologe einmal wütend formuliert hat? Warum gehen die Liberalen nicht auf die Palme, wenn sich der Staat strafend ins Private einmischt, wo sie doch bei seiner bloß regulierenden Intervention in Märkte schon so empfindlich sind?

Genauer besehen, ist es ist die Frage nach dem Verhältnis von Staat und Verbrechensopfer im formalisierten Strafrecht. Die Idee, die unsere beiden Konstellationen nahelegen, ist einfach: Der Konflikt ist überschaubar, denn am Verbrechen unmittelbar Beteiligte gibt es hier nur zwei: den Täter und »sein« Opfer; also sollten die die Sache, wenn irgend möglich, unter sich ausmachen. Danach wäre das Opfer die ermittelnde, verurteilende und strafende Instanz – nicht der Staat mit seiner Polizei, seinen Staatsanwälten und Richtern und seinen Vollzugsbeamten. Und wir würden vermutlich eine Menge Steuern sparen.

Diese Idee ist wirklich einfach, ja sie ist bei weitem zu einfach. Sie übersieht dreierlei: Auf zahlreiche Konstellationen passt die Idee von vornherein nicht: auf alle, in denen es kein Opfer gibt und bei denen wir deshalb von »opferlosen« oder »opferverdünnten« Delikten sprechen (hier gleich unter b.). Zudem: Unser derzeitiges Strafrecht enteignet das Opfer nicht, sondern eröffnet ihm eine Menge Möglichkeiten, den Konflikt mit »seinem« Täter selber beizulegen oder doch wenigstens zu bearbeiten (unter c.). Und am wichtigsten: Das moderne Strafrecht entsteht mit der Entfernung des Opfers aus dem Zentrum des Verbrechenskonflikts, mit seiner Neutralisierung; das war grundsätzlich eine gute Entscheidung, und an der sollten wir nicht rütteln, sondern allenfalls feilen (unter d.).

b. Opferlose Delikte

Die didaktische Pointe unserer zwei alltäglichen Konstellationen besteht in Reduktion und Überschaubarkeit. Hier geht es zu wie im Western oder im Theater: Nur die beiden Protagonisten stehen einander gegenüber, teilen ihre und unsere Welt säuberlich in Täter und Opfer, machen es uns leicht, über Verantwortlichkeiten zu urteilen, und schwer, uns die Köpfe über einen vernünftigen Ausweg zu zerbrechen: Opfer oder Staat? Solche Konstellationen gibt es natürlich massenhaft, sie sind wirklich Alltag der Strafjustiz. Aber sie sind nur ein Teil dieses Alltags, der »klassische« Teil, wenn Sie so wollen.

Klassik und Moderne

Hier geht es um den Kern des Strafrechts, um Delikte im Nahbereich, um Individualrechtsgüter wie Vermögen und Gesundheit, um eine klare Rollenverteilung zwischen Täter und Opfer. Die Nähe zur alltäglichen Sozialkontrolle, wie wir sie unter A.III., S. 32 ff. betrachtet haben, ist spürbar, und die beiden Opfer lassen sich ja auch genau so ein: Wir wollen keine Formalisierung unseres Konflikts, wir wollen die Sache unter uns ausmachen. Und das macht Sinn – vorausgesetzt, die Beteiligten sind dazu faktisch imstande und geraten ohne fremden Beistand nicht immer tiefer in Verletzungsspiralen hinein. Für die erste Konstellation könnte man das Vertrauen in diese Fähigkeit wohl aufbringen, für die zweite eher nicht.

Aber nicht alles Strafrecht ist »klassisch«, ist Kernstrafrecht, spielt im Nahbereich zwischen Täter und Opfer, sanktioniert Verletzungen von Individualrechtsgütern. Es gibt Bereiche des Strafrechts, die sowohl wichtig als auch weit ausgedehnt, die also keineswegs Randbereiche sind, die in allen diesen vier Punkten den anderen Pol besetzen: ein »modernes« Strafrecht, das mit dem sozialen Wandel wächst, überindividuelle Rechtsgüter schützt und den zweipoligen Bereich von Täter und Opfer längst überschritten hat.

Ganz so neuartig ist dieses Strafrecht freilich nicht. Auch die Trapper im Wilden Westen brauchten Geld für Waffen, Lederzeug und Karren und waren deshalb daran interessiert, dass die umlaufenden Münzen nicht getürkt waren. Und wir bedrohen etwa Drogenhandel, Korruption oder Steuerhinterziehung mit Strafe, schützen dadurch Rechtsgüter, die nicht auf individualen, sondern auf gesellschaftlichen Interessen beruhen, und suchen deshalb ein konkretes Verbrechensopfer dort vergeblich. In diesem Strafrecht sind Opfer wir alle. Auch wenn dieses Strafrecht nicht neu ist, so darf es doch »modern« genannt werden, weil es gerade durch diejenigen Komplizierungen ins Leben gerufen und am Leben erhalten wird, die eine moderne, komplexe Gesellschaft mit sich bringt und deren Verletzlichkeit dann das Bedürfnis rechtfertigt, sie in besonders nachdrücklicher Form, nämlich durch Strafrecht, zu schützen: Verkehrswege, Versorgungseinrichtungen, Datenverarbeitung, Handel.

Nachdenkliche Strafrechtler ohne ein übertriebenes Gefühl für Sprache nennen solche Delikte »opferverdünnt«. Sie bringen damit zum Ausdruck, dass ein individuelles Opfer auch bei der Verletzung überindividueller Rechtsgüter durchaus noch anwesend sein kann. Denken Sie nur an das arme Wesen, bei dem der gefälschte Geldschein landet (und das sich natürlich strafbar macht, wenn es ihn dem nächsten armen Wesen unterschiebt), oder denken Sie an sich selbst bei fremder Steuerhinterziehung und behördlicher Korruption, die uns am Ende alle treffen. Alles Delikte mit überindividuellen Rechtsgütern, aber mit individuellen Kollateralschäden. Leute wie ich hingegen nehmen angesichts des fürchterlichen Eigenschaftsworts »opferverdünnt« Unschärfen missbilligend in Kauf und sprechen von »opferlosen« Delikten. Der Sache tut das keinen Abbruch:

Delikte, die in dieser Form auftreten, begraben die Vorstellung, das Strafrecht lasse sich in der Polarität von Täter und Opfer vollständig abbilden. Und mit dieser Vorstellung stirbt die Hoffnung, Staat und Verbrechensopfer könnten sich in der Verarbeitung oder gar der Lösung strafrechtlicher Konflikte auf Augenhöhe begegnen. So stark ist die Position des Opfers im Strafrecht bei weitem nicht. Wir ahnen schon und werden es gleich genauer sehen können, dass das Opfer am Ende nur so viele Räume hat, wie der Staat sie ihm lässt.

c. Räume des Opfers

Aber das Opfer hat Räume! Sowohl im materiellen als auch im formellen Strafrecht hat der Gesetzgeber die Konsequenzen aus dem Umstand gezogen, dass ein Gutteil der mit Strafe bedrohten Handlungen nicht nur ein allgemeines Interesse, sondern auch ein individuelles Opfer verletzt – in seiner Ehre, in seiner Freiheit oder in seinem Eigentum. Die Räume, die das Opfer hat, sind unterschiedlich ausgestattet. In manchen findet sich das Recht, über die Einleitung eines Strafverfahrens selber zu entscheiden, in anderen die Möglichkeit, dieses Verfahren selber zu führen oder doch aktiv zu beeinflussen, in dritten die Chance, mit dem Täter wieder ins Reine zu kommen.

aa. Einleitung der Strafverfolgung

Unsere beiden Opfer aus dem Alltag der Strafjustiz hätten wohl gerne gerade das Instrument in Händen gehabt, das § 77 StGB dem Verletzten bereitstellt: Antragsdelikte. Diese Norm nämlich beteiligt das Opfer (Sie haben es längst bemerkt: Ich verwende die beiden Bezeichnungen »Opfer« und »Verletzter« gleichsinnig)

an der Entscheidung darüber, ob es im Fall seiner Verletzung überhaupt zu einem Strafverfahren kommen soll;
für bestimmte Konstellationen überantwortet das StGB
ihm diese Entscheidung gar zur Gänze (und § 77 StGB
regelt die Modalitäten dieses Rechts außerordentlich –
fast schon bewundernswert – pingelig).

Antragsdelikte

Schon ein kurzer Blick in § 77 I StGB belegt, dass diese
Vorschrift andere Vorschriften voraussetzt, auf sie verweist, mit ihnen in Zusammenhang steht. Diese Vorschriften, welche »die Tat nur auf Antrag verfolgbar« machen, finden sich im Besonderen Teil des StGB
(§§ 80 ff. bis zum Schluss, derzeit § 358 StGB), wo die
einzelnen konkreten Delikte beschrieben und mit Strafdrohungen versehen sind. Das macht auch Sinn, weil
die Frage, ob das jeweilige Delikt ein Offizialdelikt (bei
dem die Strafverfolgung von Amts wegen erfolgt) oder
ausnahmsweise ein Antragsdelikt ist (bei dem die Strafverfolgung eben von einem Strafantrag abhängt), keine
allgemeine, sondern eine besondere Frage ist, eine, die
auf das jeweilige Delikt abzielt und nicht auf das, was
allen jeweiligen Delikten gemeinsam ist. Eine besondere Frage des jeweiligen Delikts ist es auch, ob der Verletzte den Antrag stellen kann (wie § 77 I StGB als Regel
festhält) oder ob ausnahmsweise jemand anderes dieses Recht hat. (Sie können dieses Hin und Her zwischen
Allgemeinem und Besonderem Teil und auch seine
Gründe einmal an den Besonderheiten des § 194 StGB
studieren, der es mit § 77 StGB an Pingeligkeit durchaus aufnehmen kann.)

Interessant wird es erst jetzt, da man von § 77 StGB
auf die »Antragsdelikte« verwiesen ist. An ihnen kann
man nämlich die Logik verstehen, der das Strafrecht

hinsichtlich der Rolle des Verletzten bei der Einleitung eines Strafverfahrens folgt. Diese Logik ist klar und einsichtig:

Offizialdelikte sind im StGB die Regel, Antragsdelikte die Ausnahme. Normalerweise also entscheidet der Staat, ob die Voraussetzungen für den Beginn der strafrechtlichen Ermittlungen gegeben sind. Ein Entscheidungsrecht des Verletzten hingegen setzt eine besondere gesetzliche Anordnung voraus. Diese Anordnung muss natürlich ihre Gründe haben. Zwei ganz unterschiedliche Gründe lassen sich entdecken:

Kleiner Schaden, große Nähe

Entweder ist der Schaden, den das Delikt anrichtet, definitions- oder erfahrungsgemäß gering, oder das Delikt reicht normalerweise so tief in den privaten Bereich des Opfers hinein, dass das Strafrecht es nicht riskieren will, den Schaden des Verletzten noch dadurch zu vertiefen, dass gegen seinen Willen ein Strafverfahren gegen den Verdächtigen geführt wird. Beispiele für den ersten Grund sind gewaltloser Hausfriedensbruch (§ 123 StGB) oder der kriminelle Zugriff auf geringwertige Sachen (§ 248a StGB), Beispiele für den zweiten Grund sind der Haus- und Familiendiebstahl (§ 247 StGB), sexueller Missbrauch von Jugendlichen (§ 182 II StGB) oder Formen beharrlicher und bedrängender Nachstellung (Stalking), die erst jüngst unter Strafe gestellt worden sind (§ 238 IV StGB).

Beide Gründe kann man kritisieren (etwa dass Hausfriedensbruch oder sexueller Missbrauch doch so massiv seien, dass ihre Verfolgung nicht in private Hände gelegt werden sollte), beide lassen sich aber auch gut rechtfertigen: *Minima non curat praetor* (frei übersetzt: um Kleinigkeiten soll sich die Obrigkeit nicht küm-

mern) ist ein ehrwürdiges Rechtsprinzip, das gerade
für eine überlastete Justiz und gerade im Strafrecht Gewicht hat; das Strafrecht sollte Ultima Ratio sein, also
das erst ganz am Schluss eingesetzte geeignete Mittel, um den Konflikt zu bearbeiten, und wir können im
Lichte dieser Grundsätze desto zufriedener in die Welt
schauen, mit je weniger Strafrecht wir auskommen (das
ist auf S. 158 ff. ausführlich entwickelt). Und dass man
die Entscheidung über die Strafverfolgung bei Delikten,
die dem Opfer besonders unter die Haut gehen, in seine
Hände legt, ist nicht nur systemgerecht, sondern auch
menschenfreundlich.

Ganz so glatt, wie das klingt, ist es freilich nicht.
Richtig spannend nämlich wird es, wenn man noch einen Schritt weiter geht und (beispielsweise an § 248a,
an § 182 II oder an § 238 IV StGB) studiert, dass der strafende Staat in bestimmten Konstellationen von Antrags-
delikten das Heft doch nicht ganz aus der Hand gibt und
sich unter bestimmten Voraussetzungen ein Eingreifen
vorbehält, wenn der Verletzte passiv bleibt. Das deutet
auf das kriminalpolitische Grundproblem des Strafantragsrechts hin:

Normgeltung

Wenn das Recht zur Strafverfolgung teilweise privati-
siert wird, dann wandert insoweit auch das Schicksal
der jeweiligen Norm in private Hände: Wenn die An-
wohner beliebter Stätten gewaltsamer Demonstrati-
onen – aus durchaus verständlichen Gründen – nicht
daran interessiert sind, zerdepperte Fensterscheiben,
verbogene Fenstergitter oder zerstörte Fensterläden auch
noch strafrechtlich zu reparieren, dann haben wir alle
ein Problem mit der Normgeltung des § 303 StGB (in
Verbindung mit § 303c StGB); de facto gilt das Verbot

der Sachbeschädigung dann regional und funktional nur noch eingeschränkt. Lässt der Verletzte sich einschüchtern, oder hat er abwegige Vorstellungen von einer gerechten Strafrechtsordnung, und stellt er deshalb keinen Strafantrag, so blockiert er faktisch auch die Norm; wenn das viele so machen, wird das die Normgeltung beeinflussen, wird die Norm am Ende nur noch auf dem Papier stehen.

Man wird trefflich darüber streiten können (und am Ende auch verschiedener Meinung sein dürfen), ob so etwas wirklich als eine Gefahr für die Strafrechtsordnung gelten darf oder ob es vielmehr als eine Strafrechtsreform »von unten« verstanden werden könnte, als eine willkommene außerparlamentarische Abstimmung unter den Betroffenen über den Sinn solcher Strafnormen. Schließlich hat der Strafgesetzgeber sich ja klar dafür entschieden, bei diesen Delikten den Verletzten entscheiden zu lassen.

Dieser Streit wird die Positionsbestimmung von »Staat und Verbrechensopfer« ein Stück weit vorantreiben müssen. Das aber kann in diesem Buch nicht geleistet werden. Wichtig ist uns, dass der Vorbehalt eines »Einschreitens von Amts wegen« das Vertrauen teilweise wieder einsammelt, das der Gesetzgeber in den Verletzten gesetzt hatte, als er eine Straftat zu einem Antragsdelikt gemacht hat. Er traut dem Opfer nicht ganz über den Weg, er räumt ihm keine volle Autonomie ein und versteckt den Knüppel, mit dem er notfalls dann selber zuschlägt, abwartend hinter seinem Rücken.

Es wird lehrreich sein zu beobachten, ob dieser Vorbehalt eines Einschreitens von Amts wegen in der künftigen Strafgesetzgebung häufiger auftauchen wird. Ich würde fast darauf wetten; denn in ihm kommt das Misstrauen des modernen Gesetzgebers gegenüber privater

Vernunft greifbar zum Ausdruck, und dieses Misstrauen scheint mir nicht im Abnehmen begriffen zu sein – zu Recht oder zu Unrecht.

bb. Handeln im Verfahren

Der Raum, den das materielle Strafrecht dem Verletzten mit dem Schlüssel des Strafantragsrechts öffnet, findet im formellen Strafrecht Nebenräume. In denen soll das fortgesetzt und ins Verfahren übertragen werden, was das StGB als Recht des Verletzten, ein Strafverfahren in Gang zu bringen, geschaffen hat. Dabei geht es nicht nur um ein einziges Instrument; die StPO stellt dem Opfer insgesamt vier Möglichkeiten zur Verfügung, seine Rechte auf Beteiligung und Intervention im Verfahren praktisch und wirksam zur Geltung zu bringen: Privatklage, Klageerzwingung, Nebenklage und Adhäsionsverfahren heißen die Stichwörter.

Hürden

Die formell-rechtliche Schwester des materiell-rechtlichen Strafantragsrechts ist die »Privatklage«. Der Name trifft die Sache, und § 374 StPO zählt wie ein Kompendium alle die Delikte auf, die der Verletzte selbst verfolgen darf, ohne sich um die Einschätzung und die Entscheidung eines Staatsanwalts zu kümmern; damit ist ihm, innerhalb eines bestimmten Bereichs, ein großer Einfluss eingeräumt. An dieser Aufzählung kann man ersehen, welche Typen kriminellen Verhaltens nach Ansicht des Gesetzgebers das öffentliche Interesse an einer Strafverfolgung regelmäßig eher weniger treffen; hier wird sein Bild von der Sozialrelevanz kriminellen Verhaltens ausgemalt.

Der Kreis der Strafrechtsnormen, bei denen der Verletzte zur Privatklage ermächtigt wird, scheint weit gezogen zu sein – vor allem wenn man sich die zahlreichen Delikte aus dem »Nebenstrafrecht« in § 374 I Nummern 7 und 8 ansieht (also aus demjenigen Strafrecht, welches andere rechtliche Regelungen außerhalb des StGB nur flankiert, deren Anordnungen strafrechtlich absichert). Aber der Schein, der Gesetzgeber habe dem Opfer hier eine goldene Brücke zu aktiver strafrechtlicher Verfolgung seiner verletzten Interessen gebaut, trügt. Das sieht man, wenn man sich das Institut der Privatklage als Ganzes anschaut. Dort finden sich nämlich eher Hürden für das Opfer als Erleichterungen seiner Aktivitäten bei der von ihm durchgeführten Strafverfolgung.

So lädt der Gesetzgeber den Verletzten mit unschuldiger Miene ein, die Privatklage, wenn er das denn will, jederzeit zurückzunehmen, er erlaubt dem Angeklagten eine Widerklage gegen den Privatkläger, die den ganz schön ins Schwitzen bringen kann, er verlangt bei vielen Delikten, die stark auf das Verhältnis von Täter und Opfer konzentriert sind (wie etwa Hausfriedensbruch, Beleidigung oder Verletzung des Briefgeheimnisses), dass der Privatkläger erst in einem Sühneverfahren vor einer Vergleichsbehörde gescheitert ist, bevor seine Klageerhebung zulässig wird, und endlich muss der Privatkläger auch noch finanzielle Sicherheit leisten für die Prozesskosten des Beschuldigten. Sieht man sich diesen Kranz an Hindernissen an, so versteht man, warum die Privatklage in der Praxis keine große Rolle spielt und die Privatkläger am Ende eher frustrierte als begeisterte Gestalten sind.

Zum Jagen tragen

Nicht wirklich besser sind die Nachrichten aus dem zweiten Bereich, wo dem Verletzten Möglichkeiten eingeräumt werden, sich an der strafrechtlichen Bearbeitung seiner verletzten Interessen aktiv zu beteiligen: beim Institut der Klageerzwingung. Auch dessen Bezeichnung trifft die Sache ganz gut, und auch dieses Institut ist auf den verletzten Antragsteller konzentriert. Es antwortet auf die Entscheidung der Staatsanwaltschaft (§ 171 StPO), dem Antragsteller nicht zu folgen und der Sache strafrechtlich nicht weiter nachzugehen (§ 172 I 1 StPO). Es ist gegenüber der Privatklage klar abgegrenzt (§ 172 II 3 StPO). Und es hat eine bemerkenswerte Struktur: Letztlich (§ 172 II StPO) entscheidet ein hohes Strafgericht (§ 172 IV StPO) über die Weigerung der – für die Strafverfolgung zuständigen – Staatsanwaltschaft, diese Strafverfolgung hier zu betreiben.

Die Erzwingung einer Strafklage durch den Verletzten sichert, wie auch die Privatklage, dessen Interesse an einer Strafverfolgung. Sie geht über dieses Ziel aber hinaus. Sie ist, deutlicher als die Privatklage, auch dem allgemeinen Interesse verpflichtet, jede Straftat, bei der sich ein Tatverdacht auftut, zu verfolgen (Prinzip der Legalität, der strafverfahrensrechtlichen Gesetzlichkeit; die materiellrechtliche Gesetzlichkeit haben wir auf S. 125 ff. besprochen). Wer, mit Hilfe eines Gerichts, eine Strafklage erzwingt, bedient, im Rücken seiner berechtigten eigenen Interessen, auch die Stetigkeit und Gleichmäßigkeit jeglicher Strafverfolgung, die uns allen am Herzen liegt.

Dieser Fundierung der Klageerzwingung im allgemeinen Interesse trägt die gesetzliche Ausgestaltung Rechnung. Auch wenn der, der das Verfahren der Klageerzwingung betreibt, Sicherheit leisten muss für die

Kosten des Prozesses, so trifft er doch nicht auf solche entmutigenden Hindernisse wie der Privatkläger. Die in der Praxis höchste Hürde ist eine eher psychische und – angesichts der Struktur des Verfahrens – kaum vermeidbare. So wie man eigentlich Hunde nicht zum Jagen tragen sollte, weil daraus nichts Vernünftiges wird, so geht es oft auch den Staatsanwälten, die erst durch ein Gericht zur Strafverfolgung angehalten werden. Deshalb ist auch der Jubel unter denen, die ein solches Verfahren absolvieren, nicht gerade schäumend.

Vernehmliche Stimme

Wesentlich besser sind die Nachrichten aus dem dritten Gebiet einer Einmischung des Opfers im Strafverfahren: aus der Nebenklage. Sie sind, wenn mich nicht alles täuscht, vor allem deshalb besser, weil sich Betroffene hier zusammengeschlossen, ihr Interesse in die Öffentlichkeit getragen und so dem Gesetzgeber Beine gemacht haben. Vor allem die Erfahrungen, die vergewaltigte Frauen mit einer aggressiven Verteidigung des Beschuldigten in Strafprozessen machen mussten, haben die Öffentlichkeit erreicht und den Gesetzgeber veranlasst, die Rechte des Nebenklägers zu erweitern und zu befestigen. Heute haben Nebenkläger, wenn sie es wollen, eine weithin vernehmliche Stimme.

Der Katalog der Taten, die zu einer Nebenklage berechtigen, ist weit gefasst, selbst Urheberrechts- und Wettbewerbsverletzungen sind einbezogen, und auch die Angehörigen des Opfers sind berechtigt (§ 395 StPO). Der Nebenkläger hat die Rolle eines weiteren Anklägers neben der Staatsanwaltschaft, ist von den Entscheidungen des Staatsanwalts aber nicht abhängig, sondern kann seine Rechte eigenständig zur Geltung bringen. Er

hat das Recht, in der Hauptverhandlung anwesend zu
sein, er darf Richter und Sachverständige wegen Befangenheit ablehnen, Erklärungen abgeben und Rechtsmittel einlegen. Vor allem aber darf er Beweisanträge stellen (zu deren Bedeutung S. 183 ff.) und sich des Beistands
eines Rechtsanwalts bedienen (was übrigens manchen
Strafverteidigern zu ganz neuen Erfahrungen verhilft –
auf der anderen Seite des Tisches).

Die Nebenklage ist heute eine starke Form der Beteiligung des Opfers am Strafverfahren. Die Rechte, die
dem Nebenkläger gewährt sind, reichen aus, um seine
Einmischung erfolgreich zu machen. Von seinem Ge-
schick – und dem seines Beistands – hängt es ab, was
daraus wird.

Baustelle

Die vierte und letzte Möglichkeit eines Opfers, sich im
Strafverfahren zur Geltung zu bringen, ist in der Praxis
derzeit immer noch eine Baustelle. Das »Adhäsionsverfahren« hat lange Zeit die Rolle des Dornröschens gespielt – körperlich anwesend zwar im Gesetz, abwesend
aber im Alltag der Justizpraxis. Erst 2004 hat der Gesetzgeber in seinem Opferrechtsreformgesetz dieses Institut durch eine Verstärkung der Rechte des Verletzten
und eine Vereinfachung des Verfahrens wiedererweckt.
Er hat – zu Recht, wie ich finde – systemische Bedenken hinsichtlich der Zuordnung und Ausstattung dieses
Verfahrens hintangestellt und der Strafjustiz zugetraut,
dass sie die praktischen Schwierigkeiten, die sich mit
einem zivilrechtlichen Anhang des Strafverfahrens natürlich stellen, nach und nach bewältigen wird. Seitdem
kann das Opfer die Realisierung seiner vermögensrechtlichen Ansprüche dem Strafverfahren »anhängen« (daher der Name, § 403 StPO) und braucht sie nicht mehr

erneut, auf unsichere und komplizierte Weise, in das zivilrechtliche Verfahren zu verlagern (in das sie dogmatisch ja eigentlich gehören). Obwohl natürlich noch nicht alle Streitfragen geklärt sind, dürfte sich das Adhäsionsverfahren mit der Zeit auch in der strafrechtlichen Alltagspraxis zu einem gut geeigneten Instrument entwickeln, mit dem das Opfer eines Delikts diejenigen Ansprüche erfolgreich einklagen kann, die ihm aus der Straftat erwachsen sind: auf Schadensersatz, Schmerzensgeld, Herausgabe einer Sache oder einer Bereicherung. Das ist nur recht und billig. Und dass das Verfahren vereinfacht ist, ist ein wesentlicher Vorzug – solange die Vereinfachung nicht zugleich eine Verkürzung der Gerechtigkeit im Gepäck hat.

Stimmiges Bild?

Betrachtet man diese vier Möglichkeiten, die das formelle Strafrecht dem Verletzten zur Verfügung stellt, damit der sich im Strafverfahren behaupten und durchsetzen kann, im Zusammenhang, so ist ein stimmiges Bild nicht zur Hand – jedenfalls nicht auf den ersten Blick. Die Varianten reichen, wenn man sie mit den Augen des Verletzten betrachtet, von einem starken Motor wie der Nebenklage über eine neu erblühte Pflanze wie das Adhäsionsverfahren hin zu zwei Bonbons, die ein wenig vergiftet sind: Die Privatklage ist ein eher mürrisches Zugeständnis des strafverfolgenden Staates an das Opfer, und die Antragsrechte fürchten sich vor ihrer eigenen Courage.

Ich mache mir daraus einen Reim aus zwei Versen:

Der erste: Nebenklage und Adhäsion waren gerade in der Reparaturwerkstatt des Gesetzgebers; er hat sie geprüft, verändert und nach dieser Inspektion wieder auf die Menschheit losgelassen. Sie sind moderni-

siert, machen Sinn und passen in die Zeit. Das Recht
der Antragsdelikte und der Privatklage hingegen hat immer wieder kleine Veränderungen erfahren, aber keine
ernsthafte Inspektion mit einem Blick auf das Ganze.
So hängen diese Institute zwischen Baum und Borke,
unentschieden zwischen einem klaren und praktisch
handhabbaren Angebot an den Verletzten einerseits und
einer überlegten und stimmigen Verweigerung solcher
Rechte auf Intervention andererseits. Es wäre gut, wenn
der Gesetzgeber sie in absehbarer Zeit ebenfalls einmal
in seine Reparaturwerkstatt bringen würde.

Der zweite: Bei aller berechtigten Kritik an den Instrumenten im Einzelnen: Ohne sie wäre die Stellung
des Verbrechensopfers im Strafverfahren eine ganz andere als mit ihnen. Das Opfer wäre nichts weiter als ein
Objekt der Ausforschung und der Beobachtung durch
die anderen Verfahrensbeteiligten, ein »Opferzeuge«,
wie es manchmal vielsagend und schillernd heißt. Es
stünde am Rande des Geschehens, verpflichtet, auf Ladung zu erscheinen und unter Strafdrohung wahrheits-
gemäß auszusagen. Es hätte keine Chance, das Verfahren – in das es der Sache nach doch ebenfalls verwickelt
ist! – nach seinen eigenen Vorverständnissen, Erinnerungen und Interessen (zu diesem Hintergrund genauer
S. 189 ff.) zu beeinflussen. Das wäre normativ unerträglich und in der Tat eine »Enteignung« des Opfers. Das
Opfer wäre in einem solchen Verfahren nicht »als Person« anwesend, sondern bloß als Beweismittel; denn
dort wird – im Unterschied zu einem Zeugen, der
nur zufällig am Tatort war – doch nicht nur »die Geschichte« des Täters, sondern auch »die Geschichte«
des Opfers verhandelt.

cc. Sich versöhnen

Auch das Opfer soll im Strafprozess also Person sein
können. Wir haben gesehen: Das Opfer soll die Chance
haben, sich folgenreich am Verfahren zu beteiligen, und
es hat in bestimmten Konstellationen die Möglichkeit,
eine Strafverfolgung allein dadurch zu verhindern, dass
es keinen Strafantrag stellt. Damit aber nicht genug. Es
soll auch eingeladen sein, sich mit dem Täter zu ver-
söhnen. Da Versöhnung nur beidseitig geht, ergeht die
Einladung auch an den Beschuldigten.

Die Instrumente des Strafrechts lassen sich herkömm-
lich in zwei Schubladen sortieren: in Strafen und in
Maßregeln der Besserung und Sicherung (S. 82 ff.). Die
Strafen antworten auf Schuld, die Maßregeln auf Gefährlichkeit. In diesen Schubladen kommt ein Opfer
nicht vor; in ihnen ist allein der Täter registriert, dessen
Schuld oder dessen Gefährlichkeit Voraussetzung der jeweiligen Strafrechtsfolge ist.

Wiedergutmachung

Mit der »Entdeckung« des Opfers, mit dem Ende seiner
vollständigen Neutralisierung im Strafverfahren (dazu
sogleich mehr S. 251 ff.), hat sich folgerichtig eine dritte
Schublade geöffnet, eine, in der auch die Rücksicht auf
das Opfer Platz gefunden hat – freilich nicht alleine auf
das Opfer, sondern auch auf den Täter. Diese Schublade
enthält die Zielbestimmungen »Wiedergutmachung«
oder auch »Täter-Opfer-Ausgleich«, die von manchen
schon als die »dritte Spur« des Strafrechts neben Strafen und Maßregeln gefeiert werden. Das ist zwar etwas
übertrieben und auch etwas verfrüht; es ist aber in der
Sache durchaus verständlich.

Es ist verfrüht. Strafen und Maßregeln haben sich in

Jahrzehnten und Jahrhunderten als Strafrechtsfolgen
herausgebildet, sie wurden vielfach verändert und immer wieder anderen Entwicklungen angepasst, sie verlangen komplexe Institutionen: Vollzugsanstalten, Be-
rufsbilder, Ausbildungen, Gesetze und Verordnungen.
Ob sich die Wiedergutmachung in der Zukunft wirklich als dritte Spur der Strafrechtsfolgen dauerhaft etablieren wird, lässt sich derzeit nicht verlässlich ab-
schätzen.

Es ist übertrieben. Wir haben immer wieder gesehen
(etwa S. 231 ff.), dass Rücksichten der Strafrechtsordnung auf das Opfer, so gut gemeint und so gut begründet sie auch sind, von vornherein nur einen begrenzten
Anwendungsbereich haben können. Sie gedeihen nur,
wo Täter und Opfer miteinander in enger Beziehung
stehen, und sie sind fehl am Platze, wo es um Verletzungen von Universalrechtsgütern geht, wo es also ein
Opfer im unmittelbaren, im strengen Sinn nicht gibt.

Hinzu kommt, dass Wiedergutmachung und Täter-Opfer-Ausgleich einen Hauch Anachronismus tragen: In Zeiten wie der unseren, deren Kriminalpolitik
gekennzeichnet ist von einer Konzentration auf allgemeine und weiträumige Rechtsgüter, auf den Schutz
von Institutionen und Funktionen statt von unmittelbaren Interessen der Menschen, also von Individualrechtsgütern (S. 147 ff.) – ausgerechnet in einem solchen
rechtspolitischen Klima hebt die Idee eines Ausgleichs
zwischen Täter und Opfer die Hand und meldet sich als
neues strafrechtliches Ziel zu Wort.

Es ist trotzdem verständlich. Dass die kriminalpolitischen Winde heute in der Gegenrichtung wehen, kann
das Konzept eines Ausgleichs zwischen Täter und Opfer ja nicht widerlegen. Vielleicht ist sogar eher das Gegenteil plausibel: Gerade dieser Prozess konzentrierter

Kommunikation zwischen zwei Menschen könnte auf der Folie einer aufs Allgemeine und Institutionelle angelegten Kriminalpolitik ein stimulierendes Kontrastmittel, gerade das personale Verhältnis von Täter und Opfer könnte ein Widerlager sein, das die Verallgemeinerungen der Kriminalpolitik ausgleicht.

Vor allem aber liegt heute wie früher und immerfort auf der Hand, dass eine Versöhnung zwischen Opfer und Täter gerade in einem formalisierten Strafrecht eine erstrangige Option ist. Sie bewahrt nicht vor dem Schmerz aus dem Verbrechenskonflikt, bearbeitet ihn aber sehr nahe an seiner Wurzel. Sie geht gewaltlos vonstatten und ruft deshalb nicht die Garantien aus dem strafrechtlichen Verfassungsrecht, dem materiellen und formellen Strafrecht auf den Plan, welche die Betroffenen vor der Zwangsgewalt des verfolgenden und strafenden Staates schützen sollen. Sie bedient die Grundsätze der Verhältnismäßigkeit und der Subsidiarität strafrechtlicher Eingriffe und wird dem Ziel gerecht, dass das Strafrecht Ultima Ratio sein solle; denn sie stützt sich auf ein – im Vergleich mit den anderen Strafrechtsfolgen – milderes Mittel, packt das Problem nicht an seinen Zweigen, sondern an seiner Wurzel an und lässt die unmittelbar Beteiligten agieren. Das Strafrecht kann sich entlasten – ökonomisch durch Einsparen von Zeit, Arbeit und Geld, normativ dadurch, dass der Täter bei gelingender Versöhnung die Strafrechtsfolge zustimmend auf sich nimmt.

Dass diese Hoffnungen auf den Täter-Opfer-Ausgleich nicht von vornherein vergeblich sind, wollen die Strafgesetze garantieren und wird von Wissenschaft und bisheriger Praxis bestätigt.

Varianten

Die Strafprozessordnung enthält mittlerweile einen Kranz von Vorkehrungen, um den Täter-Opfer-Ausgleich bekannt und so erfolgreich wie möglich zu machen. Sie nimmt dieses Instrumentarium in den Katalog der Gegenstände auf, über die der Beschuldigte bei seiner ersten richterlichen Vernehmung informiert werden muss (§ 136 I 4 StPO). Sie erlaubt der Strafverfolgungsbehörde, mit Zustimmung des Gerichts von einer weiteren Strafverfolgung vorläufig abzusehen, wenn der Beschuldigte den durch seine Tat verursachten Schaden wiedergutmacht oder sich ernsthaft um einen Ausgleich mit dem Opfer bemüht (§ 153a I 2 Nummern 1, 5 StPO; eine in der Praxis äußerst wichtige – und in der Wissenschaft noch immer und mit Recht umstrittene – Brücke zu einer frühzeitigen, »konsensualen« Erledigung des Strafverfahrens). Als wäre das noch nicht deutlich genug, wird der Täter-Opfer-Ausgleich in § 155a StPO noch einmal warm empfohlen und festgelegt, dass der Verletzte sein Veto gegen dieses Verfahren einlegen kann, und die darauffolgende Vorschrift regelt dann Folgeprobleme wie die Einrichtung einer »Ausgleichsstelle« für die Durchführung des Verfahrens sowie Verfahren und Datenschutz.

Das Strafgesetzbuch steuert sein materiell-strafrechtliches Scherflein bei und würdigt den Täter-Opfer-Ausgleich durch eine Entlastung des Täters. Diese Entlastung wird durch eine Milderung der eigentlich verwirkten Strafe oder gar durch ein Absehen von Strafe bewirkt, und immer reicht für diese Wohltat schon das Bemühen des Verurteilten hin, mit dem Verletzten einen Ausgleich zu erreichen, ein Gelingen wird nicht gefordert. Immer, auch schon vor einer gesetzlichen Regelung der Strafzumessung, waren, so wird man getrost annehmen dürfen, ernsthafte Versuche des Täters, mit dem Opfer ins Reine zu kommen, ein mildernder Umstand; »Nachtatverhalten« nannte man das nicht schön, aber einprägsam. Nunmehr hat der Gesetzgeber diesen Umstand an die große Glocke gehängt, hat in § 46 StGB, der zentralen Vorschrift im Recht der Strafzumessung, am Ende des Abs. 2 die Relevanz des Ausgleichs festgeschrieben und in § 46a StGB noch einmal nachgelegt.

Und die Wissenschaft endlich hat sich um die theoretische, die empirische und die praktische Dimension des Ausgleichs zwischen Täter und Opfer verdient gemacht. Vorschläge, Untersuchungen und Berichte gibt es in großer Zahl, die Diskussionen und ihre Ergebnisse sind reichhaltig.

Falle

Aber auch die Kritik ist nicht verstummt. Mich führt diese Kritik nicht zur Ablehnung des gesamten Instituts, sondern nur zur Warnung vor einer Falle, in die ein allzu frohgemuter pädagogischer Eifer die Betroffenen leiten könnte.

Die Bestimmtheit der Strafgesetze, so hatten wir (S. 126 ff.) erarbeitet, ist eine Kernforderung an ein formalisiertes Strafrecht. Sie ist die Voraussetzung einer Kontrolle der Gesetzesanwendung und einer Orientierung der Menschen im Strafverfahren. Unbestimmte Gesetze nehmen die Menschen, deren Verhalten sie regeln und beurteilen, nicht für voll; sie belassen sie im Unklaren über Dinge, die für sie von Bedeutung sind, und bürden ihnen ein Risiko überraschender und dann unvermeidlicher Schläge auf. Der Täter-Opfer-Ausgleich ist in der Gefahr unbestimmter Regulierung.

Was mit Täter und Opfer im Ausgleichsverfahren wirklich passiert, können sie dem Gesetz nicht ent-

nehmen. Sowohl § 153a StPO als auch § 46 StGB verbinden – wenn auch aus guten Gründen – das Verhalten der Betroffenen und die daran geknüpfte Rechtsfolge
eher lose; sie lassen den Entscheidern erhebliche Spielräume, so dass weder Täter noch Opfer halbwegs vor-
aussehen können, was aus ihrem jeweiligen Verhalten
im Ausgleichsverfahren konkret folgen wird. Dass ein
Bemühen um Ausgleich ausreicht und nicht das Gelingen zur Voraussetzung gemacht wird, ist vernünftig und
gerecht; die Rechtsfolge kann nicht von dem Zufall abhängig gemacht werden, ob das Opfer bereit ist, mit dem
Täter überhaupt in Verbindung zu treten. Dass der Verletzte nicht gegen seinen Willen ins Verfahren gezogen
werden darf (§ 155a S.3 StPO), ist selbstverständlich.

All das aber beseitigt nicht die Verhaltensunsicherheit
der Beteiligten: Dass ein kühles Schreiben des Strafverteidigers an den Verletzten als »Bemühen« nicht reicht,
dass andererseits vom Täter nicht eine personale Unterwerfung verlangt werden darf, ist klar. Die Bemessung
der richtigen Mitte wird von der Konstellation abhängen und von den beteiligten Personen – also wiederum
von situativ wechselnden Umständen. Am Ende wird
man die Hoffnung, dass die Personen in diesem Verfahren nicht noch intensiver verletzt werden, in zweierlei
setzen müssen: in kommunikative Erfahrung und normative Sensibilität derjenigen, die diese Verfahren leiten und begleiten.

d. Neutralisierung des Opfers

Ist das Opfer angesichts dieser Optionen und Hand-
lungsräume im Strafverfahren endlich auf Augenhöhe
mit dem Täter gelangt?

Vorhin (S. 231) habe ich unvorsichtigerweise gesagt, ohne Neutralisierung des Opfers gäbe es kein modernes Strafrecht, und dieses Prinzip solle nicht stürzen. Und jetzt kommt es noch schlimmer: Es gäbe ohne Neutralisierung des Opfers auch keinen modernen Staat. Die Neutralisierung des Verbrechensopfers bedeutet nämlich nichts anderes als das Gewaltmonopol des Staates in der Strafrechtspflege, sie geht mit ihm Hand in Hand. Ein paar Linien sollen den Hintergrund dieser Überlegungen zum staatlichen Gewaltmonopol, zur Entstehung des modernen Strafrechts und zur Rolle des Opfers grob nachzeichnen:

Gewaltmonopol

Das moderne Strafrecht entsteht mit der Entfernung des Opfers aus der Verarbeitung des kriminellen Konflikts. Erst eine zentrale Gewalt, die es zu Beginn der Neuzeit fertigbrachte, ein Monopol der Gewalt bei sich zu sammeln, ihre Interessen und Regeln gegen andere Agenten sozialer und politischer Kontrolle durchzusetzen, war imstande, ein gleichmäßig und für alle geltendes Strafrecht einzusetzen, das zu einer langfristigen Politik fähig war. Dazu bedurfte es der Entfernung der Verbrechensopfer als autonom handelnder Akteure im Verbrechenskonflikt.

Ohne staatliche Gewalt, die sowohl dem Täter als auch dem Opfer überlegen, die beide zu zwingen imstande ist, also über sie das Gewaltmonopol hat, werden sich Verbrechenskonflikte nicht beherrschen, nicht beenden und langfristig kaum kontrollieren lassen. Der Verletzer und der Verletzte werden ihre militärischen, ihre ökonomischen und ihre sozialen Ressourcen organisieren, um Sieger auf dem Plan zu sein. Siegen wird nicht, wer recht hat, sondern wer sich faktisch durchsetzen kann: wer Macht hat. Ja schon wer in der Rolle des »Opfers« und wer in der Rolle des »Täters« ist, wird auf diese Weise ausgefochten.

Unter diesen Umständen kann sich ein Recht nicht entwickeln: eine normative Ordnung, der auch der Mächtigere unterworfen ist. Fehden und »Stammeskriege« sind ein Beispiel für Gewaltspiralen, die mangels eines Gewaltmonopols, das zwischen die je eigene Gewalt der Kombattanten tritt, keine Ordnung und kein Ende finden, weil sie keine Regel haben, die für beide Seiten verbindlich ist, und weil es keinen mächtigeren Dritten gibt, der dem Elend ein Ende machen und die Kombattanten erlösen könnte.

Regelungsmonopol

Was sich faktisch entwickelt hat, findet seine Fortsetzung im Normativen. Dem Gewaltmonopol muss ein Regelungsmonopol folgen, damit Strafrecht entsteht. Die überlegene Gewalt muss Täter und Opfer nicht nur trennen und an weiterer Gewaltausübung hindern, sie muss auch sagen, wer Täter und wer Opfer ist, wer warum recht hat, wer an wen zahlen und wer wie büßen muss. Sie muss dem Verletzten sagen, dass er nicht dem Zufall oder einem Unglück anheimgefallen ist, sondern einem Unrecht. Sie muss die Deutungshoheit im Abweichungskonflikt haben und durchsetzen können; kann sie das nicht, so kann sie für den nächsten Konflikt nicht vorsorgen.

So wird sie langfristig Regeln finden (und sie auch verkünden), die für alle verbindlich festlegen, was in welchen Situationen gelten und was passieren soll, wenn die Regeln missachtet werden: Sie wird Schritt für Schritt ein materielles Strafrecht entwickeln mit Geboten und Verboten und Androhung von Sanktionen. Sie wird ein Verfahren realisieren und nach und nach ordnen, in dem um die Wahrheit und deren Folgen gestritten wird und nicht geprügelt.

Täter und Opfer

Noch ein letzter Holzschnitt, dann ist das Bild fertig: Täter und Opfer können nicht das gleiche Schicksal erwarten, wenn der Staat zwischen sie getreten ist und weitere Gewalt zwischen ihnen unterbunden hat, wenn er Regeln für die künftige Behandlung von Täter-Opfer-Konflikten entwickelt und in Gestalt dieser Regeln das materielle und das formelle Strafrecht entwirft und in Kraft setzt: Normen, Sanktionsandrohungen, Verfahren. Dieses Strafrecht wird das Opfer aus dem Zentrum der Konfliktverarbeitung entfernen und den Täter ins Visier nehmen. Die Orientierung des Strafrechts am Täter und die Neutralisierung des Opfers sind keine historischen Zufälle; sie sind bis zu einem gewissen Grad zwingend – bis heute.

Dass das Opfer nicht über sein Schicksal und das des Täters, dass es nicht über Kompensation und Strafe und auch nicht über die Art und Weise bestimmen darf, wie der Konflikt geführt und erledigt werden soll, ist die Pointe des staatlichen Gewaltmonopols im Täter-Opfer-Verhältnis. Dass das Opfer solche Bestimmungsrechte für sich beansprucht, ist nicht abwegig und war der Motor der Konfliktbearbeitung vor der Etablierung dieses Monopols; schließlich war es ja der vom Täter Verletzte, der nach der Tat gewissermaßen »an der Reihe« war mit »Gegengewalt«, mit Rache, mit der Durchsetzung einer Verurteilung des Täters, von Schadensersatz und sonstiger Sanktionierung.

Gerade diese »Reihe«, nämlich die Sequenz von Gewalt und Gegengewalt, unterbricht der verfolgende und strafende Staat. Er muss das Opfer entwaffnen, ihm Gewalt verbieten, es ruhigstellen. Er muss sich selber an derjenigen Stelle etablieren, die das Opfer besetzt hält: Er muss eine angemessene Antwort auf das Verbrechen, eine gerechte Lösung des Konflikts glaubhaft versprechen, und er muss dabei sowohl die Sache des Opfers als auch die des Täters führen. Er ist nicht der Handlanger des Opfers und auch nicht sein Rächer; er ist der unvoreingenommene, auf Fairness, Gerechtigkeit und Frieden bedachte mächtige Dritte.

Gelingt ihm dieses glaubhafte Versprechen nicht, so wird sein Monopol nicht entstehen oder nicht überleben. Die Betroffenen werden die Sache selber in die Hand nehmen mit Fehden, Blutrache, Lynchjustiz – denjenigen Reaktionen auf Normverletzung also, die dort aus dem Ruder laufen, wohin das Gewaltmonopol des Staates nicht reicht. Gelingt es ihm aber, so ist er die zentrale Figur für Urteil und Verfahren, der Garant für Fairness, Gerechtigkeit und Frieden, und das Opfer steht am Rand und wartet darauf, als Zeuge aufgerufen zu werden.

Dass auch der Täter kein Bestimmungsrecht für Konfliktlösung und Verfahren hat, versteht sich. Woher sollte es auch kommen in einem Prozess, in dem es um sein Unrecht und seine Schuld geht? Seine Rechte erwachsen ihm nicht aus dem Täter-Opfer-Konflikt; sie erwachsen ihm in reichem Maße aus der Pflicht des modernen Rechtsstaats, die Verbrechenskontrolle zu formalisieren (oben C.II., S. 118 ff.) und angesichts der Macht des Strafrechts (oben C.I., S. 115 ff.) für Schonung und Hilfe zu sorgen (S. 146 ff.). Denn den Täter – genauer: den Beschuldigten und den dann Verurteilten – trifft diese Macht mit besonderer Wucht.

Kriminalpolitik

Das erklärt freilich nur, dass auch der Täter hinsichtlich Konfliktlösung und Verfahren im modernen Strafrecht neutralisiert ist, dass an seiner Stelle der verfolgende und strafende Staat handelt und notfalls Gewalt ausübt. Eine »Täterorientierung« versteht sich damit noch nicht. Die wird erst plausibel, wenn man den Blick weitet und ihn, über das konkrete Verfahren hinaus, auf eine langfristige Politik gegenüber dem Verbrechen, auf Kriminalpolitik also, richtet.

Prävention, so haben wir gesehen (S. 57 ff., 70 ff.), ist heute das alles beherrschende Ziel der Strafe. Prävention verpflichtet nicht nur zu einer folgenorientierten Behandlung des Einzelfalls, sondern auch zu Kriminalpolitik. Resozialisierung, Abschreckung, Normvertrauen – alles Konzepte, die auch eine langfristige, eine politische Perspektive haben. Die Voraussetzungen gelingender normativer Orientierung von Straftätern an Gesetzestreue oder die Bedingungen dafür, dass die Bevölkerung das Strafrecht als »unser Strafrecht« erlebt, versteht und anerkennt, brauchen Zeit, Geld und Institutionen – vom Strafvollzug über Entlassenenhilfe, Ermittlungspraxen der Kriminalpolizei bis hin zur Pressearbeit der Strafjustiz.

Diese Kriminalpolitik ist nicht ausschließlich auf den Täter konzentriert, aber sie fokussiert sich auf ihn. Das Opfer ist aus der Kriminalpolitik nicht eliminiert. Ergebnis von Kriminalpolitik sind ja auch die zahlreichen Rechte und Räume, die dem Opfer im materiellen Strafrecht und im Strafverfahren zur Verfügung gestellt worden sind (S. 234 ff.), und nicht nur das Sozialrecht – etwa mit Hilfe des Opferentschädigungsgesetzes und dessen § 1 und § 2 –, sondern auch das Strafrecht hat zu überlegen und zu entscheiden, was die Verfassung heute für die rechtliche Stellung und Ausstattung des Verbrechensopfers zu sagen hat. Unter der Herrschaft der präventiven Strafziele ist es aber gleichwohl angemessen, weiter von einer Randstellung des Opfers, von seiner Neutralisierung zu sprechen:

Der Täter ist diejenige Figur, die im Zentrum strafrechtlicher Aufmerksamkeit steht. Um den Verdacht seiner Straftat geht es im Verfahren, um die angemessene Antwort auf sein Unrecht und seine Schuld geht es im Urteil. Das Opfer ist – als Zeuge – verpflichtet, und es ist – als Verletzter – eingeladen, dazu beizutragen, dass diese Ziele erreicht werden können. Dennoch bleibt es dabei, dass diese Ziele ausschließlich den Täter im Visier haben.

Geht es, außerhalb des Einzelfalls und über das konkrete Strafverfahren hinaus, um Kriminalpolitik, dann geht es wiederum nicht um das Opfer. Dieses hat ja den Konflikt nicht in die Welt gebracht, um den es geht, es ist ihm anheimgefallen; hier könnte allenfalls die zentrale Frage der Viktimologie, der empirischen Wissenschaft vom Opfer, Sinn machen: ob bestimmte Opfermerkmale das Verbrechen beeinflusst, gar begünstigt haben. Gleichwohl ist das Opfer nicht die Figur im kriminellen Geschehen, hinsichtlich deren der strafende Staat über Möglichkeiten der Besserung und Abhilfe nachzudenken hätte. Abschreckung, Resozialisierung, Normvertrauen – darüber denken wir nur wegen der Täter nach, und an sie denken wir, wenn wir uns die Frage nach der Wirksamkeit und Angemessenheit von Instrumenten der »Verbrechensbekämpfung« (wie es heute allenthalben so kriegerisch heißt) stellen.

2. Politik und Gerechtigkeit

Aber ist das denn gerecht? Hat das Opfer – immerhin der andere Beteiligte am Strafrechtskonflikt und gerade der, der in diesem Konflikt in seinen Rechtsgütern verletzt worden ist – nicht eine bessere Behandlung seitens des Strafrechts verdient als seine Neutralisierung? Was rechtfertigt es, den Verletzten als »Opfer-Zeuge« unter den Zwang des Erscheinens im Gerichtssaal und der wahrheitsgemäßen Aussage zu setzen und ihn vorher außerhalb des Saals dann auch noch lange warten zu lassen? Ist das nicht wirklich – und einseitig zu Lasten des Opfers! – die Enteignung des Strafrechtskonflikts, die wir schon einmal (S. 230) an die Wand gemalt haben? Solche Fragen wurden in den vergangenen Jahren oft mit Entrüstung in der Öffentlichkeit formuliert, und sie haben, nach meinem Eindruck, am Ende auch dazu geführt, dass sich die Stellung des Opfers im Strafverfahren verbessert hat (vgl. etwa zur vernehmlichen Stimme der Nebenklage S. 242 f.).

Jenseits einer verständlichen Entrüstung lässt sich die Frage nach der gerechten Behandlung des Verbrechensopfers im Strafrecht nicht so schlank beantworten. Dazu kann ein Blick auf größere Zusammenhänge von Politik und Opfer hilfreich sein, der erschließt und einschätzen lässt, was die Palette der Opferrechte alles enthält und wie sie sich zusammensetzt.

Typen von Opferrechten

Vielleicht haben Sie es schon bemerkt (aber ich glaube es eher nicht – es ist doch sehr versteckt), dass die unterschiedlichen Rechte und Positionen des Opfers unter einem politischen Blickwinkel ganz andere Farben haben. Das erleichtert ihre systematische Einordnung und am Ende auch ihre rechtspolitische Bewertung.

Politisch (wenn auch nicht praktisch!) eher randständig ist der Unterschied zwischen den Rechten aus dem Strafantragserfordernis (S. 234 ff.) und den Rechten, im Verfahren folgenreich zu handeln (S. 239 ff.). Das Unterlassen, einen für die Strafverfolgung notwendigen Antrag zu stellen, verhindert schon gleich das gesamte Strafverfahren und enthebt das Opfer der Entscheidung, welche Instrumente seiner Sache im Strafverfahren günstig wären. Das ist bloß ein Unterschied in den Voraussetzungen und in der Reichweite des gewählten Instruments. Beide Male ist die Entscheidung über den besten Weg in die Hände des Opfers gelegt, und beide Male werden die Optionen des Opfers sowohl vermehrt als auch verstärkt.

Ebenfalls eher gut sichtbar, weil in der Sache begründet, ist die Unterscheidung zwischen den Rechten auf prozessuale Intervention (S. 239 ff.) einerseits und den Möglichkeiten der Versöhnung (S. 246 ff.) andererseits. Diese Unterscheidung hilft uns in der Sache weiter: Wiedergutmachung und Täter-Opfer-Ausgleich weiten die Szene. Hier geht es nicht mehr nur um das Opfer, sondern jetzt auch um den Täter und um das Gelingen kommunikativer Prozesse. Und die Versprechen des Gesetzgebers richten sich nicht nur an das Opfer, sondern mit mindestens derselben Dringlichkeit an den Beschuldigten: Er kann seine Lage nachhaltig verbessern. Das ist jetzt nicht mehr nur eine »Politik mit dem Opfer«; es ist allgemeine Kriminalpolitik, in der das Opfer einen unverzichtbaren Platz hat. Wiedergutmachung lässt sich also nicht schlicht und vor allem nicht gänzlich auf dem Konto des Verletzten verbuchen.

Virtuelle Opfer

Von erheblichem politischem Gewicht ist endlich eine dritte Unterscheidung: der Rolle des Opfers im allgemeinen kriminalpolitischen Diskurs einerseits und der Rollen, wie wir sie aus dem Strafrecht kennengelernt haben – und zwar sowohl aus dem materiellen wie aus dem formellen Strafrecht – andererseits. Im Strafrecht geht es um wirkliche Opfer: um Menschen, die – als Verletzte eines Antragsdelikts – einen Strafantrag stellen können (S. 234 ff.), um Opfer, die sich am Verfahren beteiligen durch Nebenklage oder durch einen Antrag auf Klageerzwingung (S. 239 ff.) oder die sich auf einen Täter-Opfer-Ausgleich einlassen (S. 246 ff.).

Allemal ist es eine schlampige Redeweise, vor Rechtskraft eines Urteils von »Täter« und »Opfer« (statt von »Beschuldigtem« und wohl auch nur von »behauptetem Opfer« – vgl. Art. 6 II EMRK) zu sprechen, allemal ist diese Redeweise aber weitverbreitet und mag außerhalb eines konkreten Falles hingehen, und allemal sind die dort bezeichneten Menschen aus Fleisch und Blut; sie tragen vor, Opfer einer strafbaren Handlung geworden zu sein. Das können die Opfer im kriminalpolitischen Diskurs nicht vortragen; sie können gar nichts vortragen: Es gibt sie nämlich nicht. Sie sind »virtuelle« Opfer, Menschen, die vielleicht morgen Opfer werden (oder auch nicht), Adressaten eines Appells an ihre Verbrechensfurcht, an ihren politischen Willen, das Strafrecht zu verschärfen, damit sie nicht (und viele andere) zu Verbrechensopfern werden. Dass sie Opfer sind, behauptet niemand, es wird ihnen für die Zukunft nur bedingt vorhergesagt.

Ich halte diese Differenz zwischen Wirklichkeit und Möglichkeit für zentral, wenn man sich ein Urteil über die Politik mit dem Opfer bilden will. Denn die Interessen virtueller Opfer kann man nicht unter den Rechten wirklicher Opfer verbuchen, auch wenn eine kriminalisierungsfreundliche politische Rhetorik alles daransetzt, es so aussehen zu lassen. Virtuelle Opfer sind wir alle: bloß eine rhetorische Figur.

Was also bleibt?

Es bleibt der Bestand der Opferrechte, der in den letzten Jahren zu Recht zugenommen hat und den wir betrachtet haben (S. 234 ff.). Er wird ergänzt durch eine gewachsene Sensibilität dem Opfer gegenüber, über den organisierten Schutz gefährdeter Opferzeugen bis hin zu Opferbetreuungsprogrammen der Gerichtsverwaltungen, und es bleiben die – schmalen – Möglichkeiten des Rechts auf Opferentschädigung. Es gibt in der Bürgergesellschaft zahlreiche unterschiedliche Hilfestellungen für Opfer, und es breitet sich immer mehr die Erkenntnis aus, dass Opfer in ihrer großen Mehrheit keine Scharfmacher sind, die es auf eine Demütigung des Täters oder auf hohe Strafen anlegen, sondern Beteiligte am Verbrechenskonflikt, die ein spiegelbildliches Recht auf Zurechnung haben wie der Täter (S. 205 ff.): die öffentliche Feststellung der Strafgerichte, dass ihre Belastung Unrecht war und nicht Unglück.

Mehr Mitbestimmung des Opfers über das Strafverfahren und seinen Ausgang gehört nicht dazu. Diese Bestimmungen verantwortet die Strafjustiz.

3. Zusammenfassung

Dass das Verbrechensopfer eine zentrale Figur ist im Verbrechenskonflikt, haben wir lange Zeit nicht richtig gewürdigt. Unser Blick war auf den strafenden Staat gerichtet, und der ist nicht auf das Opfer, sondern auf den Täter konzentriert. Beides hat seine Gründe.

Im Strafrecht hat der moderne Staat sein Gewaltmonopol dazu genutzt, das Opfer zu neutralisieren: es im Wesentlichen auf die Rolle des Zeugen zu beschränken und das allgemeine Interesse an Fairness, Gerechtigkeit und Frieden an die Stelle der jeweiligen besonderen Interessen der Verbrechensopfer zu setzen. Das war und ist notwendig, um eine rechtliche Ordnung einzurichten und aufrechtzuerhalten, die nicht die Interessen von Täter und Opfer vertritt, sondern unser aller Interesse. Der Staat hat die Strafgewalt, er bestimmt, was Recht ist, und setzt es durch.

Das muss aber nicht bedeuten, dass das Verbrechensopfer nur als »Opferzeuge« im Verfahren handeln darf. In jüngster Zeit haben opferfreundliche Strafrechtsreformen den Verletzten mit Rechten ausgestattet, die ihn zu einer aktiven Rolle in Strafverfolgung und Strafverfahren befähigen und es ihm möglich machen, seine Vorstellungen von Gerechtigkeit, seine Sichtweise des deliktischen Geschehens und seine Wünsche für eine Entscheidung besser zur Geltung zu bringen. Vor allem die Nebenklage, das Adhäsionsverfahren zur Durchsetzung von Ersatzansprüchen schon im Strafverfahren, aber auch das Recht der Opferentschädigung sind Ansätze, die noch ausbaufähig sind. An der Neutralisierung des Opfers und der alleinigen Strafgewalt des Staates aber wird das nichts ändern.

III. Jugend

Im alltäglichen Leben ist die Jugend unsere Zukunft, unsere Hoffnung und, nicht selten, auch unsere Freude. Im Strafrecht hingegen ist sie uns zu einem Problem geworden – oder haben wir sie nur dazu gemacht? Ich glaube, wir haben sie zu einem Problem gemacht; dafür gab es freilich Gründe.

1. Regulierungen

a. Ein helles Rechtsgebiet

Das Jugendstrafrecht ist – vergleicht man es mit dem allgemeinen, mit dem Erwachsenenstrafrecht – ein eher helles Rechtsgebiet, mit Vertrauen in die Zukunft, mit Krediten an die Straftäter, mit phantasievollen Varianten der staatlichen Reaktion auf Jugendkriminalität und mit Behutsamkeit im Zugriff auf die Betroffenen (und manchen professionellen Jugendrichtern merkt man an, dass sie sich diese Eigenschaften irgendwie anverwandelt haben). Es versteht sich als ein modernes, auf die Wirklichkeit achtendes Instrumentarium, das den besonderen Problemen der Jugendlichen gerecht wird. Es verdankt sein Entstehen den kritischen Nachfragen an den Sinn des Strafrechts und die Ziele der Strafe, die mit besonderer Dringlichkeit im sogenannten Schulenstreit zu Beginn des letzten Jahrhunderts gestellt worden waren, als die präventiven Lehren auf die wirklichen Folgen des Strafrechts

aufmerksam gemacht haben (dazu im Zusammenhang
S. 57 ff., S. 70 ff.).

Jungsein

Aber natürlich nicht nur denen. Diese Nachfragen
machten Sinn ja nur in einem größeren Zusammenhang, der über das Strafrecht weit hinausreicht: in der
wissenschaftlichen und kulturellen Entdeckung von
»Kindheit« und »Jugend« als Epochen unseres Lebens,
die sich von anderen Epochen klar und mit Gewinn an
Erkenntnis unterscheiden lassen und deshalb unterschiedliche Antworten auf ihre Fragen verdienen. Was
Kindsein und Jungsein bedeutet und was daraus wofür
folgt – das liegt für eine Gesellschaft, für eine Wissenschaft, für eine Kultur und auch für das Recht ja nicht
in der Gegend herum wie Steine, die man nur aufzuheben braucht. Es wird – von jeder Kultur anders – geformt
und hergestellt, durchaus im Einklang mit den tatsächlichen Entwicklungen der Menschen und ihrer Gesellschaft, aber nicht als deren Blaupause (derselbe Zusammenhang findet sich, aus einem anderen Blickwinkel,
schon S. 189 ff.).

Verantwortlichkeit, Zweckverfolgung, Differenzierung

Die Antwort des Jugendstrafrechts auf die besonderen
Situationen und Probleme junger Menschen lässt sich
in drei Schlagwörtern zusammenfassen: Verantwortlichkeit, Zweckverfolgung und Differenzierung.

Zweckverfolgung passte natürlich haargenau in das
Verständnis der präventiven Theorien vom Sinn der
Strafe, und Differenzierung war das Instrument, mit dem
der Zweck ins Werk gesetzt wurde, der das Jugendstrafrecht kennzeichnet: Erziehung. Differenziert wird nicht

nur zwischen Epochen des Lebens – Kinder, Jugendliche Heranwachsende, Erwachsene –, sondern auch, konsequenterweise, zwischen Reaktionen des Strafrechts auf die besonderen Lagen, in denen junge Menschen leben. Im Jugendstrafrecht schien die Erziehung der Gefährdeten und Gefallenen ein selbstverständliches Ziel staatlicher Einwirkungen zu sein, und die Differenzierungen drängten sich geradezu auf. So sind die Ausgangspunkte klar, und sie passen auch.

Ohne das erste Schlagwort aber, ohne Verantwortlichkeit, wäre das formalisierte Strafrecht nicht so, wie ich es Ihnen in Teil C. vorgestellt – und gerechtfertigt – habe. Differenzierung zwischen den Epochen des Menschenlebens und den strafrechtlichen Antworten innerhalb dieser Epochen liegen ebenso auf der Hand wie das Ziel der Erziehung bei jungen Menschen. Verantwortlichkeit aber ist der zentrale Ansatz des Jugendstrafrechts, aus dem sich Zwecke und Instrumente erst entwickeln und rechtfertigen. Auf Zweifel hinsichtlich der Verantwortlichkeit von Personen muss der Strafgesetzgeber in seinen allgemeinen Anordnungen und muss dann auch die Strafjustiz im konkreten Fall immer sensibel achten und ihnen entschlossen nachgehen, wenn der Grundsatz *nullum crimen, nulla poena sine culpa* (kein Verbrechen, keine Strafe ohne Schuld) nicht nur Sonntagsrede sein soll; das haben wir oben unter D.I., S. 204 ff. entwickelt.

Die Konsequenzen für das Jugendstrafrecht sind klipp und klar: Hier wird ein Instrumentarium ins Werk gesetzt, das der verminderten, der erst wachsenden Verantwortlichkeit junger Menschen für das, was sie tun, gerecht werden will und sich dabei nicht nur auf rechtliche Grundsätze, sondern auch auf Tatsachen stützt. Empirische Anthropologie informiert über Stadien der

Reifung und der normativen Orientierung, und das Jugendstrafrecht versucht, diesen Befunden gerecht zu werden – in der generellen Regulierung etwa des § 19 StGB und im speziellen Einzelfall etwa nach Maßgabe des § 3 JGG.

In der konkreten Gesetzesform sieht das so aus:

Das Gesetz weigert sich, Kindern eine strafrechtliche Verantwortlichkeit zuzuschreiben (§ 19 StGB), es verlängert diesen Ansatz in die Überzeugung, Jugendliche und Heranwachsende (§ 10 StGB; § 1, § 3, § 105 I JGG) seien in geringerem Maße verantwortlich als Erwachsene und folglich auch in den Strafrechtsfolgen zu entlasten (zum Vergleich: § 38 StGB; § 18 I, § 105 III JGG). Damit erfüllt es das Gebot personaler Zurechnung (S. 206 ff.), und daraus ergibt sich im Grunde alles andere, das Helle und das Dunkle:

b. Kinder

Strafjuristen halten die Schuldunfähigkeit eines jeden Kindes, die § 19 ohne jede Ausnahme anordnet, für eine »unwiderlegliche Vermutung«. Damit drücken sie sich zwar vor der Anstrengung, die Gründe für den Ausschluss strafrechtlicher Verantwortlichkeit für unter Vierzehnjährige zu benennen und zu bewerten (etwa das Fehlen normativer Ansprechbarkeit oder die überwiegende Schädlichkeit staatlicher Strafen bei Kindern); sie bringen die dogmatische Struktur der Norm aber elegant auf den Punkt:

Nur verbal hat der Gesetzgeber die Schuldunfähigkeit bestimmt, nur formal hat er sie angeordnet; in der Sache konnte er sie nur vermuten, und diese Vermutung hat er gegen Ausnahmen, unwiderleglich, gefestigt.

Das schützt zwar das Kind und seine Eltern nicht vor Maßnahmen aus dem Familien- und dem Sozialrecht, die durchaus eingreifend ausfallen können, wenn etwa das vernachlässigte oder sonst von den Eltern bedrohte Kind aus der Familie entfernt wird. Es schützt aber einen dreizehnjährigen hochintelligenten Gymnasiasten oder auch einen verbrechenserfahrenen Intensivtäter desselben Alters sowohl vor einer strafrechtlichen Verurteilung als auch vor einem Strafverfahren (bei dem ja ohnehin nichts herauskommen könnte, wenn das Lebensalter feststeht).

Diese Regelung hat ihre Haken, die verständlich machen, warum sie umstritten ist und immer umstritten sein wird.

Schmerz der Grenze

Dass sie Klarheit schaffen will, indem sie eine numerisch bestimmte Altersgrenze einzieht, ist ihr nicht hoch genug anzurechnen; in der sensiblen Phase des beginnenden Strafverfahrens sollte nicht polizeilich ermittelt und staatsanwaltlich verhandelt werden müssen, ob ein Verfahren überhaupt stattfinden darf (obwohl § 19 StGB nicht verhindern kann, dass die Ermittlungsbehörden bisweilen Zweifel haben am wahren Alter der Betroffenen und diese Zweifel dann durch Gutachten zum Lebensalter abklären). Aber es ist gerade dieses Bemühen um Klarheit, das den »Schmerz der Grenze« anrichtet, den nicht nur Juristen (und von Juristen Betroffene) erleiden, wenn sie an die scharfen Kanten numerischer Regelungen geraten.

Wie schon ein rechtsvergleichender Blick erweist (aber pures Nachdenken könnte auch reichen), kann die strafrechtliche Grenze zur absoluten Schuldunfähigkeit, zum Kindsein, auch anders gezogen werden; sie

könnte etwa bei zwölf Jahren liegen. Die Unwiderleg-
lichkeit, mit der § 19 StGB alle Kinder als schuldunfähig einstuft, gibt sich zwingender, als sie das der Sache
nach sein kann; sie ist eine durchaus vernünftige, aber
eben auch eine gegriffene Bestimmung, die sich nicht
nur kühler wissenschaftlicher Beobachtung, sondern
am Ende beherzter politischer Entscheidung verdankt
(wobei der Gesetzgeber, wenn er seine Hausaufgaben gemacht hat, sich bei Anthropologen, Pädagogen, Psycho-
logen zuvor über Verantwortlichkeit und Reifung junger Menschen orientiert und – angesichts des Wandels
unserer Welt – mit dieser Orientierung niemals aufgehört hat). Unter der Eindeutigkeit der Altersgrenze bro-
deln ganz unterschiedliche Befunde und Einschätzungen zur Verantwortlichkeit von Kindern.

Topf und Deckel

Die Mischung von präziser Grenzziehung und unpräzi-
sen, aber nachdrücklichen Einschätzungen ruft immer
wieder Kritiker auf den Plan, die – beispielsweise nach
Presseberichten über Kinder, die, von ihren Eltern an-
gelernt oder gar gezwungen, massenhaft und professionell in Wohnungen einbrechen – eine Herabsetzung der
Altersgrenze fordern. Ihre Argumente beziehen sie aus
demselben Topf, aus dem der Gesetzgeber auch seine
Vermutung bezogen hat, unter 14 Jahren seien Menschen
nicht schuldfähig, aus dem Topf, in dem Anthropologie,
Alltagskultur und Innenpolitik verrührt werden.

Diesen Topf kann man nicht schlicht verschließen –
auch nicht mit dem Deckel einer numerisch (und damit
präzise) bestimmten Eingriffsschranke. Denn dieser Deckel verhindert nicht, dass es in dem Topf weiterhin bro-
delt und bei geeigneten Gelegenheiten überkocht: Kinder
seien heute früher reif – und deshalb verantwortlich –

als im ersten Viertel des letzten Jahrhunderts, da das
JGG in Kraft getreten ist, ein frühzeitiger Schuss vor den
Bug würde viele von ihnen auf den rechten Weg bringen,
eine wachsende Zahl von Eltern sei nicht imstande oder
nicht willens, ihre Erziehungsaufgaben wahrzunehmen,
und dazu müsse man sie auch mit strafrechtlichen Mitteln anhalten, und so weiter und so fort.

c. Jugendliche

An der nächsten Grenze, die der Gesetzgeber vorgegeben hat, entscheidet sich die Verantwortlichkeit von Jugendlichen. Statt den Eintritt dieses Zustands – im Gefolge des § 19 StGB – lakonisch ab dem 14. Lebensjahr
unwiderleglich zu vermuten, hat sich der Gesetzgeber
entschlossen, auf die Sache zuzugehen und dem Jugendstrafrichter in § 3 JGG inhaltliche Kriterien an die Hand
zu geben. Er hat ihm die Möglichkeit eröffnet, den Jugendlichen mangels Reife nicht strafrechtlich zur Verantwortung zu ziehen, sondern seinen zutage getrete-
nen Problemen mit Maßnahmen aus dem Familien- und
Vormundschaftsrecht zu begegnen (wie etwa die fami-
liengerichtliche Entziehung des Personensorgerechts
oder des Rechts der Aufenthaltsbestimmung; die Bestellung eines Pflegers durch das Vormundschaftsgericht,
der die Unterbringung in einer geeigneten Familie oder
einem Heim besorgen kann).

Menschenfreundlichkeit
Das macht einen sorgfältigen und menschenfreundlichen Eindruck. Die Norm verweist selber auf das Schar-
nier, das an der Untergrenze strafrechtlicher Intervention angebracht ist und etwa zu familienrechtlichen

Möglichkeiten einer Reaktion führt (§ 3 S.2 JGG). Sie erlaubt es dem Strafrichter, diese Maßnahmen selber anzuordnen, und erspart damit allen Beteiligten den irritierenden und zeitaufwendigen Wechsel des Verfahrensgangs. Und sie verlangt vom Richter eine positive Feststellung der Schuldfähigkeit (und damit natürlich auch eine sorgfältige Begründung im Urteil). Das Gericht darf nicht mit Vermutungen arbeiten – und schon gar nicht mit unwiderleglichen –; es muss sich den jungen Menschen genau ansehen und seine Eindrücke bewerten und einordnen, notfalls mit sachverständiger Hilfe.

Vernunft?

Wer jetzt Bedenken oder gar Widerspruch anmeldet, ist unserem Gedankengang sicher aufmerksam gefolgt, übertreibt aber vielleicht ein wenig.

Er, oder sie, vermisst in § 3 JGG mit Recht gerade das, was wir der allgemeinen Bestimmung zur strafrechtlichen Verantwortlichkeit, nämlich § 20 StGB, als »gediegene Vernunft« lobend zugerechnet haben (S. 223 ff.): den Verzicht auf eine positive Bestimmung der Zurechnungsfähigkeit und ihren Ersatz durch die – doppelt negative – Feststellung einer Abwesenheit von Mängeln der Verantwortlichkeit. Diese Vernunft geht § 3 JGG in der Tat ab, und es könnte deshalb so aussehen, als ob dem Jugendstrafrichter gesetzlich auferlegt sei, was der Richter im Erwachsenenstrafrecht von Gesetzes wegen nicht leisten muss (und von Natur aus auch gar nicht leisten kann): den positiven Nachweis von Schuld und damit auch von Willensfreiheit.

Aber gemach. So hoch (oder besser: tief) greift § 3 JGG nicht. Er weist den Richter nicht an, das Anders-handeln-Können in einer konkreten Situation zu prüfen und zu begründen und dafür in Körper und Seele des Beschuldigten tief einzudringen, er verlangt kein »stellvertretendes Gewissensurteil«. Er lässt es genug sein, die kognitive Einsichtsfähigkeit und die normative Orientierung des jungen Menschen aufzuklären, den Stand seiner Reife, und das können erfahrene Jugendstrafrichter allemal (vgl. § 37 JGG).

Licht der Öffentlichkeit

Ein letzter Gesichtspunkt zum Weiterdenken. Man könnte sich fragen, warum unter § 3 JGG die übliche innen- und rechtspolitische Aufregung ausbleibt, die unter § 19 StGB den Topf immer wieder zum Überkochen bringt; denn immerhin geht es bei § 3 JGG strukturell ja um dasselbe Problem: die strafrechtliche Entlastung von Übeltätern, die den gesetzlichen Anforderungen gerecht wird, nicht aber den kriminalpolitischen Einschätzungen von Bürgern, die diese Jugendlichen für zugleich gefährlich und verantwortlich halten. Über die tägliche Arbeit unter § 3 JGG hat sich, soweit ich sehe, noch niemand aufgeregt.

Der Versuch einer Antwort: § 19 StGB fügt uns den Schmerz der Grenze zu, § 3 JGG nicht. In § 19 hat es der Gesetzgeber auf sich genommen, seine Vermutung der Zurechnungsunfähigkeit bei allen Menschen, die eine klar bestimmte Altersgrenze noch nicht erreicht haben, allgemein und öffentlich zu erklären. Im Licht der Öffentlichkeit, in dem der Gesetzgeber immer steht, steht deshalb auch § 19 StGB und lockt Kritiker in diese Öffentlichkeit hinein. Der Gesetzgeber steht zu seiner Regelung – noch; und erregt Widerspruch und trägt ihn.

Nach § 3 JGG laufen die Dinge ganz anders. Hierhin leuchtet das Licht der Öffentlichkeit nicht oder nur flackernd. Hier steht der Gesetzgeber als Autor der Regelung nicht mehr im Fokus. Hier erledigt der Jugendrichter die Abgrenzung zwischen Zurechnungsfähigkeit und Zurechnungsunfähigkeit streng auf den Einzelfall bezogen, still und professionell. Solange diese Abgrenzung justizielle Alltagsarbeit bleibt, hat sie den überkochenden Topf nicht zu fürchten.

d. Heranwachsende

Solange. § 105 JGG, der mit der Abgrenzung zwischen Jugendlichen und Heranwachsenden beauftragt ist, folgt dem methodischen Vorgehen des § 3 JGG getreulich und überträgt das Geschäft der Unterscheidung der stillen und professionellen Prüfung des Gerichts. Gleichwohl schafft er es am Ende nicht, den Kochtopf zu umgehen. Woran liegt das?

§ 105 JGG verlängert den Gesichtspunkt der differenten Verantwortlichkeit, der das Jugendstrafrecht beherrscht, konsequent bis in die oberste Stufe der Heranwachsenden, die nach dieser Stufe ins Erwachsenenalter kommen. Der Teil des JGG, in dem diese Vorschrift steht, ordnet Rechtsfolgen an, deren Schwere zwischen den Stufen der Jugendlichen und der Erwachsenen angesiedelt ist; das entspricht der Logik und den Grundannahmen, mit denen unser Jugendstrafrecht angetreten ist. Die Kriterien, mit denen die Abgrenzung von Heranwachsenden und Jugendlichen arbeiten muss, sind in Abs. 1 zwar etwas altfränkisch formuliert. Sie sind aber in der Sache gut geeignet, die Rechtsprechung anzuleiten, und das reicht. Das JGG ist ja kein Gedichtband. So weit, so gut.

Warum § 105 JGG nicht, wie § 3 JGG, im Schatten stiller Professionalität dahinsegeln kann, warum ihn

stattdessen immer wieder dasselbe Schicksal trifft wie
§ 19 StGB, ist schnell erklärt. Es liegt daran, dass § 105
JGG in demselben Fokus steht wie § 19 StGB: unter besonderer Beobachtung der Öffentlichkeit. Das verdankt
er freilich nicht dem Gesetzgeber, sondern der Kriminologie, die herausgefunden und darüber aufgeklärt hat,
dass die im Einzelfall erforderliche Abgrenzung zwischen Heranwachsenden und Jugendlichen von der
Rechtsprechung regelmäßig zugunsten des jüngeren
Status vorgenommen wird, dass sie den Beschuldigten
also relativ entlastet.

Das werden Jugendstrafrichter, die ja nicht mit der
Statistik unterm Arm herumlaufen (müssen), selber
möglicherweise gar nicht bemerkt haben; es reicht aber
aus, um eine bestimmte Kritik am Jugendstrafrecht
zu mobilisieren: als zu lasch, als weltfremd angesichts
wachsender und immer gewalttätiger werdender Jugendkriminalität, als unverantwortlich gegenüber den
vom Verbrechen bedrohten Bürgerinnen und Bürgern.

e. Verfahren und Rechtsfolgen

Auch wer, wie beispielsweise ich, die aktuelle Kritik
am Jugendstrafrecht in der Sache nicht teilt, versteht,
woher der Wind weht. Denn die Rechtsfolgen unseres
Jugendstrafrechts sind – sowohl in materieller als auch
in prozessualer Hinsicht – von dem entschiedenen Willen geprägt, junge Menschen zu schonen, ihnen Kredit
zu geben, Vertrauen in ihre Entwicklung zu setzen. Das
kann jemandem nicht gefallen, der davon überzeugt ist,
dass bestimmte jugendliche oder gar sämtliche heranwachsenden Straftäter ganz genau wissen, was sie tun,
dass Schonung und Vertrauen kriminelle Neigungen

nur befördern, dass unser Strafrecht sowieso zu milde reagiert.

Zwei Stichworte sind es, denen sich die Besonderheiten unseres Jugendstrafrechts in Verfahren und Rechtsfolgen sinnfällig zuordnen lassen: Entformalisierung und Erziehung. Dieses Recht ist weniger streng geordnet, es lässt mehr Varianten zu, und es verfolgt mit besonderer Hartnäckigkeit das Ziel, die jugendlichen Straftäter zu einem gelingenden Leben in Freiheit fähig zu machen. Dass gerade diese Besonderheiten mannigfache Kritik auf sich ziehen, ist in einer Gesellschaft wie der unseren, die derzeit vor allem auf Sicherheit achtet (oben B.II.2.b.), nicht schwer zu verstehen.

Entformalisierung

Entformalisierung überall dort, wo Formalisierung dem Ziel der Erziehung im Wege stehen kann, ist das Panier des Jugendstrafverfahrens. Es soll nicht gestritten werden, wo versöhnt und erzogen werden kann, Einladungen zur Durchführung eines Verfahrens oder zur Bewirkung einer Verurteilung ergehen nicht.

Das Jugendstrafverfahren ist nicht öffentlich, es sieht eine Privat- und eine Nebenklage nicht vor. Es kennt nur einen verkürzten Rechtsmittelzug und favorisiert ein »vereinfachtes Jugendverfahren« (§ 76 JGG). Statt auf Konflikt und Auseinandersetzung setzt das JGG auf eine engagierte und professionelle Jugendgerichtshilfe, die das Gericht mit Informationen versorgt, die für das erzieherische Interesse von Bedeutung sind (§ 38 JGG). Erziehungsberechtigte sind im Gerichtssaal willkommen, und der Täter-Opfer-Ausgleich ist wohlgelitten. Vor allem aber entformalisiert das Jugendverfahrensrecht das Prinzip der formellen Gesetzlichkeit (vgl. schon S. 241 ff.), wo Staatsanwälte zum Jagen getragen wurden). Im Interesse erzieherischer Einwirkung räumt es dem Staatsanwalt (§ 45 JGG) und (in einer späteren, ganz ähnlichen Vorschrift) auch dem Richter weitreichende Befugnisse ein, das Verfahren frühzeitig zu beenden.

Erziehung

Das materielle Jugendstrafecht verfolgt die Abwendung vom Erwachsenenstrafrecht noch radikaler. Die Strafen des allgemeinen Strafrechts spielen keine Rolle. An ihrer Stelle steht ein dichtes und fein abgestuftes System von Instrumenten der erzieherischen Einwirkung auf junge Leute. Das Gericht erhält weite Spielräume der Reaktion auf Besonderheiten des Beschuldigten und seines Umfelds, und es wird zu phantasievollen Anpassungen der jugendrechtlichen Antwort auf solche Besonderheiten geradezu ermutigt (vgl. § 8 JGG). Nachdrücklicher als im allgemeinen Strafrecht wird das Prinzip der Subsidiarität staatlichen Strafens gepflegt. Man hat bisweilen den Eindruck, als fliehe der Gesetzgeber des JGG die Jugendstrafe wie der Teufel das Weihwasser und flüchte sich geradezu in weniger invasive Mittel (vgl. etwa § 5, § 17 II JGG).

Bei diesen Mitteln spielt die Musik. Der Gesetzgeber stuft die jugendstrafrechtlichen Rechtsfolgen nach ihrer Eingriffsintensität ab. Die freundlichste Schicht besteht aus »Erziehungsmaßregeln«, die in der Praxis zumeist »Weisungen« sind, welche dem Gericht praktische und konkrete Maßnahmen eröffnen; sie sind in § 10 JGG aufgezählt – und lesenswert. Die danach folgenden »Zuchtmittel« verstärken die Ernsthaftigkeit der staatlichen Reaktion auf die Straftat und gliedern sich in die Verwarnung (als einen »eindringlichen Vorhalt« des Unrechts der Tat gegenüber dem Täter), die Erteilung von

Auflagen (§ 15 JGG) und den Jugendarrest, der, als Freizeitarrest, Kurzarrest und Dauerarrest, die aufsteigende
Dringlichkeit der Mahnung zur Umkehr zum Ausdruck bringt (§ 16 JGG). Die Jugendstrafe ist das Mittel der Wahl, wenn das alles nicht fruchtet (§ 17 II JGG,
der mit seinem ominösen Verweis auf die »Schwere der
Schuld« ein Hintertürchen offen lässt, durch das diffuse
Vergeltungs- und Abschreckungsbedürfnisse einwan-
dern können – war das wirklich nötig, frage ich Sie, und
was wird damit wohl konkret gemeint sein?).

2. Politik und Weitsicht

Das Jugendstrafrecht mit seinen klaren Kanten gegenüber dem Erwachsenenstrafrecht und mit seinem herz-
haften Votum für Phantasie, Schonung, Langmut und
Erziehung verdient Kritik, und dabei verstehe ich das
Verb durchaus auch in dem positiven Sinn, wie wir es
sonst im Alltag verwenden, wenn jemand etwas verdient.

Kritik verdient es aus zwei Richtungen: als nicht
mehr zeitgemäßes und deshalb stumpfes Schwert gegen
wachsende Kriminalität und – aus der Gegenrichtung –
als zu weitgehend entformalisiertes Instrument effektiver Einwirkung auf junge Straffällige. Die Angriffe sind
ein Stück weit Spiegelbilder, soweit sie mit dem Gegensatz von Effizienz und Formalisierung operieren. In meinen Augen werfen sie das Jugendstrafrecht nicht um, im
Gegenteil: Sie belegen, gerade durch ihren wechselseiti-
gen Widerspruch, eher, dass der Gesetzgeber das rechte
Maß zwischen Intervention und Rechtsschutz gefunden
hat.

Stumpfes Schwert

Die Kritik, das Jugendstrafrecht sei ein stumpfes Schwert, hat uns bisher wie ein roter Faden geleitet. Sie schaut aus vielen Ecken hervor und findet immer wieder Anhaltspunkte in Grund und Einzelheiten dieses Rechtsgebiets, von seiner Differenzierung zwischen den Lebensaltern der Menschen bis hin zu seinen Vorstellungen über ihre gerechte Behandlung. Kern dieser Kritik ist eine am Konzept der Sicherheit orientierte kriminalpolitische Position, die Erleichterungen des strafrechtlichen Drucks und Garantien zugunsten der Beschuldigten, Entkriminalisierungen oder Begnadigungen prinzipiell ablehnend gegenübersteht, dem Einsatz des Strafrechts den wirksamen Schutz virtueller Opfer und ein Zurückdrängen der Kriminalität zutraut und an einer Ausdehnung von Kontrollen interessiert ist, um Risiken und Gefahren möglichst schon im Ansatz zu begegnen.

Die Übersetzung dieser Position in die Politik des Jugendstrafrechts ist leicht. Zwei Wege sind es, auf denen die Geschütze der Kritik transportiert werden. Beide führen ins Herz der Reformen, die dieses helle Rechtsgebiet ins Werk gesetzt hat. Die Geschütze der Kritik bestehen sowohl aus normativem als auch aus empirischem Material.

Es wird bekämpft, dass jugendliche und insbesondere heranwachsende Straftäter von Rechts wegen schon aufgrund ihres Alters einen Anspruch auf mildere Behandlung im Strafrecht hätten. Es wird behauptet, dass Milde die kriminelle Karriere geradezu fördere: Die so Behandelten gewännen dadurch das Bild von einem zögerlichen Staat, der sich seiner Normen selber nicht sicher sei. Es wird vorgetragen, dass ein Jugendlicher eine zur Bewährung ausgesetzte Strafe, eine Auflage oder eine Weisung nicht ernst nehme und sich zu Unrecht als freigesprochen empfinde. Es wird bestritten, dass die Differenzierungen der Epochen eines jungen Lebens, wie sie das Jugendstrafrecht grundieren, ein tragfähiges Fundament in der empirischen Anthropologie und in der realen Alltagskultur hätten.

An diesen Argumenten ist wenig Neues. Sie sind der Sache nach wohlbekannt aus dem sicherheitsorientierten allgemeinen Diskurs in der Kriminalpolitik (vgl. S. 73 ff. zu »Innere Sicherheit«). Ihr Transport in die Reform des Jugendstrafrechts macht sie nicht reicher und nicht stärker. Aber einen Hinweis gibt es, über den nachzudenken sich lohnt: dass das immer massivere Auftreten von Intensivtätern – wenn die mediale Verstärkung die Aufmerksamkeit der Öffentlichkeit für ihre Untaten weiterhin so nachdrücklich anregt – die liberalen und menschenrechtsfreundlichen Ideen des Jugendstrafrechts in ihrem Kern treffen könnte.

Die Kriminologen tragen uns vor, dass ein sehr kleiner Teil von Straftätern für einen überproportional hohen Anteil von Straftaten verantwortlich sei, dass diese Tendenz zunehme und dass sie vor allem im Bereich der Jugendkriminalität manifest sei. Die empirischen Untersuchungen gehen bis in die achtziger Jahre des letzten Jahrhunderts zurück, und ihre Ergebnisse gelten jedenfalls für diejenigen Rechtskulturen des Westens, die mit unserer vergleichbar sind. Danach haben innerhalb eines Jahres etwa 5000 registrierte Straftäter unter 21 Jahren deutlich mehr als 90 000 Taten verübt oder waren etwa 15 Prozent einer Alterskohorte für 63 Prozent der Straftaten verantwortlich.

Das sind erschreckende Zahlen und beunruhigende Entwicklungen. Intensivtäter sind gewiss nicht die einzige Sprengkapsel für ein schonendes Jugendstrafrecht;

sie sind aber die schärfste, und diese Kapsel wird bei bestimmten Gelegenheiten von bestimmten Medien besonders gerne gezündet. Sie hat verheerende Wirkung: Sie verdirbt das Klima, in dem ein Jugendstrafrecht, das seinen Namen verdient, gedeihen kann, indem sie den Wahlbürgern vorführt, wie Jugendliche ihnen und dem Gesetzgeber auf der Nase herumtanzen. Schlimmer kann es eigentlich nicht kommen.

Dieselben Kriminologen tragen uns freilich auch vor, dass man mit diesen Statistiken vorsichtig umgehen müsse. Was die zitierten Zahlen nicht aussagen, was aber ebenfalls gut bestätigt und für eine weitsichtige Politik des Jugendstrafrechts von zentraler Bedeutung ist: Diese Täter wirken während einer bestimmten Epoche zwar wie Blitz und Donner, sie haben aber in ihrer klaren Mehrheit – wie alle jungen Straftäter – eine vergleichsweise nur geringe »Verweildauer im System«, wie es bürokratisch heißt: Sie überwinden die kriminelle Phase in ihrem Leben normalerweise schnell. Das macht die Gewitter, denen sie uns aussetzen, zwar nicht besser erträglich, bestätigt aber doch die grundlegende Annahme des Jugendstrafrechts, dass junge Menschen tiefgreifenden Entwicklungen unterliegen und dass das auf sie gemünzte Strafrecht professionell und geduldig auch auf positive Entwicklungen setzen und sie nutzen muss. Das ist Grund und Rechtfertigung der Entscheidung des Jugendstrafrechts, die Verhängung einer Jugendstrafe strikt dem Grundsatz der Subsidiarität zu unterwerfen; denn diese Strafe kann Türen für immer zuschlagen.

Das wird nicht jede und jeden überzeugen, dazu sind die empirischen und normativen Grundannahmen, die eine Politik des Jugendstrafrechts in unseren Köpfen und Herzen bestimmen, zu tief verankert, sind Hoffnungen und Ängste hier besonders mächtig und einflussreich.

Aber eine Warnung kann vielleicht einleuchten: Man sollte das Jugendstrafrecht nicht von den Intensivtätern her konzipieren, und man sollte auch kein »Feindstrafrecht« für diese kleine Gruppe junger Krimineller entwickeln, das sie von der »normalen« Jugendkriminalität absondert, sie besonderen Regeln unterwirft und ihnen Wohltaten verweigert, die anderen zustehen. Der Gedanke ist verführerisch: Man könnte mit der Einführung eines Sonderrechts für besonders gefährliche junge Täter verhindern, dass diese Gruppe das gesamte Jugendstrafrecht kontaminiert, indem die Rechtspolitik unter Berufung auf ihr Beispiel die Garantien von Phantasie, Schonung und Vertrauen auf ganzer Linie abbaut, die dieses Rechtsgebiet bisher auszeichnen; man könnte das Jugendstrafrecht rechtsstaatlich »retten«, indem man seine Kellerkinder in den Keller schickt und die anderen im Licht der milden Sonne belässt.

Das freilich wäre keine weitsichtige Politik – von ihrer Gerechtigkeit ganz abgesehen. Es führte vielmehr, wie auch andere Vorstellungen von einem »Feindstrafrecht«, das »Gefährder« ins Visier nimmt, ihnen die Qualität, Person zu sein, abspricht, sie aus dem »Bürgerstrafrecht« entfernt, sie einem strengen Regime unterwirft und ihnen die Rechte des formalisierten Strafrechts nimmt, geradezu in die normative Irre. Verfolgung und Bestrafung ohne Rechte der Betroffenen sind kein Recht, sondern Krieg. Und jedenfalls wäre das Feindstrafrecht der Anfang vom Ende des Rechtsstaats: eines gleichmäßig für alle geltenden Rechts.

Schon zu Zeiten, da die »Rote Armee Fraktion« die Republik auch normativ irritiert hat, gab es Forderungen nach einem Sonderrecht für Terroristen. Wir ha-

ben es bis heute geschafft, ohne ein solches »Recht« zu-
rechtzukommen. Jugendliche Intensivtäter sind eine
schwierige Aufgabe für Sozialarbeit und Polizei; sie sind
kein Anlass, unsere Rechtspolitik neu zu justieren.

Entformalisierte Effizienz

Wovon mein Herz voll ist, ist mir der Mund übergegan-
gen: vom Prinzip einer Formalisierung des Strafrechts,
das uns in Teil C. in seinen Grundzügen und bis in viele
Einzelheiten hinein beschäftigt hat. Mit der Formalisierung des Strafrechts, so hieß es da am Ende (auf S. 203),
gelingt seine Rechtfertigung.

Bei der Analyse des Jugendstrafrechts haben wir nun
gesehen (etwa S. 274 ff.), dass in diesem Bezirk ein anderer Wind weht als im Erwachsenenstrafrecht, dass diese
Differenzen auch das Prinzip der Formalisierung erfassen und dass dies alles andere als ein Zufall ist: Das Jugendstrafrecht tritt näher auf den Menschen zu, es lässt
ihm weniger Raum und rückt ihm auf den Leib, seine
Eingriffe sind vergleichsweise umstandslos, es hat ein
eher kritisches Verhältnis zu Förmlichkeiten, zu pro-
fessionellem Streit und zu Distanz. Es hat – schon im
materiellen Recht und im Verfahren und nicht erst im
Strafvollzug – das Ziel einer Erziehung fest im Blick,
und es opfert diesem Ziel zu einem Teil den formali-
sierenden Schutz, auf den ein erwachsener Straftäter
rechnen darf. Wenn man so will: Das Jugendstrafrecht
nimmt seine Beschuldigten ernst, es lässt sie nicht allein, aber es nimmt sie nicht für voll.

Ich gestehe zu, dass diese Haltung des Jugendstrafrechts mit seinen Grundannahmen von den Epochen
der Lebenszeit und von den Möglichkeiten korrigieren-
der Einwirkung des Strafrechts (etwa S. 263 ff.) in Einklang steht. Dass es seine Beschuldigten nicht für voll

nimmt, entspricht seiner Wirklichkeit von Reifung und verminderter Verantwortlichkeit. Ich sehe auch kein anderes Ziel des Jugendstrafrechts als die Vorbereitung eines gelingenden Lebens. Man muss überdies einrechnen, dass es der Gesetzgeber im Jugendstrafrecht schwerer hat, allgemein geltende, formalisierte und zugleich auf die Wirklichkeit passende Regulierungen zu finden, weil sich hier viele Dinge im Fluss befinden; er muss aus demselben Grund, wenn man so will, den Jugendstaatsanwälten und den Jugendrichtern mehr Vertrauen entgegenbringen als im Erwachsenenstrafrecht und ihnen längere Leinen lassen. Und das alles mag ja auch in der Praxis gut funktionieren.

Danach kann es an der Rechtfertigung des Jugendstrafrechts auch unter dem Prinzip der Formalisierung keinen Zweifel geben; es gibt keine bessere und schonendere Alternative. Ich will aber nicht verhehlen, dass ich das Jugendstrafrecht schon immer mit besonders kritischer Aufmerksamkeit betrachte und frage, ob dieses Strafrecht in Theorie und Praxis dasjenige Maß an Schutz und denjenigen Grad an Mündigkeit der Betroffenen realisiert, der sich noch verantworten lässt, ohne dass seine vernünftigen Ziele in Gefahr geraten.

3. Zusammenfassung

Das Jugendstrafrecht unterscheidet sich markant vom Strafrecht für Erwachsene. Man merkt ihm noch den Reformeifer an, der es ins Leben gerufen hat. Es verfolgt – auch außerhalb des Jugendstrafvollzugs – das Ziel, die Jugendlichen und die Heranwachsenden für ein gelingendes Leben zu erziehen. Dazu vereinfacht es die Verfahren und bietet eine große Palette von Sanktionsmöglichkeiten an, die auf die jeweiligen Probleme der jeweiligen Lebensalter antworten sollen.

Kritik am Jugendstrafrecht richtet sich traditionell auf seine eher milden Sanktionen. Oft begründet sich die Kritik aus der Behauptung, jedenfalls heute seien junge Menschen früher reif und für ihre Taten eher verantwortlich. Als Beleg gelten nicht selten die erschreckenden Karrieren von »Intensivtätern«. Politisch zielt die Kritik auf eine Angleichung des Jugendstrafrechts an das allgemeine Strafrecht und auf einen Abbau milder und schonender Sanktionen. Das Jugendstrafrecht lässt sich aber auch aus der Gegenrichtung kritisch betrachten: es gebe, im Interesse effizienter Erziehung, zu viele rechtsstaatliche Garantien preis.

NACHWORT

Was bleibt?

Es bleibt die Erkenntnis, dass Strafen und Strafrecht in unserer Alltagskultur tief verwurzelt sind. Wir werden immerfort mit sozialer Kontrolle zu leben haben: mit sozialen Normen, Sanktionen für Normverletzung und Verfahren, in denen die Normverletzung festgestellt und bestraft wird. Soziale Kontrolle wird, wo Menschen zusammenleben, weiterhin dafür sorgen, dass bestimmte Normen, von der Mode über die Umgangsformen, den Respekt vor fremden religiösen Überzeugungen bis hin zum Verbot, andere körperlich zu verletzen, unseren Alltag formen, und sie wird bei der Sicherung dieser Normen auch Wunden schlagen. Solange wir mit sozialer Kontrolle leben, brauchen wir ein Strafrecht, das die Normdurchsetzung formalisiert: die Gebote und Verbote einer demokratischen Kontrolle unterwirft und sie öffentlich macht, die Sanktionen klar formuliert und maßvoll bemisst und die von Strafverfahren betroffenen Menschen, wo nötig, nach Kräften schützt und schont. Ein Strafrecht, dem das gelingt, könnte »unser Strafrecht« sein: ein sichtbares Muster des richtigen Umgangs mit Verletzungen.

Es bleibt die Befürchtung, dass dem Strafrecht eine entschlossene und wirksame Formalisierung von Verboten, Strafen und Verfahren heute und morgen immer weniger gelingt. Das Strafrecht bewegt sich, wie andere Bereiche unseres Lebens auch, im Spannungsverhältnis von Sicherheit und Freiheit seit geraumer Zeit hin zum Pol der Sicherheit. In dieser Bewegung verschärft sich das Strafrecht, es verbessert sich nicht. Es dehnt sich aus durch mehr und kompliziertere Verbote, durch höhere Strafandrohungen und Strafen, durch Verschärfung der Ermittlungsinstrumente, durch Abbau von Garantien, die den Zielen von Schutz und Schonung dienen, das Verfahren aber verzögern können. Es antwortet damit auf eine wachsende Angst der modernen Gesellschaften vor unbeherrschbaren Risiken, auf verbreitete Kontrollbedürfnisse, auf Prozesse normativer Desorientierung, in denen Gewissheiten verblassen, auf die wir uns früher blind verlassen haben. Die Grundrechte verlieren ihre Funktion als Abwehrrechte gegen den strafenden Staat, der Staat lässt die Bedrohlichkeit des Leviathans hinter sich und wird zum Partner im Kampf um Sicherheit.

Es bleibt aber auch die Hoffnung, dass wir wieder Zeiten erleben werden, in denen uns die Kraft und die Gelassenheit zuwachsen, die Grundlage und Voraussetzung eines formalisierten Strafrechts sind, das es nicht nur auf Sicherheit, auf Kontrolle und Risikobeherrschung anlegt, sondern auch die Freiheit der Bürger als verbindliches und gleichberechtigtes Ziel gelten lässt. Anzeichen dafür sind sichtbar. So rückt, nachdem der Datenschutz über lange Jahre hinweg ein vergessenes Grundrecht war und als »Täterschutz« verunglimpft werden konnte, das Recht auf Privatheit nunmehr wieder ins öffentliche Bewusstsein, da offenbar wird, was das ungebremste Kontrollbedürfnis eines Unternehmens bei Kunden und Mitarbeitern anrichten kann. So wird das Interesse der Verbrechensopfer, im öffentlichen Diskurs und im Strafverfahren nicht hinter dem Täter, um den sich alles dreht, zu verschwinden, nicht mehr als Forderung nach schärferen Kontrollen und härteren Strafen dargestellt, sondern als ein Recht eingerichtet,

das dem Opfer im Strafverfahren und in der Kriminalpolitik Gehör verschafft. So rührt sich allenthalben auch
Kritik an einem kurzen Prozess und an einem scharfen
Strafrecht: am »Deal«, der das Strafverfahren zu Lasten
der Wahrheitsermittlung abkürzt, oder an Bestrebun-
gen, die den heilsamen Erziehungsgedanken bei jungen »Intensivtätern« zugunsten eines abschreckenden
Schocks über Bord werfen wollen.

Wenn dieses Buch, auf der Basis seiner Erkenntnisse,
die Hoffnungen gegenüber den Befürchtungen langfristig ein wenig stärken könnte, hätte es sein Ziel erreicht.

GESETZESTEXTE

BtMG – Gesetz über den Verkehr mit Betäubungsmitteln

§ 30a Straftaten

(1) Mit Freiheitsstrafe nicht unter fünf Jahren wird bestraft, wer Betäubungsmittel in nicht geringer Menge unerlaubt anbaut, herstellt, mit ihnen Handel treibt, sie ein- oder ausführt (§ 29 Abs. 1 Satz 1 Nr. 1) und dabei als Mitglied einer Bande handelt, die sich zur fortgesetzten Begehung solcher Taten verbunden hat.

(2) Ebenso wird bestraft, wer

1. als Person über 21 Jahre eine Person unter 18 Jahren bestimmt, mit Betäubungsmitteln unerlaubt Handel zu treiben, sie, ohne Handel zu treiben, einzuführen, auszuführen, zu veräußern, abzugeben oder sonst in den Verkehr zu bringen oder eine dieser Handlungen zu fördern, oder

2. mit Betäubungsmitteln in nicht geringer Menge unerlaubt Handel treibt oder sie, ohne Handel zu treiben, einführt, ausführt oder sich verschafft und dabei eine Schusswaffe oder sonstige Gegenstände mit sich führt, die ihrer Art nach zur Verletzung von Personen geeignet und bestimmt sind.

(3) In minder schweren Fällen ist die Strafe Freiheitsstrafe von sechs Monaten bis zu fünf Jahren.

EMRK – Europäische Menschenrechtskonvention

Art. 5

Recht auf Freiheit und Sicherheit

(1) Jede Person hat das Recht auf Freiheit und Sicherheit. Die Freiheit darf nur in den folgenden Fällen und nur auf die gesetzlich vorgeschriebene Weise entzogen werden:

a) rechtmäßige Freiheitsentziehung nach Verurteilung durch ein zuständiges Gericht;

b) rechtmäßige Festnahme oder Freiheitsentziehung wegen Nichtbefolgung einer rechtmäßigen gerichtlichen Anordnung oder zur Erzwingung der Erfüllung einer gesetzlichen Verpflichtung;

c) rechtmäßige Festnahme oder Freiheitsentziehung zur Vorführung vor die zuständige Gerichtsbehörde, wenn hinreichender Verdacht besteht, dass die betreffende Person eine Straftat begangen hat, oder wenn begründeter Anlass zu der Annahme besteht, dass es notwendig ist, sie an der Begehung einer Straftat oder an der Flucht nach Begehung einer solchen zu hindern;

d) rechtmäßige Freiheitsentziehung bei Minderjährigen zum Zweck überwachter Erziehung oder zur Vorführung vor die zuständige Behörde;

e) rechtmäßige Freiheitsentziehung mit dem Ziel, eine Verbreitung ansteckender Krankheiten zu verhindern, sowie bei psychisch Kranken, Alkohol- oder Rauschgiftsüchtigen und Landstreichern;

f) rechtmäßige Festnahme oder Freiheitsentziehung zur Verhinderung der unerlaubten Einreise sowie bei Personen, gegen die ein Ausweisungs- oder Auslieferungsverfahren im Gange ist.

(2) Jeder festgenommenen Person muss innerhalb möglichst kurzer Frist in einer ihr verständlichen Sprache mitgeteilt werden, welches die Gründe für ihre Festnahme sind und welche Beschuldigungen gegen sie erhoben werden.

(3) Jede Person, die nach Absatz 1 Buchstabe c von Festnahme oder Freiheitsentziehung betroffen ist, muss unverzüglich ei-

nem Richter oder einer anderen gesetzlich zur Wahrnehmung richterlicher Aufgaben ermächtigten Person vorgeführt werden; sie hat Anspruch auf ein Urteil innerhalb angemessener Frist oder auf Entlassung während des Verfahrens. Die Entlassung kann von der Leistung einer Sicherheit für das Erscheinen vor Gericht abhängig gemacht werden.

(4) Jede Person, die festgenommen oder der die Freiheit entzogen ist, hat das Recht zu beantragen, dass ein Gericht innerhalb kurzer Frist über die Rechtmäßigkeit der Freiheitsentziehung entscheidet und ihre Entlassung anordnet, wenn die Freiheitsentziehung nicht rechtmäßig ist.

(5) Jede Person, die unter Verletzung dieses Artikels von Festnahme oder Freiheitsentziehung betroffen ist, hat Anspruch auf Schadensersatz.

Art. 6

Recht auf ein faires Verfahren

(1) Jede Person hat ein Recht darauf, dass über Streitigkeiten in Bezug auf ihre zivilrechtlichen Ansprüche und Verpflichtungen oder über eine gegen sie erhobene strafrechtliche Anklage von einem unabhängigen und unparteiischen, auf Gesetz beruhenden Gericht in einem fairen Verfahren, öffentlich und innerhalb angemessener Frist verhandelt wird. Das Urteil muss öffentlich verkündet werden; Presse und Öffentlichkeit können jedoch während des ganzen oder eines Teiles des Verfahrens ausgeschlossen werden, wenn dies im Interesse der Moral, der öffentlichen Ordnung oder der nationalen Sicherheit in einer demokratischen Gesellschaft liegt, wenn die Interessen von Jugendlichen oder der Schutz des Privatlebens der Prozessparteien es verlangen oder – soweit das Gericht es für unbedingt erforderlich hält – wenn unter besonderen Umständen eine öffentliche Verhandlung die Interessen der Rechtspflege beeinträchtigen würde.

(2) Jede Person, die einer Straftat angeklagt ist, gilt bis zum gesetzlichen Beweis ihrer Schuld als unschuldig.

(3) Jede angeklagte Person hat mindestens folgende Rechte:

a) innerhalb möglichst kurzer Frist in einer ihr verständlichen Sprache in allen Einzelheiten über Art und Grund der gegen sie erhobenen Beschuldigung unterrichtet zu werden;

b) ausreichende Zeit und Gelegenheit zur Vorbereitung ihrer Verteidigung zu haben;

c) sich selbst zu verteidigen, sich durch einen Verteidiger ihrer Wahl verteidigen zu lassen oder, falls ihr die Mittel zur Bezahlung fehlen, unentgeltlich den Beistand eines Verteidigers zu erhalten, wenn dies im Interesse der Rechtspflege erforderlich ist;

d) Fragen an Belastungszeugen zu stellen oder stellen zu lassen und die Ladung und Vernehmung von Entlastungszeugen unter denselben Bedingungen zu erwirken, wie sie für Belastungszeugen gelten;

e) unentgeltliche Unterstützung durch einen Dolmetscher zu erhalten, wenn sie die Verhandlungssprache des Gerichts nicht versteht oder spricht.

Art. 7
Keine Strafe ohne Gesetz
(1) Niemand darf wegen einer Handlung oder Unterlassung verurteilt werden, die zur Zeit ihrer Begehung nach innerstaatlichem oder internationalem Recht nicht strafbar war. Es darf auch keine schwerere als die zur Zeit der Begehung angedrohte Strafe verhängt werden.
(2) Dieser Artikel schließt nicht aus, dass jemand wegen einer Handlung oder Unterlassung verurteilt oder bestraft wird, die zur Zeit ihrer Begehung nach den von den zivilisierten Völkern anerkannten allgemeinen Rechtsgrundsätzen strafbar war.

GG – Grundgesetz
Art. 1
(1) Die Würde des Menschen ist unantastbar. Sie zu achten und zu schützen ist Verpflichtung aller staatlichen Gewalt.

(2) Das Deutsche Volk bekennt sich darum zu unverletzlichen und unveräußerlichen Menschenrechten als Grundlage jeder menschlichen Gemeinschaft, des Friedens und der Gerechtigkeit in der Welt.

(3) Die nachfolgenden Grundrechte binden Gesetzgebung, vollziehende Gewalt und Rechtsprechung als unmittelbar geltendes Recht.

Art. 5

(1) Jeder hat das Recht, seine Meinung in Wort, Schrift und Bild frei zu äußern und zu verbreiten und sich aus allgemein zugänglichen Quellen ungehindert zu unterrichten. Die Pressefreiheit und die Freiheit der Berichterstattung durch Rundfunk und Film werden gewährleistet. Eine Zensur findet nicht statt.

(2) Diese Rechte finden ihre Schranken in den Vorschriften der allgemeinen Gesetze, den gesetzlichen Bestimmungen zum Schutze der Jugend und in dem Recht der persönlichen Ehre.

(3) Kunst und Wissenschaft, Forschung und Lehre sind frei. Die Freiheit der Lehre entbindet nicht von der Treue zur Verfassung.

Art. 13

(1) Die Wohnung ist unverletzlich.

(2) Durchsuchungen dürfen nur durch den Richter, bei Gefahr im Verzuge auch durch die in den Gesetzen vorgesehenen anderen Organe angeordnet und nur in der dort vorgeschriebenen Form durchgeführt werden.

(3) Begründen bestimmte Tatsachen den Verdacht, dass jemand eine durch Gesetz einzeln bestimmte besonders schwere Straftat begangen hat, so dürfen zur Verfolgung der Tat auf Grund richterlicher Anordnung technische Mittel zur akustischen Überwachung von Wohnungen, in denen der Beschuldigte sich vermutlich aufhält, eingesetzt werden, wenn die Erforschung des Sachverhalts auf andere Weise unverhält-

nismäßig erschwert oder aussichtslos wäre. Die Maßnahme ist zu befristen. Die Anordnung erfolgt durch einen mit drei Richtern besetzten Spruchkörper. Bei Gefahr im Verzuge kann sie auch durch einen einzelnen Richter getroffen werden.

(4) Zur Abwehr dringender Gefahren für die öffentliche Sicherheit, insbesondere einer gemeinen Gefahr oder einer Lebensgefahr, dürfen technische Mittel zur Überwachung von Wohnungen nur auf Grund richterlicher Anordnung eingesetzt werden. Bei Gefahr im Verzuge kann die Maßnahme auch durch eine andere gesetzlich bestimmte Stelle angeordnet werden; eine richterliche Entscheidung ist unverzüglich nachzuholen.

(5) Sind technische Mittel ausschließlich zum Schutze der bei einem Einsatz in Wohnungen tätigen Personen vorgesehen, kann die Maßnahme durch eine gesetzlich bestimmte Stelle angeordnet werden. Eine anderweitige Verwertung der hierbei erlangten Erkenntnisse ist nur zum Zwecke der Strafverfolgung oder der Gefahrenabwehr und nur zulässig, wenn zuvor die Rechtmäßigkeit der Maßnahme richterlich festgestellt ist; bei Gefahr im Verzuge ist die richterliche Entscheidung unverzüglich nachzuholen.

(6) Die Bundesregierung unterrichtet den Bundestag jährlich über den nach Absatz 3 sowie über den im Zuständigkeitsbereich des Bundes nach Absatz 4 und, soweit richterlich überprüfungsbedürftig, nach Absatz 5 erfolgten Einsatz technischer Mittel. Ein vom Bundestag gewähltes Gremium übt auf der Grundlage dieses Berichts die parlamentarische Kontrolle aus. Die Länder gewährleisten eine gleichwertige parlamentarische Kontrolle.

(7) Eingriffe und Beschränkungen dürfen im Übrigen nur zur Abwehr einer gemeinen Gefahr oder einer Lebensgefahr für einzelne Personen, auf Grund eines Gesetzes auch zur Verhütung dringender Gefahren für die öffentliche Sicherheit und Ordnung, insbesondere zur Behebung der Raumnot, zur Bekämpfung von Seuchengefahr oder zum Schutze gefährdeter Jugendlicher vorgenommen werden.

Art. 20

(1) Die Bundesrepublik Deutschland ist ein demokratischer und sozialer Bundesstaat.

(2) Alle Staatsgewalt geht vom Volke aus. Sie wird vom Volke in Wahlen und Abstimmungen und durch besondere Organe der Gesetzgebung, der vollziehenden Gewalt und der Rechtsprechung ausgeübt.

(3) Die Gesetzgebung ist an die verfassungsmäßige Ordnung, die vollziehende Gewalt und die Rechtsprechung sind an Gesetz und Recht gebunden.

(4) Gegen jeden, der es unternimmt, diese Ordnung zu beseitigen, haben alle Deutschen das Recht zum Widerstand, wenn andere Abhilfe nicht möglich ist.

Art. 102

Die Todesstrafe ist abgeschafft.

Art. 103

(1) Vor Gericht hat jedermann Anspruch auf rechtliches Gehör.

(2) Eine Tat kann nur bestraft werden, wenn die Strafbarkeit gesetzlich bestimmt war, bevor die Tat begangen wurde.

(3) Niemand darf wegen derselben Tat auf Grund der allgemeinen Strafgesetze mehrmals bestraft werden.

Art. 104

(1) Die Freiheit der Person kann nur auf Grund eines förmlichen Gesetzes und nur unter Beachtung der darin vorgeschriebenen Formen beschränkt werden. Festgehaltene Personen dürfen weder seelisch noch körperlich misshandelt werden.

(2) Über die Zulässigkeit und Fortdauer einer Freiheitsentziehung hat nur der Richter zu entscheiden. Bei jeder nicht auf richterlicher Anordnung beruhenden Freiheitsentziehung ist unverzüglich eine richterliche Entscheidung herbeizuführen. Die Polizei darf aus eigener Machtvollkommenheit niemanden länger als bis zum Ende des Tages nach dem Ergreifen in

eigenem Gewahrsam halten. Das Nähere ist gesetzlich zu regeln.

(3) Jeder wegen des Verdachtes einer strafbaren Handlung vorläufig Festgenommene ist spätestens am Tage nach der Festnahme dem Richter vorzuführen, der ihm die Gründe der Festnahme mitzuteilen, ihn zu vernehmen und ihm Gelegenheit zu Einwendungen zu geben hat. Der Richter hat unverzüglich entweder einen mit Gründen versehenen schriftlichen Haftbefehl zu erlassen oder die Freilassung anzuordnen.

(4) Von jeder richterlichen Entscheidung über die Anordnung oder Fortdauer einer Freiheitsentziehung ist unverzüglich ein Angehöriger des Festgehaltenen oder eine Person seines Vertrauens zu benachrichtigen.

Art. 122

(1) Vom Zusammentritt des Bundestages an werden die Gesetze ausschließlich von den in diesem Grundgesetze anerkannten gesetzgebenden Gewalten beschlossen.

(2) Gesetzgebende und bei der Gesetzgebung beratend mitwirkende Körperschaften, deren Zuständigkeit nach Absatz 1 endet, sind mit diesem Zeitpunkt aufgelöst.

GVG – Gerichtsverfassungsgesetz

§ 169

Die Verhandlung vor dem erkennenden Gericht einschließlich der Verkündung der Urteile und Beschlüsse ist öffentlich. Ton- und Fernseh-Rundfunkaufnahmen sowie Ton- und Filmaufnahmen zum Zwecke der öffentlichen Vorführung oder Veröffentlichung ihres Inhalts sind unzulässig.

§ 172

Das Gericht kann für die Verhandlung oder für einen Teil davon die Öffentlichkeit ausschließen, wenn

1. eine Gefährdung der Staatssicherheit, der öffentlichen Ordnung oder der Sittlichkeit zu besorgen ist,

1a. eine Gefährdung des Lebens, des Leibes oder der Freiheit eines Zeugen oder einer anderen Person zu besorgen ist,

2. ein wichtiges Geschäfts-, Betriebs-, Erfindungs- oder Steuergeheimnis zur Sprache kommt, durch dessen öffentliche Erörterung überwiegende schutzwürdige Interessen verletzt würden,

3. ein privates Geheimnis erörtert wird, dessen unbefugte Offenbarung durch den Zeugen oder Sachverständigen mit Strafe bedroht ist,

4. eine Person unter sechzehn Jahren vernommen wird.

§ 197
Die Richter stimmen nach dem Dienstalter, bei gleichem Dienstalter nach dem Lebensalter, ehrenamtliche Richter und Schöffen nach dem Lebensalter; der Jüngere stimmt vor dem Älteren. Die Schöffen stimmen vor den Richtern. Wenn ein Berichterstatter ernannt ist, so stimmt er zuerst. Zuletzt stimmt der Vorsitzende.

OEG – Gesetz über die Entschädigung für Opfer von Gewalttaten

§ 1 Anspruch auf Versorgung

(1) Wer im Geltungsbereich dieses Gesetzes oder auf einem deutschen Schiff oder Luftfahrzeug infolge eines vorsätzlichen, rechtswidrigen tätlichen Angriffs gegen seine oder eine andere Person oder durch dessen rechtmäßige Abwehr eine gesundheitliche Schädigung erlitten hat, erhält wegen der gesundheitlichen und wirtschaftlichen Folgen auf Antrag Versorgung in entsprechender Anwendung der Vorschriften des Bundesversorgungsgesetzes. Die Anwendung dieser Vorschrift wird nicht dadurch ausgeschlossen, dass der Angreifer in der irrtümlichen Annahme von Voraussetzungen eines Rechtfertigungsgrunds gehandelt hat.

(2) Einem tätlichen Angriff im Sinne des Absatzes 1 stehen gleich

1. die vorsätzliche Beibringung von Gift,

2. die wenigstens fahrlässige Herbeiführung einer Gefahr für Leib und Leben eines anderen durch ein mit gemeingefährlichen Mitteln begangenes Verbrechen.

(3) Einer Schädigung im Sinne des Absatzes 1 stehen Schädigungen gleich, die durch einen Unfall unter den Voraussetzungen des § 1 Abs. 2 Buchstabe e oder f des Bundesversorgungsgesetzes herbeigeführt worden sind; Buchstabe e gilt auch für einen Unfall, den der Geschädigte bei der unverzüglichen Erstattung der Strafanzeige erleidet.

(4) Ausländer haben einen Anspruch auf Versorgung,

1. wenn sie Staatsangehörige eines Mitgliedstaates der Europäischen Gemeinschaften sind oder

2. soweit Rechtsvorschriften der Europäischen Gemeinschaften, die eine Gleichbehandlung mit Deutschen erforderlich machen, auf sie anwendbar sind oder

3. wenn die Gegenseitigkeit gewährleistet ist.

(5) Sonstige Ausländer, die sich rechtmäßig nicht nur für einen vorübergehenden Aufenthalt von längstens sechs Monaten im Bundesgebiet aufhalten, erhalten Versorgung nach folgenden Maßgaben:

1. Leistungen wie Deutsche erhalten Ausländer, die sich seit mindestens drei Jahren ununterbrochen rechtmäßig im Bundesgebiet aufhalten;

2. ausschließlich einkommensunabhängige Leistungen erhalten Ausländer, die sich ununterbrochen rechtmäßig noch nicht drei Jahre im Bundesgebiet aufhalten.

Ein rechtmäßiger Aufenthalt im Sinne dieses Gesetzes ist auch gegeben, wenn die Abschiebung aus rechtlichen oder tatsächlichen Gründen oder auf Grund erheblicher öffentlicher Interessen ausgesetzt ist. Die in Anlage I Kapitel VIII Sachgebiet K Abschnitt III Nr. 18 des Einigungsvertrages vom 31. August 1990 (BGBl. 1990 II S. 885, 1069) genannten Maßgaben gelten entsprechend für Ausländer, die eine Schädigung im Beitrittsgebiet erleiden, es sei denn, sie haben ihren Wohnsitz, ihren gewöhnlichen Aufenthalt oder ständigen Aufenthalt in dem Gebiet, in dem dieses Gesetz schon vor dem Beitritt gegolten hat.

(6) Versorgung wie die in Absatz 5 Nr. 2 genannten Ausländer erhalten auch ausländische Geschädigte, die sich rechtmäßig für einen vorübergehenden Aufenthalt von längstens sechs Monaten im Bundesgebiet aufhalten,

1. wenn sie mit einem Deutschen oder einem Ausländer, der zu den in Absatz 4 oder 5 bezeichneten Personen gehört, verheiratet oder in gerader Linie verwandt sind oder

2. wenn sie Staatsangehörige eines Vertragsstaates des Europäischen Übereinkommens vom 24. November 1983 über die Entschädigung für Opfer von Gewalttaten sind, soweit dieser keine Vorbehalte zum Übereinkommen erklärt hat.

(7) Wenn ein Ausländer, der nach Absatz 5 oder 6 anspruchsberechtigt ist,

1. ausgewiesen oder abgeschoben wird oder

2. das Bundesgebiet verlassen hat und seine Aufenthaltstitel erloschen ist oder

3. ausgereist und nicht innerhalb von sechs Monaten erlaubt wieder eingereist ist,

erhält er für jedes begonnene Jahr seines ununterbrochen rechtmäßigen Aufenthalts im Bundesgebiet eine Abfindung in Höhe des Dreifachen, insgesamt jedoch mindestens in Höhe des Zehnfachen, höchstens in Höhe des Dreißigfachen der monatlichen Grundrente. Dies gilt nicht, wenn er aus einem der in den §§ 53, 54 oder 55 Abs. 2 Nr. 1 bis 4 des Aufenthaltsgesetzes genannten Gründe ausgewiesen wird. Mit dem Entstehen des Anspruchs auf die Abfindung nach Satz 1 oder mit der Ausweisung nach Satz 2 erlöschen sämtliche sich aus den Absätzen 5 und 6 ergebenden weiteren Ansprüche; Entsprechendes gilt für Ausländer, bei denen die Schädigung nicht zu einem rentenberechtigenden Grad der Schädigungsfolgen geführt hat. Die Sätze 1 und 3 gelten auch für heimatlose Ausländer sowie für sonstige Ausländer, die im Bundesgebiet die Rechtsstellung nach dem Abkommen vom 28. Juli 1951 über die Rechtsstellung der Flüchtlinge (BGBl. 1953 II S. 559) oder nach dem Übereinkommen vom 28. September 1954 über die Rechtsstellung der Staatenlosen (BGBl. 1976 II S. 473) genießen, wenn die Tat nach dem 27. Juli 1993 begangen worden ist. Die Sätze 1 bis 4 gelten entsprechend auch für Hinterbliebene, die sich nicht im Geltungsbereich dieses Gesetzes aufhalten.

(8) Die Hinterbliebenen eines Geschädigten erhalten auf Antrag Versorgung in entsprechender Anwendung der Vorschriften des Bundesversorgungsgesetzes. Die in den Absätzen 5 bis 7 genannten Maßgaben sowie § 10 Satz 3 sind anzuwenden. Soweit dies günstiger ist, ist bei der Bemessung der Abfindung nach Absatz 7 auf den Aufenthalt der Hinterbliebenen abzustellen. Partner einer eheähnlichen Gemeinschaft erhalten Leistungen in entsprechender Anwendung der §§ 40, 40a und 41 des Bundesversorgungsgesetzes, sofern ein Partner an den Schädigungsfolgen verstorben ist und der andere unter Verzicht auf eine Erwerbstätigkeit die Betreuung eines gemeinschaftlichen Kindes ausübt; dieser Anspruch ist auf die ersten drei Lebensjahre des Kindes beschränkt.

(9) Einer Schädigung im Sinne des Absatzes 1 stehen Schädigungen gleich, die ein Berechtigter oder Leistungsempfänger nach Absatz 1 oder 8 Verbindung mit § 10 Abs. 4 oder 5 des Bundesversorgungsgesetzes, eine Pflegeperson oder eine Begleitperson bei einer notwendigen Begleitung des Geschädigten durch einen Unfall unter den Voraussetzungen des § 8a des Bundesversorgungsgesetzes erleidet.

(10) Einer gesundheitlichen Schädigung im Sinne des Absatzes 1 steht die Beschädigung eines am Körper getragenen Hilfsmittels, einer Brille, von Kontaktlinsen oder von Zahnersatz gleich.

(11) Dieses Gesetz ist nicht anzuwenden auf Schäden aus einem tätlichen Angriff, die von dem Angreifer durch den Gebrauch eines Kraftfahrzeugs oder eines Anhängers verursacht worden sind.

(12) § 64e des Bundesversorgungsgesetzes findet keine Anwendung. § 1 Abs. 3, die §§ 64 bis 64d, 64f sowie 89 des Bundesversorgungsgesetzes sind mit der Maßgabe anzuwenden,

dass an die Stelle der Zustimmung des Bundesministeriums für Arbeit und Soziales die Zustimmung der für die Kriegsopferversorgung zuständigen obersten Landesbehörde tritt, sofern ein Land Kostenträger ist (§ 4). Dabei sind die für deutsche Staatsangehörige geltenden Vorschriften auch für von diesem Gesetz erfasste Ausländer anzuwenden.

(13) § 20 des Bundesversorgungsgesetzes ist mit den Maßgaben anzuwenden, dass an die Stelle der in Absatz 1 Satz 3 genannten Zahl die Zahl der rentenberechtigten Beschädigten und Hinterbliebenen nach diesem Gesetz im Vergleich zur Zahl des Vorjahres tritt, dass in Absatz 1 Satz 4 an die Stelle der dort genannten Ausgaben der Krankenkassen je Rentner die bundesweiten Ausgaben je Mitglied treten, dass Absatz 2 Satz 1 für die oberste Landesbehörde, die für die Kriegsopferversorgung zuständig ist, oder die von ihr bestimmte Stelle gilt und dass in Absatz 3 an die Stelle der in Satz 1 genannten Zahl die Zahl 1,3 tritt und die Sätze 2 bis 4 nicht gelten.

(14) Im Rahmen der Heilbehandlung sind auch heilpädagogische Behandlung, heilgymnastische und bewegungstherapeutische Übungen zu gewähren, wenn diese bei der Heilbehandlung notwendig sind.

§ 2 Versagungsgründe

(1) Leistungen sind zu versagen, wenn der Geschädigte die Schädigung verursacht hat oder wenn es aus sonstigen, insbesondere in dem eigenen Verhalten des Anspruchstellers liegenden Gründen unbillig wäre, Entschädigung zu gewähren. Leistungen sind auch zu versagen, wenn der Geschädigte oder Antragsteller

1. an politischen Auseinandersetzungen in seinem Heimatstaat aktiv beteiligt ist oder war und die Schädigung darauf beruht oder

2. an kriegerischen Auseinandersetzungen in seinem Heimatstaat aktiv beteiligt ist oder war und Anhaltspunkte dafür vorhanden sind, dass die Schädigung hiermit in Zusammen-

hang steht, es sei denn, er weist nach, dass dies nicht der Fall ist, oder

3. in die organisierte Kriminalität verwickelt ist oder war oder einer Organisation, die Gewalttaten begeht, angehört oder angehört hat, es sei denn, er weist nach, dass die Schädigung hiermit nicht in Zusammenhang steht.

(2) Leistungen können versagt werden, wenn der Geschädigte es unterlassen hat, das ihm Mögliche zur Aufklärung des Sachverhalts und zur Verfolgung des Täters beizutragen, insbesondere unverzüglich Anzeige bei einer für die Strafverfolgung zuständigen Behörde zu erstatten.

JGG – Jugendgerichtsgesetz

§ 3 Verantwortlichkeit

Ein Jugendlicher ist strafrechtlich verantwortlich, wenn er zur Zeit der Tat nach seiner sittlichen und geistigen Entwicklung reif genug ist, das Unrecht der Tat einzusehen und nach dieser Einsicht zu handeln. Zur Erziehung eines Jugendlichen, der mangels Reife strafrechtlich nicht verantwortlich ist, kann der Richter dieselben Maßnahmen anordnen wie der Familien- oder Vormundschaftsrichter.

§ 5 Die Folgen der Jugendstraftat

(1) Aus Anlass der Straftat eines Jugendlichen können Erziehungsmaßregeln angeordnet werden.

(2) Die Straftat eines Jugendlichen wird mit Zuchtmitteln oder mit Jugendstrafe geahndet, wenn Erziehungsmaßregeln nicht ausreichen.

(3) Von Zuchtmitteln und Jugendstrafe wird abgesehen, wenn die Unterbringung in einem psychiatrischen Krankenhaus oder einer Entziehungsanstalt die Ahndung durch den Richter entbehrlich macht.

§ 8 Verbindung von Maßnahmen und Jugendstrafe

(1) Erziehungsmaßregeln und Zuchtmittel, ebenso mehrere Erziehungsmaßregeln oder mehrere Zuchtmittel, können nebeneinander angeordnet werden. Mit der Anordnung von Hilfe zur Erziehung nach § 12 Nr. 2 darf Jugendarrest nicht verbunden werden.

(2) Der Richter kann neben Jugendstrafe nur Weisungen und Auflagen erteilen und die Erziehungsbeistandschaft anordnen. Steht der Jugendliche unter Bewährungsaufsicht, so ruht eine gleichzeitig bestehende Erziehungsbeistandschaft bis zum Ablauf der Bewährungszeit.

(3) Der Richter kann neben Erziehungsmaßregeln, Zuchtmitteln und Jugendstrafe auf die nach diesem Gesetz zulässigen Nebenstrafen und Nebenfolgen erkennen.

§ 15 Auflagen

(1) Der Richter kann dem Jugendlichen auferlegen,

1. nach Kräften den durch die Tat verursachten Schaden wiedergutzumachen,

2. sich persönlich bei dem Verletzten zu entschuldigen,

3. Arbeitsleistungen zu erbringen oder

4. einen Geldbetrag zugunsten einer gemeinnützigen Einrichtung zu zahlen.

Dabei dürfen an den Jugendlichen keine unzumutbaren Anforderungen gestellt werden.

(2) Der Richter soll die Zahlung eines Geldbetrages nur anordnen, wenn

1. der Jugendliche eine leichte Verfehlung begangen hat und anzunehmen ist, dass er den Geldbetrag aus Mitteln zahlt, über die er selbständig verfügen darf, oder

2. dem Jugendlichen der Gewinn, den er aus der Tat erlangt, oder das Entgelt, das er für sie erhalten hat, entzogen werden soll.

(3) Der Richter kann nachträglich Auflagen ändern oder von ihrer Erfüllung ganz oder zum Teil befreien, wenn dies aus Gründen der Erziehung geboten ist. Bei schuldhafter Nichterfüllung von Auflagen gilt § 11 Abs. 3 entsprechend. Ist Ju-

gendarrest vollstreckt worden, so kann der Richter die Auflagen ganz oder zum Teil für erledigt erklären.

§ 16 Jugendarrest
(1) Der Jugendarrest ist Freizeitarrest, Kurzarrest oder Dauerarrest.
(2) Der Freizeitarrest wird für die wöchentliche Freizeit des Jugendlichen verhängt und auf eine oder zwei Freizeiten bemessen.
(3) Der Kurzarrest wird statt des Freizeitarrestes verhängt, wenn der zusammenhängende Vollzug aus Gründen der Erziehung zweckmäßig erscheint und weder die Ausbildung noch die Arbeit des Jugendlichen beeinträchtigt werden. Dabei stehen zwei Tage Kurzarrest einer Freizeit gleich.
(4) Der Dauerarrest beträgt mindestens eine Woche und höchstens vier Wochen. Er wird nach vollen Tagen oder Wochen bemessen.

§ 17 Form und Voraussetzungen
(1) Die Jugendstrafe ist Freiheitsentzug in einer für ihren Vollzug vorgesehenen Einrichtung.
(2) Der Richter verhängt Jugendstrafe, wenn wegen der schädlichen Neigungen des Jugendlichen, die in der Tat hervorgetreten sind, Erziehungsmaßregeln oder Zuchtmittel zur Erziehung nicht ausreichen oder wenn wegen der Schwere der Schuld Strafe erforderlich ist.

§ 37 Auswahl der Jugendrichter und Jugendstaatsanwälte
Die Richter bei den Jugendgerichten und die Jugendstaatsanwälte sollen erzieherisch befähigt und in der Jugenderziehung erfahren sein.

§ 38 Jugendgerichtshilfe
(1) Die Jugendgerichtshilfe wird von den Jugendämtern im Zusammenwirken mit den Vereinigungen für Jugendhilfe ausgeübt.

(2) Die Vertreter der Jugendgerichtshilfe bringen die erzieherischen, sozialen und fürsorgerischen Gesichtspunkte im Verfahren vor den Jugendgerichten zur Geltung. Sie unterstützen zu diesem Zweck die beteiligten Behörden durch Erforschung der Persönlichkeit, der Entwicklung und der Umwelt des Beschuldigten und äußern sich zu den Maßnahmen, die zu ergreifen sind. In Haftsachen berichten sie beschleunigt über das Ergebnis ihrer Nachforschungen. In die Hauptverhandlung soll der Vertreter der Jugendgerichtshilfe entsandt werden, der die Nachforschungen angestellt hat. Soweit nicht ein Bewährungshelfer dazu berufen ist, wachen sie darüber, dass der Jugendliche Weisungen und Auflagen nachkommt. Erhebliche Zuwiderhandlungen teilen sie dem Richter mit. Im Fall der Unterstellung nach § 10 Abs. 1 Satz 3 Nr. 5 üben sie die Betreuung und Aufsicht aus, wenn der Richter nicht eine andere Person damit betraut. Während der Bewährungszeit arbeiten sie eng mit dem Bewährungshelfer zusammen. Während des Vollzugs bleiben sie mit dem Jugendlichen in Verbindung und nehmen sich seiner Wiedereingliederung in die Gemeinschaft an.

(3) Im gesamten Verfahren gegen einen Jugendlichen ist die Jugendgerichtshilfe heranzuziehen. Dies soll so früh wie möglich geschehen. Vor der Erteilung von Weisungen (§ 10) sind die Vertreter der Jugendgerichtshilfe stets zu hören; kommt eine Betreuungsweisung in Betracht, sollen sie sich auch dazu äußern, wer als Betreuungshelfer bestellt werden soll.

§ 45 Absehen von der Verfolgung

(1) Der Staatsanwalt kann ohne Zustimmung des Richters von der Verfolgung absehen, wenn die Voraussetzungen des § 153 der Strafprozessordnung vorliegen.

(2) Der Staatsanwalt sieht von der Verfolgung ab, wenn eine erzieherische Maßnahme bereits durchgeführt oder eingeleitet ist und er weder eine Beteiligung des Richters nach Absatz 3 noch die Erhebung der Anklage für erforderlich hält.

Einer erzieherischen Maßnahme steht das Bemühen des Jugendlichen gleich, einen Ausgleich mit dem Verletzten zu erreichen.

(3) Der Staatsanwalt regt die Erteilung einer Ermahnung, von Weisungen nach § 10 Abs. 1 Satz 3 Nr. 4, 7 und 9 oder von Auflagen durch den Jugendrichter an, wenn der Beschuldigte geständig ist und der Staatsanwalt die Anordnung einer solchen richterlichen Maßnahme für erforderlich, die Erhebung der Anklage aber nicht für geboten hält. Entspricht der Jugendrichter der Anregung, so sieht der Staatsanwalt von der Verfolgung ab, bei Erteilung von Weisungen oder Auflagen jedoch nur, nachdem der Jugendliche ihnen nachgekommen ist. § 11 Abs. 3 und § 15 Abs. 3 Satz 2 sind nicht anzuwenden. § 47 Abs. 3 findet entsprechende Anwendung.

§ 76 Voraussetzungen des vereinfachten Jugendverfahrens
Der Staatsanwalt kann bei dem Jugendrichter schriftlich oder mündlich beantragen, im vereinfachten Jugendverfahren zu entscheiden, wenn zu erwarten ist, dass der Jugendrichter ausschließlich Weisungen erteilen, die Erziehungsbeistandschaft anordnen, Zuchtmittel verhängen, auf ein Fahrverbot erkennen, die Fahrerlaubnis entziehen und eine Sperre von nicht mehr als zwei Jahren festsetzen oder den Verfall oder die Einziehung aussprechen wird. Der Antrag des Staatsanwalts steht der Anklage gleich.

§ 105 Anwendung des Jugendstrafrechts auf Heranwachsende
(1) Begeht ein Heranwachsender eine Verfehlung, die nach den allgemeinen Vorschriften mit Strafe bedroht ist, so wendet der Richter die für einen Jugendlichen geltenden Vorschriften der §§ 4 bis 8, 9 Nr. 1, §§ 10, 11 und 13 bis 32 entsprechend an, wenn

1. die Gesamtwürdigung der Persönlichkeit des Täters bei Berücksichtigung auch der Umweltbedingungen ergibt, dass er zur Zeit der Tat nach seiner sittlichen und geistigen Entwicklung noch einem Jugendlichen gleichstand, oder

2. es sich nach der Art, den Umständen oder den Beweggründen der Tat um eine Jugendverfehlung handelt.

(2) § 31 Abs. 2 Satz 1, Abs. 3 ist auch dann anzuwenden, wenn der Heranwachsende wegen eines Teils der Straftaten bereits rechtskräftig nach allgemeinem Strafrecht verurteilt worden ist.

(3) Das Höchstmaß der Jugendstrafe für Heranwachsende beträgt zehn Jahre.

SGB – Sozialgesetzbuch

SGB I § 40 Entstehen der Ansprüche

(1) Ansprüche auf Sozialleistungen entstehen, sobald ihre im Gesetz oder auf Grund eines Gesetzes bestimmten Voraussetzungen vorliegen.

(2) Bei Ermessensleistungen ist der Zeitpunkt maßgebend, in dem die Entscheidung über die Leistung bekanntgegeben wird, es sei denn, dass in der Entscheidung ein anderer Zeitpunkt bestimmt ist.

StGB – Strafgesetzbuch

§ 1 Keine Strafe ohne Gesetz

Eine Tat kann nur bestraft werden, wenn die Strafbarkeit gesetzlich bestimmt war, bevor die Tat begangen wurde.

§ 2 Zeitliche Geltung

(1) Die Strafe und ihre Nebenfolgen bestimmen sich nach dem Gesetz, das zur Zeit der Tat gilt.

(2) Wird die Strafdrohung während der Begehung der Tat geändert, so ist das Gesetz anzuwenden, das bei Beendigung der Tat gilt.

(3) Wird das Gesetz, das bei Beendigung der Tat gilt, vor der Entscheidung geändert, so ist das mildeste Gesetz anzuwenden.

(4) Ein Gesetz, das nur für eine bestimmte Zeit gelten soll, ist auf Taten, die während seiner Geltung begangen sind, auch

dann anzuwenden, wenn es außer Kraft getreten ist. Dies gilt nicht, soweit ein Gesetz etwas anderes bestimmt.

(5) Für Verfall, Einziehung und Unbrauchbarmachung gelten die Absätze 1 bis 4 entsprechend.

(6) Über Maßregeln der Besserung und Sicherung ist, wenn gesetzlich nichts anderes bestimmt ist, nach dem Gesetz zu entscheiden, das zur Zeit der Entscheidung gilt.

§ 3 Geltung für Inlandstaten
Das deutsche Strafrecht gilt für Taten, die im Inland begangen werden.

§ 10 Sondervorschriften für Jugendliche und Heranwachsende
Für Taten von Jugendlichen und Heranwachsenden gilt dieses Gesetz nur, soweit im Jugendgerichtsgesetz nichts anderes bestimmt ist.

§ 13 Begehen durch Unterlassen
(1) Wer es unterlässt, einen Erfolg abzuwenden, der zum Tatbestand eines Strafgesetzes gehört, ist nach diesem Gesetz nur dann strafbar, wenn er rechtlich dafür einzustehen hat, dass der Erfolg nicht eintritt, und wenn das Unterlassen der Verwirklichung des gesetzlichen Tatbestandes durch ein Tun entspricht.

(2) Die Strafe kann nach § 49 Abs. 1 gemildert werden.

§ 15 Vorsätzliches und fahrlässiges Handeln
Strafbar ist nur vorsätzliches Handeln, wenn nicht das Gesetz fahrlässiges Handeln ausdrücklich mit Strafe bedroht.

§ 17 Verbotsirrtum
Fehlt dem Täter bei Begehung der Tat die Einsicht, Unrecht zu tun, so handelt er ohne Schuld, wenn er diesen Irrtum nicht vermeiden konnte. Konnte der Täter den Irrtum vermeiden, so kann die Strafe nach § 49 Abs. 1 gemildert werden.

§ 18 Schwerere Strafe bei besonderen Tatfolgen
Knüpft das Gesetz an eine besondere Folge der Tat eine schwerere Strafe, so trifft sie den Täter oder den Teilnehmer nur, wenn ihm hinsichtlich dieser Folge wenigstens Fahrlässigkeit zur Last fällt.

§ 19 Schuldunfähigkeit des Kindes
Schuldunfähig ist, wer bei Begehung der Tat noch nicht vierzehn Jahre alt ist.

§ 20 Schuldunfähigkeit wegen seelischer Störungen
Ohne Schuld handelt, wer bei Begehung der Tat wegen einer krankhaften seelischen Störung, wegen einer tiefgreifenden Bewusstseinsstörung oder wegen Schwachsinns oder einer schweren anderen seelischen Abartigkeit unfähig ist, das Unrecht der Tat einzusehen oder nach dieser Einsicht zu handeln.

§ 32 Notwehr
(1) Wer eine Tat begeht, die durch Notwehr geboten ist, handelt nicht rechtswidrig.
(2) Notwehr ist die Verteidigung, die erforderlich ist, um einen gegenwärtigen rechtswidrigen Angriff von sich oder einem anderen abzuwenden.

§ 34 Rechtfertigender Notstand
Wer in einer gegenwärtigen, nicht anders abwendbaren Gefahr für Leben, Leib, Freiheit, Ehre, Eigentum oder ein anderes Rechtsgut eine Tat begeht, um die Gefahr von sich oder einem anderen abzuwenden, handelt nicht rechtswidrig, wenn bei Abwägung der widerstreitenden Interessen, namentlich der betroffenen Rechtsgüter und des Grades der ihnen drohenden Gefahren, das geschützte Interesse das beeinträchtigte wesentlich überwiegt. Dies gilt jedoch nur, soweit die Tat ein angemessenes Mittel ist, die Gefahr abzuwenden.

§ 38 Dauer der Freiheitsstrafe

(1) Die Freiheitsstrafe ist zeitig, wenn das Gesetz nicht lebenslange Freiheitsstrafe androht.

(2) Das Höchstmaß der zeitigen Freiheitsstrafe ist fünfzehn Jahre, ihr Mindestmaß ein Monat.

§ 40 Verhängung in Tagessätzen

(1) Die Geldstrafe wird in Tagessätzen verhängt. Sie beträgt mindestens fünf und, wenn das Gesetz nichts anderes bestimmt, höchstens dreihundertsechzig volle Tagessätze.

(2) Die Höhe eines Tagessatzes bestimmt das Gericht unter Berücksichtigung der persönlichen und wirtschaftlichen Verhältnisse des Täters. Dabei geht es in der Regel von dem Nettoeinkommen aus, das der Täter durchschnittlich an einem Tag hat oder haben könnte. Ein Tagessatz wird auf mindestens einen und höchstens fünftausend Euro festgesetzt.

(3) Die Einkünfte des Täters, sein Vermögen und andere Grundlagen für die Bemessung eines Tagessatzes können geschätzt werden.

(4) In der Entscheidung werden Zahl und Höhe der Tagessätze angegeben.

§ 43a Verhängung der Vermögensstrafe

(1) Verweist das Gesetz auf diese Vorschrift, so kann das Gericht neben einer lebenslangen oder einer zeitigen Freiheitsstrafe von mehr als zwei Jahren auf Zahlung eines Geldbetrages erkennen, dessen Höhe durch den Wert des Vermögens des Täters begrenzt ist (Vermögensstrafe). Vermögensvorteile, deren Verfall angeordnet wird, bleiben bei der Bewertung des Vermögens außer Ansatz. Der Wert des Vermögens kann geschätzt werden.

(2) § 42 gilt entsprechend.

(3) Das Gericht bestimmt eine Freiheitsstrafe, die im Fall der Uneinbringlichkeit an die Stelle der Vermögensstrafe tritt (Ersatzfreiheitsstrafe). Das Höchstmaß der Ersatzfreiheitsstrafe ist zwei Jahre, ihr Mindestmaß ein Monat.

§ 46 Grundsätze der Strafzumessung

(1) Die Schuld des Täters ist Grundlage für die Zumessung der Strafe. Die Wirkungen, die von der Strafe für das künftige Leben des Täters in der Gesellschaft zu erwarten sind, sind zu berücksichtigen.

(2) Bei der Zumessung wägt das Gericht die Umstände, die für und gegen den Täter sprechen, gegeneinander ab. Dabei kommen namentlich in Betracht:

die Beweggründe und die Ziele des Täters,

die Gesinnung, die aus der Tat spricht, und der bei der Tat aufgewendete Wille,

das Maß der Pflichtwidrigkeit,

die Art der Ausführung und die verschuldeten Auswirkungen der Tat,

das Vorleben des Täters, seine persönlichen und wirtschaftlichen Verhältnisse sowie

sein Verhalten nach der Tat, besonders sein Bemühen, den Schaden wiedergutzumachen, sowie das Bemühen des Täters, einen Ausgleich mit dem Verletzten zu erreichen.

(3) Umstände, die schon Merkmale des gesetzlichen Tatbestandes sind, dürfen nicht berücksichtigt werden.

§ 56 Strafaussetzung

(1) Bei der Verurteilung zu Freiheitsstrafe von nicht mehr als einem Jahr setzt das Gericht die Vollstreckung der Strafe zur Bewährung aus, wenn zu erwarten ist, dass der Verurteilte sich schon die Verurteilung zur Warnung dienen lassen und künftig auch ohne die Einwirkung des Strafvollzugs keine Straftaten mehr begehen wird. Dabei sind namentlich die Persönlichkeit des Verurteilten, sein Vorleben, die Umstände seiner Tat, sein Verhalten nach der Tat, seine Lebensverhältnisse und die Wirkungen zu berücksichtigen, die von der Aussetzung für ihn zu erwarten sind.

(2) Das Gericht kann unter den Voraussetzungen des Absatzes 1 auch die Vollstreckung einer höheren Freiheitsstrafe, die zwei Jahre nicht übersteigt, zur Bewährung aussetzen, wenn

nach der Gesamtwürdigung von Tat und Persönlichkeit des Verurteilten besondere Umstände vorliegen. Bei der Entscheidung ist namentlich auch das Bemühen des Verurteilten, den durch die Tat verursachten Schaden wiedergutzumachen, zu berücksichtigen.

(3) Bei der Verurteilung zu Freiheitsstrafe von mindestens sechs Monaten wird die Vollstreckung nicht ausgesetzt, wenn die Verteidigung der Rechtsordnung sie gebietet.

(4) Die Strafaussetzung kann nicht auf einen Teil der Strafe beschränkt werden. Sie wird durch eine Anrechnung von Untersuchungshaft oder einer anderen Freiheitsentziehung nicht ausgeschlossen.

§ 60 Absehen von Strafe

Das Gericht sieht von Strafe ab, wenn die Folgen der Tat, die den Täter getroffen haben, so schwer sind, dass die Verhängung einer Strafe offensichtlich verfehlt wäre. Dies gilt nicht, wenn der Täter für die Tat eine Freiheitsstrafe von mehr als einem Jahr verwirkt hat.

§ 61 Übersicht

Maßregeln der Besserung und Sicherung sind

    1. die Unterbringung in einem psychiatrischen Krankenhaus,

    2. die Unterbringung in einer Entziehungsanstalt,

    3. die Unterbringung in der Sicherungsverwahrung,

    4. die Führungsaufsicht,

    5. die Entziehung der Fahrerlaubnis,

    6. das Berufsverbot.

§ 62 Grundsatz der Verhältnismäßigkeit

Eine Maßregel der Besserung und Sicherung darf nicht angeordnet werden, wenn sie zur Bedeutung der vom Täter begangenen und zu erwartenden Taten sowie zu dem Grad der von ihm ausgehenden Gefahr außer Verhältnis steht.

§ 77 Antragsberechtigte

(1) Ist die Tat nur auf Antrag verfolgbar, so kann, soweit das Gesetz nichts anderes bestimmt, der Verletzte den Antrag stellen.

(2) Stirbt der Verletzte, so geht sein Antragsrecht in den Fällen, die das Gesetz bestimmt, auf den Ehegatten, den Lebenspartner und die Kinder über. Hat der Verletzte weder einen Ehegatten oder einen Lebenspartner noch Kinder hinterlassen oder sind sie vor Ablauf der Antragsfrist gestorben, so geht das Antragsrecht auf die Eltern und, wenn auch sie vor Ablauf der Antragsfrist gestorben sind, auf die Geschwister und die Enkel über. Ist ein Angehöriger an der Tat beteiligt oder ist seine Verwandtschaft erloschen, so scheidet er bei dem Übergang des Antragsrechts aus. Das Antragsrecht geht nicht über, wenn die Verfolgung dem erklärten Willen des Verletzten widerspricht.

(3) Ist der Antragsberechtigte geschäftsunfähig oder beschränkt geschäftsfähig, so können der gesetzliche Vertreter in den persönlichen Angelegenheiten und derjenige, dem die Sorge für die Person des Antragsberechtigten zusteht, den Antrag stellen.

(4) Sind mehrere antragsberechtigt, so kann jeder den Antrag selbständig stellen.

§ 78 Verjährungsfrist

(1) 1Die Verjährung schließt die Ahndung der Tat und die Anordnung von Maßnahmen (§ 11 Abs. 1 Nr. 8) aus. § 76a Abs. 2 Satz 1 Nr. 1 bleibt unberührt.

(2) Verbrechen nach § 211 (Mord) verjähren nicht.

(3) Soweit die Verfolgung verjährt, beträgt die Verjährungsfrist

   1. dreißig Jahre bei Taten, die mit lebenslanger Freiheitsstrafe bedroht sind,

   2. zwanzig Jahre bei Taten, die im Höchstmaß mit Freiheitsstrafen von mehr als zehn Jahren bedroht sind,

   3. zehn Jahre bei Taten, die im Höchstmaß mit Freiheitsstrafen von mehr als fünf Jahren bis zu zehn Jahren bedroht sind,

4. fünf Jahre bei Taten, die im Höchstmaß mit Freiheitsstrafen von mehr als einem Jahr bis zu fünf Jahren bedroht
sind,

5. drei Jahre bei den übrigen Taten.

(4) Die Frist richtet sich nach der Strafdrohung des Gesetzes,
dessen Tatbestand die Tat verwirklicht, ohne Rücksicht auf
Schärfungen oder Milderungen, die nach den Vorschriften des
Allgemeinen Teils oder für besonders schwere oder minder
schwere Fälle vorgesehen sind.

§ 123 Hausfriedensbruch

(1) Wer in die Wohnung, in die Geschäftsräume oder in das
befriedete Besitztum eines anderen oder in abgeschlossene
Räume, welche zum öffentlichen Dienst oder Verkehr bestimmt sind, widerrechtlich eindringt, oder wer, wenn er
ohne Befugnis darin verweilt, auf die Aufforderung des Berechtigten sich nicht entfernt, wird mit Freiheitsstrafe bis
zu einem Jahr oder mit Geldstrafe bestraft.

(2) Die Tat wird nur auf Antrag verfolgt.

§ 142 Unerlaubtes Entfernen vom Unfallort

(1) Ein Unfallbeteiligter, der sich nach einem Unfall im Straßenverkehr vom Unfallort entfernt, bevor er

1. zugunsten der anderen Unfallbeteiligten und der Geschädigten die Feststellung seiner Person, seines Fahrzeugs
und der Art seiner Beteiligung durch seine Anwesenheit und
durch die Angabe, dass er an dem Unfall beteiligt ist, ermöglicht hat oder

2. eine nach den Umständen angemessene Zeit gewartet
hat, ohne dass jemand bereit war, die Feststellungen zu treffen,

wird mit Freiheitsstrafe bis zu drei Jahren oder mit Geldstrafe bestraft.

(2) Nach Absatz 1 wird auch ein Unfallbeteiligter bestraft, der
sich

1. nach Ablauf der Wartefrist (Absatz 1 Nr. 2) oder

2. berechtigt oder entschuldigt vom Unfallort entfernt hat und die Feststellungen nicht unverzüglich nachträglich ermöglicht.

(3) Der Verpflichtung, die Feststellungen nachträglich zu ermöglichen, genügt der Unfallbeteiligte, wenn er den Berechtigten (Absatz 1 Nr. 1) oder einer nahe gelegenen Polizeidienststelle mitteilt, dass er an dem Unfall beteiligt gewesen ist, und wenn er seine Anschrift, seinen Aufenthalt sowie das Kennzeichen und den Standort seines Fahrzeugs angibt und dieses zu unverzüglichen Feststellungen für eine ihm zumutbare Zeit zur Verfügung hält. Dies gilt nicht, wenn er durch sein Verhalten die Feststellungen absichtlich vereitelt.

(4) Das Gericht mildert in den Fällen der Absätze 1 und 2 die Strafe (§ 49 Abs. 1) oder kann von Strafe nach diesen Vorschriften absehen, wenn der Unfallbeteiligte innerhalb von vierundzwanzig Stunden nach einem Unfall außerhalb des fließenden Verkehrs, der ausschließlich nicht bedeutenden Sachschaden zur Folge hat, freiwillig die Feststellungen nachträglich ermöglicht (Absatz 3).

(5) Unfallbeteiligter ist jeder, dessen Verhalten nach den Umständen zur Verursachung des Unfalls beigetragen haben kann.

§ 154 Meineid

(1) Wer vor Gericht oder vor einer anderen zur Abnahme von Eiden zuständigen Stelle falsch schwört, wird mit Freiheitsstrafe nicht unter einem Jahr bestraft.

(2) In minder schweren Fällen ist die Strafe Freiheitsstrafe von sechs Monaten bis zu fünf Jahren.

§ 173 Beischlaf zwischen Verwandten

(1) Wer mit einem leiblichen Abkömmling den Beischlaf vollzieht, wird mit Freiheitsstrafe bis zu drei Jahren oder mit Geldstrafe bestraft.

(2) Wer mit einem leiblichen Verwandten aufsteigender Linie den Beischlaf vollzieht, wird mit Freiheitsstrafe bis zu zwei

Jahren oder mit Geldstrafe bestraft; dies gilt auch dann, wenn das Verwandtschaftsverhältnis erloschen ist. Ebenso werden leibliche Geschwister bestraft, die miteinander den Beischlaf vollziehen.

(3) Abkömmlinge und Geschwister werden nicht nach dieser Vorschrift bestraft, wenn sie zur Zeit der Tat noch nicht achtzehn Jahre alt waren.

§ 174 Sexueller Missbrauch von Schutzbefohlenen

(1) Wer sexuelle Handlungen

1. an einer Person unter sechzehn Jahren, die ihm zur Erziehung, zur Ausbildung oder zur Betreuung in der Lebensführung anvertraut ist,

2. an einer Person unter achtzehn Jahren, die ihm zur Erziehung, zur Ausbildung oder zur Betreuung in der Lebensführung anvertraut oder im Rahmen eines Dienst- oder Arbeitsverhältnisses untergeordnet ist, unter Missbrauch einer mit dem Erziehungs-, Ausbildungs-, Betreuungs-, Dienst- oder Arbeitsverhältnis verbundenen Abhängigkeit oder

3. an seinem noch nicht achtzehn Jahre alten leiblichen oder angenommenen Kind

vornimmt oder an sich von dem Schutzbefohlenen vornehmen lässt, wird mit Freiheitsstrafe von drei Monaten bis zu fünf Jahren bestraft.

(2) Wer unter den Voraussetzungen des Absatzes 1 Nr. 1 bis 3

1. sexuelle Handlungen vor dem Schutzbefohlenen vornimmt oder

2. den Schutzbefohlenen dazu bestimmt, dass er sexuelle Handlungen vor ihm vornimmt,

um sich oder den Schutzbefohlenen hierdurch sexuell zu erregen, wird mit Freiheitsstrafe bis zu drei Jahren oder mit Geldstrafe bestraft.

(3) Der Versuch ist strafbar.

(4) In den Fällen des Absatzes 1 Nr. 1 oder des Absatzes 2 in Verbindung mit Absatz 1 Nr. 1 kann das Gericht von einer Bestrafung nach dieser Vorschrift absehen, wenn bei Berück-

sichtigung des Verhaltens des Schutzbefohlenen das Unrecht der Tat gering ist.

§ 182 Sexueller Missbrauch von Jugendlichen
(1) Wer eine Person unter achtzehn Jahren dadurch missbraucht, dass er unter Ausnutzung einer Zwangslage

1. sexuelle Handlungen an ihr vornimmt oder an sich von ihr vornehmen lässt oder

2. diese dazu bestimmt, sexuelle Handlungen an einem Dritten vorzunehmen oder von einem Dritten an sich vornehmen zu lassen,

wird mit Freiheitsstrafe bis zu fünf Jahren oder mit Geldstrafe bestraft.

(2) Ebenso wird eine Person über achtzehn Jahren bestraft, die eine Person unter achtzehn Jahren dadurch missbraucht, dass sie gegen Entgelt sexuelle Handlungen an ihr vornimmt oder an sich von ihr vornehmen lässt.

(3) Eine Person über einundzwanzig Jahre, die eine Person unter sechzehn Jahren dadurch missbraucht, dass sie

1. sexuelle Handlungen an ihr vornimmt oder an sich von ihr vornehmen lässt oder

2. diese dazu bestimmt, sexuelle Handlungen an einem Dritten vorzunehmen oder von einem Dritten an sich vornehmen zu lassen,

und dabei die fehlende Fähigkeit des Opfers zur sexuellen Selbstbestimmung ausnutzt, wird mit Freiheitsstrafe bis zu drei Jahren oder mit Geldstrafe bestraft.

(4) Der Versuch ist strafbar.

(5) In den Fällen des Absatzes 3 wird die Tat nur auf Antrag verfolgt, es sei denn, dass die Strafverfolgungsbehörde wegen des besonderen öffentlichen Interesses an der Strafverfolgung ein Einschreiten von Amts wegen für geboten hält.

(6) In den Fällen der Absätze 1 bis 3 kann das Gericht von Strafe nach diesen Vorschriften absehen, wenn bei Berücksichtigung des Verhaltens der Person, gegen die sich die Tat richtet, das Unrecht der Tat gering ist.

§ 184 f Jugendgefährdende Prostitution

Wer der Prostitution

1. in der Nähe einer Schule oder anderen Örtlichkeit, die zum Besuch durch Personen unter achtzehn Jahren bestimmt ist, oder

2. in einem Haus, in dem Personen unter achtzehn Jahren wohnen, in einer Weise nachgeht, die diese Personen sittlich gefährdet, wird mit Freiheitsstrafe bis zu einem Jahr oder mit Geldstrafe bestraft.

§ 185 Beleidigung

Die Beleidigung wird mit Freiheitsstrafe bis zu einem Jahr oder mit Geldstrafe und, wenn die Beleidigung mittels einer Tätlichkeit begangen wird, mit Freiheitsstrafe bis zu zwei Jahren oder mit Geldstrafe bestraft.

§ 194 Strafantrag

(1) Die Beleidigung wird nur auf Antrag verfolgt. Ist die Tat durch Verbreiten oder öffentliches Zugänglichmachen einer Schrift (§ 11 Abs. 3), in einer Versammlung oder durch eine Darbietung im Rundfunk begangen, so ist ein Antrag nicht erforderlich, wenn der Verletzte als Angehöriger einer Gruppe unter der nationalsozialistischen oder einer anderen Gewalt- und Willkürherrschaft verfolgt wurde, diese Gruppe Teil der Bevölkerung ist und die Beleidigung mit dieser Verfolgung zusammenhängt. Die Tat kann jedoch nicht von Amts wegen verfolgt werden, wenn der Verletzte widerspricht. Der Widerspruch kann nicht zurückgenommen werden. Stirbt der Verletzte, so gehen das Antragsrecht und das Widerspruchsrecht auf die in § 77 Abs. 2 bezeichneten Angehörigen über.

(2) Ist das Andenken eines Verstorbenen verunglimpft, so steht das Antragsrecht den in § 77 Abs. 2 bezeichneten Angehörigen zu. Ist die Tat durch Verbreiten oder öffentliches Zugänglichmachen einer Schrift (§ 11 Abs. 3), in einer Versammlung oder durch eine Darbietung im Rundfunk begangen, so

ist ein Antrag nicht erforderlich, wenn der Verstorbene sein Leben als Opfer der nationalsozialistischen oder einer anderen Gewalt- und Willkürherrschaft verloren hat und die Verunglimpfung damit zusammenhängt. Die Tat kann jedoch nicht von Amts wegen verfolgt werden, wenn ein Antragsberechtigter der Verfolgung widerspricht. Der Widerspruch kann nicht zurückgenommen werden.

(3) Ist die Beleidigung gegen einen Amtsträger, einen für den öffentlichen Dienst besonders Verpflichteten oder einen Soldaten der Bundeswehr während der Ausübung seines Dienstes oder in Beziehung auf seinen Dienst begangen, so wird sie auch auf Antrag des Dienstvorgesetzten verfolgt. Richtet sich die Tat gegen eine Behörde oder eine sonstige Stelle, die Aufgaben der öffentlichen Verwaltung wahrnimmt, so wird sie auf Antrag des Behördenleiters oder des Leiters der aufsichtführenden Behörde verfolgt. Dasselbe gilt für Träger von Ämtern und für Behörden der Kirchen und anderen Religionsgesellschaften des öffentlichen Rechts.

(4) Richtet sich die Tat gegen ein Gesetzgebungsorgan des Bundes oder eines Landes oder eine andere politische Körperschaft im räumlichen Geltungsbereich dieses Gesetzes, so wird sie nur mit Ermächtigung der betroffenen Körperschaft verfolgt.

§ 211 Mord

(1) Der Mörder wird mit lebenslanger Freiheitsstrafe bestraft.

(2) Mörder ist, wer aus Mordlust, zur Befriedigung des Geschlechtstriebs, aus Habgier oder sonst aus niedrigen Beweggründen, heimtückisch oder grausam oder mit gemeingefährlichen Mitteln oder um eine andere Straftat zu ermöglichen oder zu verdecken, einen Menschen tötet.

§ 212 Totschlag

(1) Wer einen Menschen tötet, ohne Mörder zu sein, wird als Totschläger mit Freiheitsstrafe nicht unter fünf Jahren bestraft.

(2) In besonders schweren Fällen ist auf lebenslange Freiheitsstrafe zu erkennen.

§ 216 Tötung auf Verlangen
(1) Ist jemand durch das ausdrückliche und ernstliche Verlangen des Getöteten zur Tötung bestimmt worden, so ist auf Freiheitsstrafe von sechs Monaten bis zu fünf Jahren zu erkennen.
(2) Der Versuch ist strafbar.

§ 223 Körperverletzung
(1) Wer eine andere Person körperlich misshandelt oder an der Gesundheit schädigt, wird mit Freiheitsstrafe bis zu fünf Jahren oder mit Geldstrafe bestraft.
(2) Der Versuch ist strafbar.

§ 224 Gefährliche Körperverletzung
(1) Wer die Körperverletzung
    1. durch Beibringung von Gift oder anderen gesundheitsschädlichen Stoffen,
    2. mittels einer Waffe oder eines anderen gefährlichen Werkzeugs,
    3. mittels eines hinterlistigen Überfalls,
    4. mit einem anderen Beteiligten gemeinschaftlich oder
    5. mittels einer das Leben gefährdenden Behandlung
begeht, wird mit Freiheitsstrafe von sechs Monaten bis zu zehn Jahren, in minder schweren Fällen mit Freiheitsstrafe von drei Monaten bis zu fünf Jahren bestraft.
(2) Der Versuch ist strafbar.

§ 228 Einwilligung
Wer eine Körperverletzung mit Einwilligung der verletzten Person vornimmt, handelt nur dann rechtswidrig, wenn die Tat trotz der Einwilligung gegen die guten Sitten verstößt.

§ 229 Fahrlässige Körperverletzung
Wer durch Fahrlässigkeit die Körperverletzung einer anderen Person verursacht, wird mit Freiheitsstrafe bis zu drei Jahren oder mit Geldstrafe bestraft.

§ 238 Nachstellung
(1) Wer einem Menschen unbefugt nachstellt, indem er beharrlich
  1. seine räumliche Nähe aufsucht,
  2. unter Verwendung von Telekommunikationsmitteln oder sonstigen Mitteln der Kommunikation oder über Dritte Kontakt zu ihm herzustellen versucht,
  3. unter missbräuchlicher Verwendung von dessen personenbezogenen Daten Bestellungen von Waren oder Dienstleistungen für ihn aufgibt oder Dritte veranlasst, mit diesem Kontakt aufzunehmen,
  4. ihn mit der Verletzung von Leben, körperlicher Unversehrtheit, Gesundheit oder Freiheit seiner selbst oder einer ihm nahe stehenden Person bedroht oder
  5. eine andere vergleichbare Handlung vornimmt
und dadurch seine Lebensgestaltung schwerwiegend beeinträchtigt, wird mit Freiheitsstrafe bis zu drei Jahren oder mit Geldstrafe bestraft.
(2) Auf Freiheitsstrafe von drei Monaten bis zu fünf Jahren ist zu erkennen, wenn der Täter das Opfer, einen Angehörigen des Opfers oder eine andere dem Opfer nahe stehende Person durch die Tat in die Gefahr des Todes oder einer schweren Gesundheitsschädigung bringt.
(3) Verursacht der Täter durch die Tat den Tod des Opfers, eines Angehörigen des Opfers oder einer anderen dem Opfer nahe stehenden Person, so ist die Strafe Freiheitsstrafe von einem Jahr bis zu zehn Jahren.
(4) In den Fällen des Absatzes 1 wird die Tat nur auf Antrag verfolgt, es sei denn, dass die Strafverfolgungsbehörde wegen des besonderen öffentlichen Interesses an der Strafverfolgung ein Einschreiten von Amts wegen für geboten hält.

§ 240 Nötigung

(1) Wer einen Menschen rechtswidrig mit Gewalt oder durch Drohung mit einem empfindlichen Übel zu einer Handlung, Duldung oder Unterlassung nötigt, wird mit Freiheitsstrafe bis zu drei Jahren oder mit Geldstrafe bestraft.

(2) Rechtswidrig ist die Tat, wenn die Anwendung der Gewalt oder die Androhung des Übels zu dem angestrebten Zweck als verwerflich anzusehen ist.

(3) Der Versuch ist strafbar.

(4) In besonders schweren Fällen ist die Strafe Freiheitsstrafe von sechs Monaten bis zu fünf Jahren. Ein besonders schwerer Fall liegt in der Regel vor, wenn der Täter

　　1. eine andere Person zu einer sexuellen Handlung oder zur Eingehung der Ehe nötigt,

　　2. eine Schwangere zum Schwangerschaftsabbruch nötigt oder

　　3. seine Befugnisse oder seine Stellung als Amtsträger missbraucht.

§ 242 Diebstahl

(1) Wer eine fremde bewegliche Sache einem anderen in der Absicht wegnimmt, die Sache sich oder einem Dritten rechtswidrig zuzueignen, wird mit Freiheitsstrafe bis zu fünf Jahren oder mit Geldstrafe bestraft.

(2) Der Versuch ist strafbar.

§ 248a Diebstahl und Unterschlagung geringwertiger Sachen

Der Diebstahl und die Unterschlagung geringwertiger Sachen werden in den Fällen der §§ 242 und 246 nur auf Antrag verfolgt, es sei denn, dass die Strafverfolgungsbehörde wegen des besonderen öffentlichen Interesses an der Strafverfolgung ein Einschreiten von Amts wegen für geboten hält.

§ 249 Raub

(1) Wer mit Gewalt gegen eine Person oder unter Anwendung von Drohungen mit gegenwärtiger Gefahr für Leib oder Leben

eine fremde bewegliche Sache einem anderen in der Absicht wegnimmt, die Sache sich oder einem Dritten rechtswidrig zuzueignen, wird mit Freiheitsstrafe nicht unter einem Jahr bestraft.

(2) In minder schweren Fällen ist die Strafe Freiheitsstrafe von sechs Monaten bis zu fünf Jahren.

§ 263 Betrug

(1) Wer in der Absicht, sich oder einem Dritten einen rechtswidrigen Vermögensvorteil zu verschaffen, das Vermögen eines anderen dadurch beschädigt, dass er durch Vorspiegelung falscher oder durch Entstellung oder Unterdrückung wahrer Tatsachen einen Irrtum erregt oder unterhält, wird mit Freiheitsstrafe bis zu fünf Jahren oder mit Geldstrafe bestraft.

(2) Der Versuch ist strafbar.

(3) In besonders schweren Fällen ist die Strafe Freiheitsstrafe von sechs Monaten bis zu zehn Jahren. Ein besonders schwerer Fall liegt in der Regel vor, wenn der Täter

1. gewerbsmäßig oder als Mitglied einer Bande handelt, die sich zur fortgesetzten Begehung von Urkundenfälschung oder Betrug verbunden hat,

2. einen Vermögensverlust großen Ausmaßes herbeiführt oder in der Absicht handelt, durch die fortgesetzte Begehung von Betrug eine große Zahl von Menschen in die Gefahr des Verlustes von Vermögenswerten zu bringen,

3. eine andere Person in wirtschaftliche Not bringt,

4. seine Befugnisse oder seine Stellung als Amtsträger missbraucht oder

5. einen Versicherungsfall vortäuscht, nachdem er oder ein anderer zu diesem Zweck eine Sache von bedeutendem Wert in Brand gesetzt oder durch eine Brandlegung ganz oder teilweise zerstört oder ein Schiff zum Sinken oder Stranden gebracht hat.

(4) § 243 Abs. 2 sowie die §§ 247 und 248a gelten entsprechend.

(5) Mit Freiheitsstrafe von einem Jahr bis zu zehn Jahren, in minder schweren Fällen mit Freiheitsstrafe von sechs Monaten bis zu fünf Jahren wird bestraft, wer den Betrug als Mitglied einer Bande, die sich zur fortgesetzten Begehung von Straftaten nach den §§ 263 bis 264 oder 267 bis 269 verbunden hat, gewerbsmäßig begeht.

(6) Das Gericht kann Führungsaufsicht anordnen (§ 68 Abs. 1).

(7) Die §§ 43a und 73d sind anzuwenden, wenn der Täter als Mitglied einer Bande handelt, die sich zur fortgesetzten Begehung von Straftaten nach den §§ 263 bis 264 oder 267 bis 269 verbunden hat. § 73d ist auch dann anzuwenden, wenn der Täter gewerbsmäßig handelt.

§ 303 Sachbeschädigung

(1) Wer rechtswidrig eine fremde Sache beschädigt oder zerstört, wird mit Freiheitsstrafe bis zu zwei Jahren oder mit Geldstrafe bestraft.

(2) Ebenso wird bestraft, wer unbefugt das Erscheinungsbild einer fremden Sache nicht nur unerheblich und nicht nur vorübergehend verändert.

(3) Der Versuch ist strafbar.

§ 316 Trunkenheit im Verkehr

(1) Wer im Verkehr (§§ 315 bis 315d) ein Fahrzeug führt, obwohl er infolge des Genusses alkoholischer Getränke oder anderer berauschender Mittel nicht in der Lage ist, das Fahrzeug sicher zu führen, wird mit Freiheitsstrafe bis zu einem Jahr oder mit Geldstrafe bestraft, wenn die Tat nicht in § 315a oder § 315c mit Strafe bedroht ist.

(2) Nach Absatz 1 wird auch bestraft, wer die Tat fahrlässig begeht.

§ 324 Gewässerverunreinigung

(1) Wer unbefugt ein Gewässer verunreinigt oder sonst dessen Eigenschaften nachteilig verändert, wird mit Freiheitsstrafe bis zu fünf Jahren oder mit Geldstrafe bestraft.

(2) Der Versuch ist strafbar.
(3) Handelt der Täter fahrlässig, so ist die Strafe Freiheitsstrafe bis zu drei Jahren oder Geldstrafe.

§ 331 Vorteilsannahme
(1) Ein Amtsträger oder ein für den öffentlichen Dienst besonders Verpflichteter, der für die Dienstausübung einen Vorteil für sich oder einen Dritten fordert, sich versprechen lässt oder annimmt, wird mit Freiheitsstrafe bis zu drei Jahren oder mit Geldstrafe bestraft.
(2) Ein Richter oder Schiedsrichter, der einen Vorteil für sich oder einen Dritten als Gegenleistung dafür fordert, sich versprechen lässt oder annimmt, dass er eine richterliche Handlung vorgenommen hat oder künftig vornehme, wird mit Freiheitsstrafe bis zu fünf Jahren oder mit Geldstrafe bestraft. Der Versuch ist strafbar.
(3) Die Tat ist nicht nach Absatz 1 strafbar, wenn der Täter einen nicht von ihm geforderten Vorteil sich versprechen lässt oder annimmt und die zuständige Behörde im Rahmen ihrer Befugnisse entweder die Annahme vorher genehmigt hat oder der Täter unverzüglich bei ihr Anzeige erstattet und sie die Annahme genehmigt.

StPO – Strafprozessordnung
§ 24
(1) Ein Richter kann sowohl in den Fällen, in denen er von der Ausübung des Richteramtes kraft Gesetzes ausgeschlossen ist, als auch wegen Besorgnis der Befangenheit abgelehnt werden.
(2) Wegen Besorgnis der Befangenheit findet die Ablehnung statt, wenn ein Grund vorliegt, der geeignet ist, Misstrauen gegen die Unparteilichkeit eines Richters zu rechtfertigen.
(3) Das Ablehnungsrecht steht der Staatsanwaltschaft, dem Privatkläger und dem Beschuldigten zu. Den zur Ablehnung Berechtigten sind auf Verlangen die zur Mitwirkung bei

der Entscheidung berufenen Gerichtspersonen namhaft zu machen.

§ 26a

(1) Das Gericht verwirft die Ablehnung eines Richters als unzulässig, wenn

1. die Ablehnung verspätet ist,

2. ein Grund zur Ablehnung oder ein Mittel zur Glaubhaftmachung nicht angegeben wird oder

3. durch die Ablehnung offensichtlich das Verfahren nur verschleppt oder nur verfahrensfremde Zwecke verfolgt werden sollen.

(2) Das Gericht entscheidet über die Verwerfung nach Absatz 1, ohne dass der abgelehnte Richter ausscheidet. Im Falle des Absatzes 1 Nr. 3 bedarf es eines einstimmigen Beschlusses und der Angabe der Umstände, welche den Verwerfungsgrund ergeben. Wird ein beauftragter oder ein ersuchter Richter, ein Richter im vorbereitenden Verfahren oder ein Strafrichter abgelehnt, so entscheidet er selbst darüber, ob die Ablehnung als unzulässig zu verwerfen ist.

§ 52

(1) Zur Verweigerung des Zeugnisses sind berechtigt

1. der Verlobte des Beschuldigten oder die Person, mit der der Beschuldigte ein Versprechen eingegangen ist, eine Lebenspartnerschaft zu begründen;

2. der Ehegatte des Beschuldigten, auch wenn die Ehe nicht mehr besteht;

2a. der Lebenspartner des Beschuldigten, auch wenn die Lebenspartnerschaft nicht mehr besteht;

3. wer mit dem Beschuldigten in gerader Linie verwandt oder verschwägert, in der Seitenlinie bis zum dritten Grad verwandt oder bis zum zweiten Grad verschwägert ist oder war.

(2) Haben Minderjährige wegen mangelnder Verstandesreife oder haben Minderjährige oder Betreute wegen einer psychi-

schen Krankheit oder einer geistigen oder seelischen Behinderung von der Bedeutung des Zeugnisverweigerungsrechts keine genügende Vorstellung, so dürfen sie nur vernommen werden, wenn sie zur Aussage bereit sind und auch ihr gesetzlicher Vertreter der Vernehmung zustimmt. Ist der gesetzliche Vertreter selbst Beschuldigter, so kann er über die Ausübung des Zeugnisverweigerungsrechts nicht entscheiden; das Gleiche gilt für den nicht beschuldigten Elternteil, wenn die gesetzliche Vertretung beiden Eltern zusteht.

(3) Die zur Verweigerung des Zeugnisses berechtigten Personen, in den Fällen des Absatzes 2 auch deren zur Entscheidung über die Ausübung des Zeugnisverweigerungsrechts befugte Vertreter, sind vor jeder Vernehmung über ihr Recht zu belehren. Sie können den Verzicht auf dieses Recht auch während der Vernehmung widerrufen.

§ 53

(1) Zur Verweigerung des Zeugnisses sind ferner berechtigt

1. Geistliche über das, was ihnen in ihrer Eigenschaft als Seelsorger anvertraut worden oder bekannt geworden ist;

2. Verteidiger des Beschuldigten über das, was ihnen in dieser Eigenschaft anvertraut worden oder bekannt geworden ist;

3. Rechtsanwälte, Patentanwälte, Notare, Wirtschaftsprüfer, vereidigte Buchprüfer, Steuerberater und Steuerbevollmächtigte, Ärzte, Zahnärzte, Psychologische Psychotherapeuten, Kinder- und Jugendlichenpsychotherapeuten, Apotheker und Hebammen über das, was ihnen in dieser Eigenschaft anvertraut worden oder bekannt geworden ist, Rechtsanwälten stehen dabei sonstige Mitglieder einer Rechtsanwaltskammer gleich;

3a. Mitglieder oder Beauftragte einer anerkannten Beratungsstelle nach den §§ 3 und 8 des Schwangerschaftskonfliktgesetzes über das, was ihnen in dieser Eigenschaft anvertraut worden oder bekannt geworden ist;

3b. Berater für Fragen der Betäubungsmittelabhängigkeit

in einer Beratungsstelle, die eine Behörde oder eine Körperschaft, Anstalt oder Stiftung des öffentlichen Rechts anerkannt oder bei sich eingerichtet hat, über das, was ihnen in dieser Eigenschaft anvertraut worden oder bekannt geworden ist;

4. Mitglieder des Bundestages, eines Landtages oder einer zweiten Kammer über Personen, die ihnen in ihrer Eigenschaft als Mitglieder dieser Organe oder denen sie in dieser Eigenschaft Tatsachen anvertraut haben sowie über diese Tatsachen selbst;

5. Personen, die bei der Vorbereitung, Herstellung oder Verbreitung von Druckwerken, Rundfunksendungen, Filmberichten oder der Unterrichtung oder Meinungsbildung dienenden Informations- und Kommunikationsdiensten berufsmäßig mitwirken oder mitgewirkt haben.

Die in Satz 1 Nr. 5 genannten Personen dürfen das Zeugnis verweigern über die Person des Verfassers oder Einsenders von Beiträgen und Unterlagen oder des sonstigen Informanten sowie über die ihnen im Hinblick auf ihre Tätigkeit gemachten Mitteilungen, über deren Inhalt sowie über den Inhalt selbst erarbeiteter Materialien und den Gegenstand berufsbezogener Wahrnehmungen. Dies gilt nur, soweit es sich um Beiträge, Unterlagen, Mitteilungen und Materialien für den redaktionellen Teil oder redaktionell aufbereitete Informations- und Kommunikationsdienste handelt.

(2) Die in Absatz 1 Satz 1 Nr. 2 bis 3b Genannten dürfen das Zeugnis nicht verweigern, wenn sie von der Verpflichtung zur Verschwiegenheit entbunden sind. Die Berechtigung zur Zeugnisverweigerung der in Absatz 1 Satz 1 Nr. 5 genannten über den Inhalt selbst erarbeiteter Materialien und den Gegenstand entsprechender Wahrnehmungen entfällt, wenn die Aussage zur Aufklärung eines Verbrechens beitragen soll oder wenn Gegenstand der Untersuchung

1. eine Straftat des Friedensverrats und der Gefährdung des demokratischen Rechtsstaats oder des Landesverrats und der Gefährdung der äußeren Sicherheit (§§ 80a, 85, 87, 88, 95,

auch in Verbindung mit § 97b, §§ 97a, 98 bis 100a des Strafgesetzbuches),

2. eine Straftat gegen die sexuelle Selbstbestimmung nach den §§ 174 bis 176, 179 des Strafgesetzbuches oder

3. eine Geldwäsche, eine Verschleierung unrechtmäßig erlangter Vermögenswerte nach § 261 Abs. 1 bis 4 des Strafgesetzbuches

ist und die Erforschung des Sachverhalts oder die Ermittlung des Aufenthaltsortes des Beschuldigten auf andere Weise aussichtslos oder wesentlich erschwert wäre. Der Zeuge kann jedoch auch in diesen Fällen die Aussage verweigern, soweit sie zur Offenbarung der Person des Verfassers oder Einsenders von Beiträgen und Unterlagen oder des sonstigen Informanten oder der ihm im Hinblick auf seine Tätigkeit nach Absatz 1 Satz 1 Nr. 5 gemachten Mitteilungen oder deren Inhalts führen würde.

§ 55

(1) Jeder Zeuge kann die Auskunft auf solche Fragen verweigern, deren Beantwortung ihm selbst oder einem der in § 52 Abs. 1 bezeichneten Angehörigen die Gefahr zuziehen würde, wegen einer Straftat oder einer Ordnungswidrigkeit verfolgt zu werden.

(2) Der Zeuge ist über sein Recht zur Verweigerung der Auskunft zu belehren.

§ 57

Vor der Vernehmung werden die Zeugen zur Wahrheit ermahnt, auf die Möglichkeit der Vereidigung hingewiesen und über die strafrechtlichen Folgen einer unrichtigen oder unvollständigen Aussage belehrt. Im Falle der Vereidigung sind sie über die Bedeutung des Eides sowie über die Möglichkeit der Wahl zwischen dem Eid mit religiöser oder ohne religiöse Beteuerung zu belehren.

§ 58a

(1) Die Vernehmung eines Zeugen kann auf Bild-Ton-Träger aufgezeichnet werden. Sie soll aufgezeichnet werden

1. bei Personen unter sechzehn Jahren, die durch die Straftat verletzt worden sind, oder

2. wenn zu besorgen ist, daß der Zeuge in der Hauptverhandlung nicht vernommen werden kann und die Aufzeichnung zur Erforschung der Wahrheit erforderlich ist.

(2) Die Verwendung der Bild-Ton-Aufzeichnung ist nur für Zwecke der Strafverfolgung und nur insoweit zulässig, als dies zur Erforschung der Wahrheit erforderlich ist. § 101 Abs. 8 gilt entsprechend. Die §§ 147, 406e sind entsprechend anzuwenden, mit der Maßgabe, dass den zur Akteneinsicht Berechtigten Kopien der Aufzeichnung überlassen werden können. Die Kopien dürfen weder vervielfältigt noch weitergegeben werden. Sie sind an die Staatsanwaltschaft herauszugeben, sobald kein berechtigtes Interesse an der weiteren Verwendung besteht. Die Überlassung der Aufzeichnung oder die Herausgabe von Kopien an andere als die vorbezeichneten Stellen bedarf der Einwilligung des Zeugen.

(3) Widerspricht der Zeuge der Überlassung einer Kopie der Aufzeichnung seiner Vernehmung nach Absatz 2 Satz 3, so tritt an deren Stelle die Überlassung einer Übertragung der Aufzeichnung in ein schriftliches Protokoll an die zur Akteneinsicht Berechtigten nach Maßgabe der §§ 147, 406e. Wer die Übertragung hergestellt hat, versieht die eigene Unterschrift mit dem Zusatz, dass die Richtigkeit der Übertragung bestätigt wird. Das Recht zur Besichtigung der Aufzeichnung nach Maßgabe der §§ 147, 406e bleibt unberührt. Der Zeuge ist auf sein Widerspruchsrecht nach Satz 1 hinzuweisen.

§ 70

(1) Wird das Zeugnis oder die Eidesleistung ohne gesetzlichen Grund verweigert, so werden dem Zeugen die durch die Weigerung verursachten Kosten auferlegt. Zugleich wird gegen

ihn ein Ordnungsgeld und für den Fall, dass dieses nicht beigetrieben werden kann, Ordnungshaft festgesetzt.

(2) Auch kann zur Erzwingung des Zeugnisses die Haft angeordnet werden, jedoch nicht über die Zeit der Beendigung des Verfahrens in dem Rechtszug, auch nicht über die Zeit von sechs Monaten hinaus.

(3) Die Befugnis zu diesen Maßregeln steht auch dem Richter im Vorverfahren sowie dem beauftragten und ersuchten Richter zu.

(4) Sind die Maßregeln erschöpft, so können sie in demselben oder in einem anderen Verfahren, das dieselbe Tat zum Gegenstand hat, nicht wiederholt werden.

§ 102

Bei dem, welcher als Täter oder Teilnehmer einer Straftat oder der Begünstigung, Strafvereitelung oder Hehlerei verdächtig ist, kann eine Durchsuchung der Wohnung und anderer Räume sowie seiner Person und der ihm gehörenden Sachen sowohl zum Zweck seiner Ergreifung als auch dann vorgenommen werden, wenn zu vermuten ist, dass die Durchsuchung zur Auffindung von Beweismitteln führen werde.

§ 112

(1) Die Untersuchungshaft darf gegen den Beschuldigten angeordnet werden, wenn er der Tat dringend verdächtig ist und ein Haftgrund besteht. Sie darf nicht angeordnet werden, wenn sie zu der Bedeutung der Sache und der zu erwartenden Strafe oder Maßregel der Besserung und Sicherung außer Verhältnis steht.

(2) Ein Haftgrund besteht, wenn auf Grund bestimmter Tatsachen

  1. festgestellt wird, dass der Beschuldigte flüchtig ist oder sich verborgen hält,

  2. bei Würdigung der Umstände des Einzelfalles die Gefahr besteht, dass der Beschuldigte sich dem Strafverfahren entziehen werde (Fluchtgefahr), oder

3. das Verhalten des Beschuldigten den dringenden Verdacht begründet, er werde

a) Beweismittel vernichten, verändern, beiseite schaffen, unterdrücken oder fälschen oder

b) auf Mitbeschuldigte, Zeugen oder Sachverständige in unlauterer Weise einwirken oder

c) andere zu solchem Verhalten veranlassen, und wenn deshalb die Gefahr droht, dass die Ermittlung der Wahrheit erschwert werde (Verdunkelungsgefahr).

(3) Gegen den Beschuldigten, der einer Straftat nach § 6 Abs. 1 Nr. 1 des Völkerstrafgesetzbuches oder § 129a Abs. 1 oder Abs. 2, auch in Verbindung mit § 129b Abs. 1, oder nach den §§ 211, 212, 226, 306b oder 306c des Strafgesetzbuches oder, soweit durch die Tat Leib oder Leben eines anderen gefährdet worden ist, nach § 308 Abs. 1 bis 3 des Strafgesetzbuches dringend verdächtig ist, darf die Untersuchungshaft auch angeordnet werden, wenn ein Haftgrund nach Absatz 2 nicht besteht.

§ 116

(1) Der Richter setzt den Vollzug eines Haftbefehls, der lediglich wegen Fluchtgefahr gerechtfertigt ist, aus, wenn weniger einschneidende Maßnahmen die Erwartung hinreichend begründen, dass der Zweck der Untersuchungshaft auch durch sie erreicht werden kann. In Betracht kommen namentlich

1. die Anweisung, sich zu bestimmten Zeiten bei dem Richter, der Strafverfolgungsbehörde oder einer von ihnen bestimmten Dienststelle zu melden,

2. die Anweisung, den Wohn- oder Aufenthaltsort oder einen bestimmten Bereich nicht ohne Erlaubnis des Richters oder der Strafverfolgungsbehörde zu verlassen,

3. die Anweisung, die Wohnung nur unter Aufsicht einer bestimmten Person zu verlassen,

4. die Leistung einer angemessenen Sicherheit durch den Beschuldigten oder einen anderen.

(2) Der Richter kann auch den Vollzug eines Haftbefehls, der wegen Verdunkelungsgefahr gerechtfertigt ist, aussetzen, wenn weniger einschneidende Maßnahmen die Erwartung hinreichend begründen, dass sie die Verdunkelungsgefahr erheblich vermindern werden. In Betracht kommt namentlich die Anweisung, mit Mitbeschuldigten, Zeugen oder Sachverständigen keine Verbindung aufzunehmen.

(3) Der Richter kann den Vollzug eines Haftbefehls, der nach § 112a erlassen worden ist, aussetzen, wenn die Erwartung hinreichend begründet ist, dass der Beschuldigte bestimmte Anweisungen befolgen und dass dadurch der Zweck der Haft erreicht wird.

(4) Der Richter ordnet in den Fällen der Absätze 1 bis 3 den Vollzug des Haftbefehls an, wenn

   1. der Beschuldigte den ihm auferlegten Pflichten oder Beschränkungen gröblich zuwiderhandelt,

   2. der Beschuldigte Anstalten zur Flucht trifft, auf ordnungsgemäße Ladung ohne genügende Entschuldigung ausbleibt oder sich auf andere Weise zeigt, dass das in ihn gesetzte Vertrauen nicht gerechtfertigt war, oder

   3. neu hervorgetretene Umstände die Verhaftung erforderlich machen.

§ 121

(1) Solange kein Urteil ergangen ist, das auf Freiheitsstrafe oder eine freiheitsentziehende Maßregel der Besserung und Sicherung erkennt, darf der Vollzug der Untersuchungshaft wegen derselben Tat über sechs Monate hinaus nur aufrechterhalten werden, wenn die besondere Schwierigkeit oder der besondere Umfang der Ermittlungen oder ein anderer wichtiger Grund das Urteil noch nicht zulassen und die Fortdauer der Haft rechtfertigen.

(2) In den Fällen des Absatzes 1 ist der Haftbefehl nach Ablauf der sechs Monate aufzuheben, wenn nicht der Vollzug des Haftbefehls nach § 116 ausgesetzt wird oder das Oberlandesgericht die Fortdauer der Untersuchungshaft anordnet.

(3) Werden die Akten dem Oberlandesgericht vor Ablauf der in Absatz 2 bezeichneten Frist vorgelegt, so ruht der Fristenlauf bis zu dessen Entscheidung. Hat die Hauptverhandlung begonnen, bevor die Frist abgelaufen ist, so ruht der Fristenlauf auch bis zur Verkündung des Urteils. Wird die Hauptverhandlung ausgesetzt und werden die Akten unverzüglich nach der Aussetzung dem Oberlandesgericht vorgelegt, so ruht der Fristenlauf ebenfalls bis zu dessen Entscheidung.

(4) In den Sachen, in denen eine Strafkammer nach § 74a des Gerichtsverfassungsgesetzes zuständig ist, entscheidet das nach § 120 des Gerichtsverfassungsgesetzes zuständige Oberlandesgericht. In den Sachen, in denen ein Oberlandesgericht nach § 120 des Gerichtsverfassungsgesetzes zuständig ist, tritt an dessen Stelle der Bundesgerichtshof.

§ 136

(1) Bei Beginn der ersten Vernehmung ist dem Beschuldigten zu eröffnen, welche Tat ihm zu Last gelegt wird und welche Strafvorschriften in Betracht kommen. Er ist darauf hinzuweisen, dass es ihm nach dem Gesetz freistehe, sich zu der Beschuldigung zu äußern oder nicht zur Sache auszusagen und jederzeit, auch schon vor seiner Vernehmung, einen von ihm zu wählenden Verteidiger zu befragen. Er ist ferner darüber zu belehren, dass er zu seiner Entlastung einzelne Beweiserhebungen beantragen kann. In geeigneten Fällen soll der Beschuldigte auch darauf, dass er sich schriftlich äußern kann, sowie auf die Möglichkeit eines Täter-Opfer-Ausgleichs hingewiesen werden.

(2) Die Vernehmung soll dem Beschuldigten Gelegenheit geben, die gegen ihn vorliegenden Verdachtsgründe zu beseitigen und die zu seinen Gunsten sprechenden Tatsachen geltend zu machen.

(3) Bei der ersten Vernehmung des Beschuldigten ist zugleich auf die Ermittlung seiner persönlichen Verhältnisse Bedacht zu nehmen.

§ 136a

(1) Die Freiheit der Willensentschließung und der Willensbetätigung des Beschuldigten darf nicht beeinträchtigt werden durch Misshandlung, durch Ermüdung, durch körperlichen Eingriff, durch Verabreichung von Mitteln, durch Quälerei, durch Täuschung oder durch Hypnose. Zwang darf nur angewandt werden, soweit das Strafverfahrensrecht dies zulässt. Die Drohung mit einer nach seinen Vorschriften unzulässigen Maßnahme und das Versprechen eines gesetzlich nicht vorgesehenen Vorteils sind verboten.

(2) Maßnahmen, die das Erinnerungsvermögen oder die Einsichtsfähigkeit des Beschuldigten beeinträchtigen, sind nicht gestattet.

(3) Das Verbot der Absätze 1 und 2 gilt ohne Rücksicht auf die Einwilligung des Beschuldigten. Aussagen, die unter Verletzung dieses Verbots zustande gekommen sind, dürfen auch dann nicht verwertet werden, wenn der Beschuldigte der Verwertung zustimmt.

§ 137

(1) Der Beschuldigte kann sich in jeder Lage des Verfahrens des Beistandes eines Verteidigers bedienen. Die Zahl der gewählten Verteidiger darf drei nicht übersteigen.

(2) Hat der Beschuldigte einen gesetzlichen Vertreter, so kann auch dieser selbständig einen Verteidiger wählen. Absatz 1 Satz 2 gilt entsprechend.

§ 140

(1) Die Mitwirkung eines Verteidigers ist notwendig, wenn

1. die Hauptverhandlung im ersten Rechtszug vor dem Oberlandesgericht oder dem Landgericht stattfindet;

2. dem Beschuldigten ein Verbrechen zur Last gelegt wird;

3. das Verfahren zu einem Berufsverbot führen kann;

4. (weggefallen)

5. der Beschuldigte sich mindestens drei Monate auf Grund richterlicher Anordnung oder mit richterlicher Genehmigung

in einer Anstalt befunden hat und nicht mindestens zwei Wochen vor Beginn der Hauptverhandlung entlassen wird;

6. zur Vorbereitung eines Gutachtens über den psychischen Zustand des Beschuldigten seine Unterbringung nach § 81 in Frage kommt;

7. ein Sicherungsverfahren durchgeführt wird;

8. der bisherige Verteidiger durch eine Entscheidung von der Mitwirkung in dem Verfahren ausgeschlossen ist.

(2) In anderen Fällen bestellt der Vorsitzende auf Antrag oder von Amts wegen einen Verteidiger, wenn wegen der Schwere der Tat oder wegen der Schwierigkeit der Sach- oder Rechtslage die Mitwirkung eines Verteidigers geboten erscheint oder wenn ersichtlich ist, dass sich der Beschuldigte nicht selbst verteidigen kann – namentlich, weil dem Verletzten nach den §§ 397a und 406g Abs. 3 und 4 ein Rechtsanwalt beigeordnet worden ist. Dem Antrag eines hör- oder sprachbehinderten Beschuldigten ist zu entsprechen.

(3) Die Bestellung eines Verteidigers nach Absatz 1 Nr. 5 kann aufgehoben werden, wenn der Beschuldigte mindestens zwei Wochen vor Beginn der Hauptverhandlung aus der Anstalt entlassen wird. Die Bestellung des Verteidigers nach § 117 Abs. 4 bleibt unter den in Absatz 1 Nr. 5 bezeichneten Voraussetzungen für das weitere Verfahren wirksam, wenn nicht ein anderer Verteidiger bestellt wird.

§ 141

(1) In den Fällen des § 140 Abs. 1 und 2 wird dem Angeschuldigten, der noch keinen Verteidiger hat, ein Verteidiger bestellt, sobald er gemäß § 201 zur Erklärung über die Anklageschrift aufgefordert worden ist.

(2) Ergibt sich erst später, dass ein Verteidiger notwendig ist, so wird er sofort bestellt.

(3) Der Verteidiger kann auch schon während des Vorverfahrens bestellt werden. Die Staatsanwaltschaft beantragt dies, wenn nach ihrer Auffassung in dem gerichtlichen Verfahren die Mitwirkung eines Verteidigers nach § 140 Abs. 1 oder 2

notwendig sein wird. Nach dem Abschluss der Ermittlungen (§ 169a) ist er auf Antrag der Staatsanwaltschaft zu bestellen.

(4) Über die Bestellung entscheidet der Vorsitzende des Gerichts, das für das Hauptverfahren zuständig oder bei dem das Verfahren anhängig ist.

§ 147

(1) Der Verteidiger ist befugt, die Akten, die dem Gericht vorliegen oder diesem im Falle der Erhebung der Anklage vorzulegen wären, einzusehen sowie amtlich verwahrte Beweisstücke zu besichtigen.

(2) Ist der Abschluss der Ermittlungen noch nicht in den Akten vermerkt, so kann dem Verteidiger die Einsicht in die Akten oder einzelne Aktenstücke sowie die Besichtigung der amtlich verwahrten Beweisstücke versagt werden, wenn sie den Untersuchungszweck gefährden kann.

(3) Die Einsicht in die Niederschriften über die Vernehmung des Beschuldigten und über solche richterlichen Untersuchungshandlungen, bei denen dem Verteidiger die Anwesenheit gestattet worden ist oder hätte gestattet werden müssen, sowie in die Gutachten von Sachverständigen darf dem Verteidiger in keiner Lage des Verfahrens versagt werden.

(4) Auf Antrag sollen dem Verteidiger, soweit nicht wichtige Gründe entgegenstehen, die Akten mit Ausnahme der Beweisstücke zur Einsichtnahme in seine Geschäftsräume oder in seine Wohnung mitgegeben werden. Die Entscheidung ist nicht anfechtbar.

(5) Über die Gewährung der Akteneinsicht entscheidet im vorbereitenden Verfahren und nach rechtskräftigem Abschluss des Verfahrens die Staatsanwaltschaft, im Übrigen der Vorsitzende des mit der Sache befassten Gerichts. Versagt die Staatsanwaltschaft die Akteneinsicht, nachdem sie den Abschluss der Ermittlungen in den Akten vermerkt hat, versagt sie die Einsicht nach Absatz 3 oder befindet sich der Beschuldigte nicht auf freiem Fuß, so kann gerichtliche Entscheidung nach Maßgabe des § 161a Abs. 3 Satz 2 bis 4 beantragt wer-

den. Diese Entscheidungen werden nicht mit Gründen versehen, soweit durch deren Offenlegung der Untersuchungszweck gefährdet werden könnte.

(6) Ist der Grund für die Versagung der Akteneinsicht nicht vorher entfallen, so hebt die Staatsanwaltschaft die Anordnung spätestens mit dem Abschluss der Ermittlungen auf. Dem Verteidiger ist Mitteilung zu machen, sobald das Recht zur Akteneinsicht wieder uneingeschränkt besteht.

(7) Dem Beschuldigten, der keinen Verteidiger hat, können Auskünfte und Abschriften aus den Akten erteilt werden, soweit nicht der Untersuchungszweck gefährdet werden könnte und nicht überwiegende schutzwürdige Interessen Dritter entgegenstehen. Absatz 5 und § 477 Abs. 5 gelten entsprechend.

§ 148

(1) Dem Beschuldigten ist, auch wenn er sich nicht auf freiem Fuß befindet, schriftlicher und mündlicher Verkehr mit dem Verteidiger gestattet.

(2) Befindet sich der Beschuldigte nicht auf freiem Fuß und ist Gegenstand der Untersuchung eine Straftat nach § 129a, auch in Verbindung mit § 129b Abs. 1, des Strafgesetzbuches, so sind Schriftstücke und andere Gegenstände zurückzuweisen, sofern sich der Absender nicht damit einverstanden erklärt, dass sie zunächst einem Richter vorgelegt werden. Das Gleiche gilt unter den Voraussetzungen des Satzes 1 für den schriftlichen Verkehr zwischen dem Beschuldigten und einem Verteidiger in einem anderen gesetzlich geordneten Verfahren. Ist der schriftliche Verkehr nach Satz 1 oder 2 zu überwachen, so sind für das Gespräch zwischen dem Beschuldigten und dem Verteidiger Vorrichtungen vorzusehen, die die Übergabe von Schriftstücken und anderen Gegenständen ausschließen.

§ 153a

(1) Mit Zustimmung des für die Eröffnung des Hauptverfahrens zuständigen Gerichts und des Beschuldigten kann die Staatsanwaltschaft bei einem Vergehen vorläufig von der Er-

hebung der öffentlichen Klage absehen und zugleich dem Beschuldigten Auflagen und Weisungen erteilen, wenn diese geeignet sind, das öffentliche Interesse an der Strafverfolgung zu beseitigen, und die Schwere der Schuld nicht entgegensteht. Als Auflagen oder Weisungen kommen insbesondere in Betracht,

1. zur Wiedergutmachung des durch die Tat verursachten Schadens eine bestimmte Leistung zu erbringen,

2. einen Geldbetrag zugunsten einer gemeinnützigen Einrichtung oder der Staatskasse zu zahlen,

3. sonst gemeinnützige Leistungen zu erbringen,

4. Unterhaltspflichten in einer bestimmten Höhe nachzukommen,

5. sich ernsthaft zu bemühen, einen Ausgleich mit dem Verletzten zu erreichen (Täter-Opfer-Ausgleich) und dabei seine Tat ganz oder zum überwiegenden Teil wiedergutzumachen oder deren Wiedergutmachung zu erstreben, oder

6. an einem Aufbauseminar nach § 2b Abs. 2 Satz 2 oder § 4 Abs. 8 Satz 4 des Straßenverkehrsgesetzes teilzunehmen.

Zur Erfüllung der Auflagen und Weisungen setzt die Staatsanwaltschaft dem Beschuldigten eine Frist, die in den Fällen des Satzes 2 Nr. 1 bis 3, 5 und 6 höchstens sechs Monate, in den Fällen des Satzes 2 Nr. 4 höchstens ein Jahr beträgt. Die Staatsanwaltschaft kann Auflagen und Weisungen nachträglich aufheben und die Frist einmal für die Dauer von drei Monaten verlängern; mit Zustimmung des Beschuldigten kann sie auch Auflagen und Weisungen nachträglich auferlegen und ändern. Erfüllt der Beschuldigte die Auflagen und Weisungen, so kann die Tat nicht mehr als Vergehen verfolgt werden. Erfüllt der Beschuldigte die Auflagen und Weisungen nicht, so werden Leistungen, die er zu ihrer Erfüllung erbracht hat, nicht erstattet. 7§ 153 Abs. 1 Satz 2 gilt in den Fällen des Satzes 2 Nr. 1 bis 5 entsprechend.

(2) Ist die Klage bereits erhoben, so kann das Gericht mit Zustimmung der Staatsanwaltschaft und des Angeschuldigten das Verfahren bis zum Ende der Hauptverhandlung, in der die tat-

sächlichen Feststellungen letztmals geprüft werden können, vorläufig einstellen und zugleich dem Angeschuldigten die in Absatz 1 Satz 1 und 2 bezeichneten Auflagen und Weisungen erteilen. Absatz 1 Satz 3 bis 6 gilt entsprechend. Die Entscheidung nach Satz 1 ergeht durch Beschluss. Der Beschluss ist nicht anfechtbar. Satz 4 gilt auch für eine Feststellung, dass gemäß Satz 1 erteilte Auflagen und Weisungen erfüllt worden sind.

(3) Während des Laufes der für die Erfüllung der Auflagen und Weisungen gesetzten Frist ruht die Verjährung.

§ 155a

Die Staatsanwaltschaft und das Gericht sollen in jedem Stadium des Verfahrens die Möglichkeiten prüfen, einen Ausgleich zwischen Beschuldigtem und Verletztem zu erreichen. In geeigneten Fällen sollen sie darauf hinwirken. Gegen den ausdrücklichen Willen des Verletzten darf die Eignung nicht angenommen werden.

§ 160

(1) Sobald die Staatsanwaltschaft durch eine Anzeige oder auf anderem Wege von dem Verdacht einer Straftat Kenntnis erhält, hat sie zu ihrer Entschließung darüber, ob die öffentliche Klage zu erheben ist, den Sachverhalt zu erforschen.

(2) Die Staatsanwaltschaft hat nicht nur die zur Belastung, sondern auch die zur Entlastung dienenden Umstände zu ermitteln und für die Erhebung der Beweise Sorge zu tragen, deren Verlust zu besorgen ist.

(3) Die Ermittlungen der Staatsanwaltschaft sollen sich auch auf die Umstände erstrecken, die für die Bestimmung der Rechtsfolgen der Tat von Bedeutung sind. Dazu kann sie sich der Gerichtshilfe bedienen.

(4) Eine Maßnahme ist unzulässig, soweit besondere bundesgesetzliche oder entsprechende landesgesetzliche Verwendungsregelungen entgegenstehen.

§ 171

Gibt die Staatsanwaltschaft einem Antrag auf Erhebung der öffentlichen Klage keine Folge oder verfügt sie nach dem Abschluss der Ermittlungen die Einstellung des Verfahrens, so hat sie den Antragsteller unter Angabe der Gründe zu bescheiden. In dem Bescheid ist der Antragsteller, der zugleich der Verletzte ist, über die Möglichkeit der Anfechtung und die dafür vorgesehene Frist (§ 172 Abs. 1) zu belehren.

§ 172

(1) Ist der Antragsteller zugleich der Verletzte, so steht ihm gegen den Bescheid nach § 171 binnen zwei Wochen nach der Bekanntmachung die Beschwerde an den vorgesetzten Beamten der Staatsanwaltschaft zu. Durch die Einlegung der Beschwerde bei der Staatsanwaltschaft wird die Frist gewahrt. Sie läuft nicht, wenn die Belehrung nach § 171 Satz 2 unterblieben ist.

(2) Gegen den ablehnenden Bescheid des vorgesetzten Beamten der Staatsanwaltschaft kann der Antragsteller binnen einem Monat nach der Bekanntmachung gerichtliche Entscheidung beantragen. Hierüber und über die dafür vorgesehene Form ist er zu belehren; die Frist läuft nicht, wenn die Belehrung unterblieben ist. Der Antrag ist nicht zulässig, wenn das Verfahren ausschließlich eine Straftat zum Gegenstand hat, die vom Verletzten im Wege der Privatklage verfolgt werden kann, oder wenn die Staatsanwaltschaft nach § 153 Abs. 1, § 153a Abs. 1 Satz 1, 7 oder § 153b Abs. 1 von der Verfolgung der Tat abgesehen hat; dasselbe gilt in den Fällen der §§ 153c bis 154 Abs. 1 sowie der §§ 154b und 154c.

(3) Der Antrag auf gerichtliche Entscheidung muss die Tatsachen, welche die Erhebung der öffentlichen Klage begründen sollen, und die Beweismittel angeben. Er muss von einem Rechtsanwalt unterzeichnet sein; für die Prozesskostenhilfe gelten dieselben Vorschriften wie in bürgerlichen Rechtsstreitigkeiten. Der Antrag ist bei dem für die Entscheidung zuständigen Gericht einzureichen.

(4) Zur Entscheidung über den Antrag ist das Oberlandesgericht zuständig. § 120 des Gerichtsverfassungsgesetzes ist sinngemäß anzuwenden.

§ 230

(1) Gegen einen ausgebliebenen Angeklagten findet eine Hauptverhandlung nicht statt.

(2) Ist das Ausbleiben des Angeklagten nicht genügend entschuldigt, so ist die Vorführung anzuordnen oder ein Haftbefehl zu erlassen.

§ 237

Das Gericht kann im Falle eines Zusammenhangs zwischen mehreren bei ihm anhängigen Strafsachen ihre Verbindung zum Zwecke gleichzeitiger Verhandlung anordnen, auch wenn dieser Zusammenhang nicht der in § 3 bezeichnete ist.

§ 238

(1) Die Leitung der Verhandlung, die Vernehmung des Angeklagten und die Aufnahme des Beweises erfolgt durch den Vorsitzenden.

(2) Wird eine auf die Sachleitung bezügliche Anordnung des Vorsitzenden von einer bei der Verhandlung beteiligten Person als unzulässig beanstandet, so entscheidet das Gericht.

§ 244

(1) Nach der Vernehmung des Angeklagten folgt die Beweisaufnahme.

(2) Das Gericht hat zur Erforschung der Wahrheit die Beweisaufnahme von Amts wegen auf alle Tatsachen und Beweismittel zu erstrecken, die für die Entscheidung von Bedeutung sind.

(3) Ein Beweisantrag ist abzulehnen, wenn die Erhebung des Beweises unzulässig ist. Im Übrigen darf ein Beweisantrag nur abgelehnt werden, wenn eine Beweiserhebung wegen

Offenkundigkeit überflüssig ist, wenn die Tatsache, die bewiesen werden soll, für die Entscheidung ohne Bedeutung oder schon erwiesen ist, wenn das Beweismittel völlig ungeeignet oder wenn es unerreichbar ist, wenn der Antrag zum Zweck der Prozessverschleppung gestellt ist oder wenn eine erhebliche Behauptung, die zur Entlastung des Angeklagten bewiesen werden soll, so behandelt werden kann, als wäre die behauptete Tatsache wahr.

(4) Ein Beweisantrag auf Vernehmung eines Sachverständigen kann, soweit nichts anderes bestimmt ist, auch abgelehnt werden, wenn das Gericht selbst die erforderliche Sachkunde besitzt. Die Anhörung eines weiteren Sachverständigen kann auch dann abgelehnt werden, wenn durch das frühere Gutachten das Gegenteil der behaupteten Tatsache bereits erwiesen ist; dies gilt nicht, wenn die Sachkunde des früheren Gutachters zweifelhaft ist, wenn sein Gutachten von unzutreffenden tatsächlichen Voraussetzungen ausgeht, wenn das Gutachten Widersprüche enthält oder wenn der neue Sachverständige über Forschungsmittel verfügt, die denen eines früheren Gutachters überlegen erscheinen.

(5) Ein Beweisantrag auf Einnahme eines Augenscheins kann abgelehnt werden, wenn der Augenschein nach dem pflichtgemäßen Ermessen des Gerichts zur Erforschung der Wahrheit nicht erforderlich ist. Unter derselben Voraussetzung kann auch ein Beweisantrag auf Vernehmung eines Zeugen abgelehnt werden, dessen Ladung im Ausland zu bewirken wäre.

(6) Die Ablehnung eines Beweisantrages bedarf eines Gerichtsbeschlusses.

§ 247a

Besteht die dringende Gefahr eines schwerwiegenden Nachteils für das Wohl des Zeugen, wenn er in Gegenwart der in der Hauptverhandlung Anwesenden vernommen wird, so kann das Gericht anordnen, dass der Zeuge sich während der Vernehmung an einem anderen Ort aufhält; eine solche An-

ordnung ist auch unter den Voraussetzungen des § 251 Abs.
2 zulässig, soweit dies zur Erforschung der Wahrheit erforderlich ist. Die Entscheidung ist unanfechtbar. Die Aussage wird
zeitgleich in Bild und Ton in das Sitzungszimmer übertragen.
Sie soll aufgezeichnet werden, wenn zu besorgen ist, dass der
Zeuge in einer weiteren Hauptverhandlung nicht vernommen werden kann und die Aufzeichnung zur Erforschung der
Wahrheit erforderlich ist. 5§ 58a Abs. 2 findet entsprechende
Anwendung.

§ 258

(1) Nach dem Schluss der Beweisaufnahme erhalten der
Staatsanwalt und sodann der Angeklagte zu ihren Ausführungen und Anträgen das Wort.

(2) Dem Staatsanwalt steht das Recht der Erwiderung zu; dem
Angeklagten gebührt das letzte Wort.

(3) Der Angeklagte ist, auch wenn ein Verteidiger für ihn ge-
sprochen hat, zu befragen, ob er selbst noch etwas zu seiner
Verteidigung anzuführen habe.

§ 261

Über das Ergebnis der Beweisaufnahme entscheidet das Gericht nach seiner freien, aus dem Inbegriff der Verhandlung
geschöpften Überzeugung.

§ 268

(1) Das Urteil ergeht im Namen des Volkes.

(2) Das Urteil wird durch Verlesung der Urteilsformel und Eröffnung der Urteilsgründe verkündet. Die Eröffnung der Urteilsgründe geschieht durch Verlesung oder durch mündli-
che Mitteilung ihres wesentlichen Inhalts. Die Verlesung der
Urteilsformel hat in jedem Falle der Mitteilung der Urteilsgründe voranzugehen.

(3) Das Urteil soll am Schluss der Verhandlung verkündet
werden. Es muss spätestens am elften Tage danach verkündet
werden, andernfalls mit der Hauptverhandlung von neuem

zu beginnen ist. § 229 Abs. 3 und Abs. 4 Satz 2 gilt entsprechend.

(4) War die Verkündung des Urteils ausgesetzt, so sind die Urteilsgründe tunlichst vorher schriftlich festzustellen.

§ 331

(1) Das Urteil darf in Art und Höhe der Rechtsfolgen der Tat nicht zum Nachteil des Angeklagten geändert werden, wenn lediglich der Angeklagte, zu seinen Gunsten die Staatsanwaltschaft oder sein gesetzlicher Vertreter Berufung eingelegt hat.

(2) Diese Vorschrift steht der Anordnung der Unterbringung in einem psychiatrischen Krankenhaus oder einer Entziehungsanstalt nicht entgegen.

§ 345

(1) Die Revisionsanträge und ihre Begründung sind spätestens binnen eines Monats nach Ablauf der Frist zur Einlegung des Rechtsmittels bei dem Gericht, dessen Urteil angefochten wird, anzubringen. War zu dieser Zeit das Urteil noch nicht zugestellt, so beginnt die Frist mit der Zustellung.

(2) Seitens des Angeklagten kann dies nur in einer von dem Verteidiger oder einem Rechtsanwalt unterzeichneten Schrift oder zu Protokoll der Geschäftsstelle geschehen.

§ 374

(1) Im Wege der Privatklage können vom Verletzten verfolgt werden, ohne dass es einer vorgängigen Anrufung der Staatsanwaltschaft bedarf,

    1. ein Hausfriedensbruch (§ 123 des Strafgesetzbuches),

    2. eine Beleidigung (§§ 185 bis 189 des Strafgesetzbuches), wenn sie nicht gegen eine der in § 194 Abs. 4 des Strafgesetzbuches genannten politischen Körperschaften gerichtet ist,

    3. eine Verletzung des Briefgeheimnisses (§ 202 des Strafgesetzbuches),

    4. eine Körperverletzung (§§ 223 und 229 des Strafgesetzbuches),

5. eine Nachstellung (§ 238 Abs. 1 des Strafgesetzbuches) oder eine Bedrohung (§ 241 des Strafgesetzbuches),

5a. eine Bestechlichkeit oder Bestechung im geschäftlichen Verkehr (§ 299 des Strafgesetzbuches),

6. eine Sachbeschädigung (§ 303 des Strafgesetzbuches),

6a. eine Straftat nach § 323a des Strafgesetzbuches, wenn die im Rausch begangene Tat ein in den Nummern 1 bis 6 genanntes Vergehen ist,

7. eine Straftat nach den §§ 16 bis 19 des Gesetzes gegen den unlauteren Wettbewerb,

8. eine Straftat nach § 142 Abs. 1 des Patentgesetzes, § 25 Abs. 1 des Gebrauchsmustergesetzes, § 10 Abs. 1 des Halbleiterschutzgesetzes, § 39 Abs. 1 des Sortenschutzgesetzes, § 143 Abs. 1, § 143a Abs. 1 und § 144 Abs. 1 und 2 des Markengesetzes, § 51 Abs. 1 und § 65 Abs. 1 des Geschmacksmustergesetzes, den §§ 106 bis 108 sowie 108b Abs. 1 und 2 des Urheberrechtsgesetzes und § 33 des Gesetzes betreffend das Urheberrecht an Werken der bildenden Künste und der Fotografie.

(2) Die Privatklage kann auch erheben, wer neben dem Verletzten oder an seiner Stelle berechtigt ist, Strafantrag zu stellen. Die in § 77 Abs. 2 des Strafgesetzbuches genannten Personen können die Privatklage auch dann erheben, wenn der vor ihnen Berechtigte den Strafantrag gestellt hat.

(3) Hat der Verletzte einen gesetzlichen Vertreter, so wird die Befugnis zur Erhebung der Privatklage durch diesen und, wenn Körperschaften, Gesellschaften und andere Personenvereine, die als solche in bürgerlichen Rechtsstreitigkeiten klagen können, die Verletzten sind, durch dieselben Personen wahrgenommen, durch die sie in bürgerlichen Rechtsstreitigkeiten vertreten werden.

§ 395

(1) Der erhobenen öffentlichen Klage oder dem Antrag im Sicherungsverfahren kann sich mit der Nebenklage anschließen, wer

1. durch eine rechtswidrige Tat

a) nach den §§ 174 bis 174c, 176 bis 181a und 182 des Strafgesetzbuches,

b) nach den §§ 185 bis 189 des Strafgesetzbuches,

c) nach den §§ 221, 223 bis 226 und 340 des Strafgesetzbuches,

d) nach den §§ 232 bis 233a, 234 bis 235 und 239 Abs. 3 und den §§ 239a und 239b des Strafgesetzbuches,

e) nach § 238 des Strafgesetzbuches und § 4 des Gewaltschutzgesetzes,

2. durch eine versuchte rechtswidrige Tat nach den §§ 211 und 212 des Strafgesetzbuches verletzt ist oder

3. durch einen Antrag auf gerichtliche Entscheidung (§ 172) die Erhebung der öffentlichen Klage herbeigeführt hat.

(2) Die gleiche Befugnis steht zu

1. den Eltern, Kindern, Geschwistern und dem Ehegatten oder Lebenspartner eines durch eine rechtswidrige Tat Getöteten,

2. demjenigen, der nach Maßgabe des § 374 in den in § 374 Abs. 1 Nr. 7 und 8 genannten Fällen als Privatkläger aufzutreten berechtigt ist, und dem durch eine rechtswidrige Tat nach § 142 Abs. 2 des Patentgesetzes, § 25 Abs. 2 des Gebrauchsmustergesetzes, § 10 Abs. 2 des Halbleiterschutzgesetzes, § 39 Abs. 2 des Sortenschutzgesetzes, § 143 Abs. 2 des Markengesetzes, § 51 Abs. 2 und § 65 Abs. 2 des Geschmacksmustergesetzes und den §§ 108a und 108b Abs. 3 des Urheberrechtsgesetzes Verletzten.

(3) Wer durch eine rechtswidrige Tat nach § 229 des Strafgesetzbuches verletzt ist, kann sich der erhobenen öffentlichen Klage als Nebenkläger anschließen, wenn dies aus besonderen Gründen, namentlich wegen der schweren Folgen der Tat, zur Wahrnehmung seiner Interessen geboten erscheint.

(4) Der Anschluss ist in jeder Lage des Verfahrens zulässig. Er kann nach ergangenem Urteil auch zur Einlegung von Rechtsmitteln geschehen.

§ 403

Der Verletzte oder sein Erbe kann gegen den Beschuldigten einen aus der Straftat erwachsenen vermögensrechtlichen Anspruch, der zur Zuständigkeit der ordentlichen Gerichte gehört und noch nicht anderweit gerichtlich anhängig gemacht ist, im Strafverfahren geltend machen, im Verfahren vor dem Amtsgericht ohne Rücksicht auf den Wert des Streitgegenstandes.

StVollzG – Gesetz über den Vollzug der Freiheitsstrafe und der freiheitsentziehenden Maßregeln der Besserung und Sicherung

§ 2 Aufgaben des Vollzuges

Im Vollzug der Freiheitsstrafe soll der Gefangene fähig werden, künftig in sozialer Verantwortung ein Leben ohne Straftaten zu führen (Vollzugsziel). Der Vollzug der Freiheitsstrafe dient auch dem Schutz der Allgemeinheit vor weiteren Straftaten.

§ 6 Behandlungsuntersuchung.

Beteiligung des Gefangenen

(1) Nach dem Aufnahmeverfahren wird damit begonnen, die Persönlichkeit und die Lebensverhältnisse des Gefangenen zu erforschen. Hiervon kann abgesehen werden, wenn dies mit Rücksicht auf die Vollzugsdauer nicht geboten erscheint.

(2) Die Untersuchung erstreckt sich auf die Umstände, deren Kenntnis für eine planvolle Behandlung des Gefangenen im Vollzug und für die Eingliederung nach seiner Entlassung notwendig ist. Bei Gefangenen, die wegen einer Straftat nach den §§ 174 bis 180 oder 182 des Strafgesetzbuches verurteilt worden sind, ist besonders gründlich zu prüfen, ob die Verlegung in eine sozialtherapeutische Anstalt angezeigt ist.

(3) Die Planung der Behandlung wird mit dem Gefangenen erörtert.

§ 7 Vollzugsplan

(1) Auf Grund der Behandlungsuntersuchung (§ 6) wird ein Vollzugsplan erstellt.

(2) Der Vollzugsplan enthält Angaben mindestens über folgende Behandlungsmaßnahmen:

1. die Unterbringung im geschlossenen oder offenen Vollzug,

2. die Verlegung in eine sozialtherapeutische Anstalt,

3. die Zuweisung zu Wohngruppen und Behandlungsgruppen,

4. den Arbeitseinsatz sowie Maßnahmen der beruflichen Ausbildung oder Weiterbildung,

5. die Teilnahme an Veranstaltungen der Weiterbildung,

6. besondere Hilfs- und Behandlungsmaßnahmen,

7. Lockerungen des Vollzuges und

8. notwendige Maßnahmen zur Vorbereitung der Entlassung.

(3) Der Vollzugsplan ist mit der Entwicklung des Gefangenen und weiteren Ergebnissen der Persönlichkeitserforschung in Einklang zu halten. Hierfür sind im Vollzugsplan angemessene Fristen vorzusehen.

(4) Bei Gefangenen, die wegen einer Straftat nach den §§ 174 bis 180 oder 182 des Strafgesetzbuches zu Freiheitsstrafe von mehr als zwei Jahren verurteilt worden sind, ist über eine Verlegung in eine sozialtherapeutische Anstalt jeweils nach Ablauf von sechs Monaten neu zu entscheiden.

REGISTER

Henriette Kaiser · Joachim Kaiser

ICH BIN DER LETZTE MOHIKANER
Autobiografie

408 Seiten mit zahlreichen Schwarzweißabbildungen.
Gebunden mit Schutzumschlag
ISBN: 978-3-5500-8697-7

Ein Leben für Musik, Literatur und Theater

Joachim Kaiser ist einer der letzten Universalgebildeten.
Seit bald sechs Jahrzehnten begleitet er das kulturelle und geistige
Geschehen in Deutschland: Er studierte bei Theodor W. Adorno
und Max Horkheimer, war ein Hauptkritiker der Gruppe 47
und begleitet seit Anfang der fünfziger Jahre das Literatur-,
das Musik- und das Theaterleben mit großer Professionalität
und Leidenschaft. Mit vielen Musikern, Schriftstellern und
Theaterleuten verbindet ihn auch heute eine enge Freundschaft.
Gemeinsam mit seiner Tochter Henriette begibt er sich in diesem
Buch auf die Suche nach seiner Kindheit und Jugend in Ost-
preußen, er spricht über seine frühe Begeisterung für Musik,
Literatur und Theater und seine Arbeit als Kritiker, gibt Einblick
in die Themen, die ihn zeitlebens beschäftigen, und erzählt von
Begegnungen mit Schriftstellern, Philosophen und Musikern:
von Jürgen Habermas über Leonard Bernstein, Artur Rubinstein,
Ingeborg Bachmann, Max Frisch, Martin Walser, Anne-Sophie
Mutter bis hin zu Christoph Schlingensief. Entstanden ist ein
einzigartiger Streifzug durch die Welt der schönen Künste –
leidenschaftlich, beeindruckend und unterhaltsam.

ullstein

Achtung!
Klassik Radio
löst Träume aus.